봉경 이원영

鳳 卿　李 源 永

일러두기

1. 단행본과 학술지, 잡지 등은 『　』로, 논문과 단편, 시조, 그림은 「　」로 표기했다.

국학자료 심층연구 총서 22

봉경
이원영

鳳 卿 李 源 永

민족적 대의와 기독교 신앙을 품은
독립운동가의 생애

한국국학진흥원 연구사업팀 기획
임희국 배요한 강정구 박종천 강윤정 지음

은행나무

책머리에 • 6

1장

20세기 초반 사립 보문의숙 교과서 소고 : 경상북도 혁신유생들의
교육구국운동을 중심으로 임희국 • 9

서론 | 보문의숙 설립의 역사적 배경 | 보문의숙의 설립 과정 | 보문의숙의 학제와 교육
과정, 교과서 | 보문의숙 역사 교과서, 개화기 도서 출판 | 정리 등

2장

봉경 이원영 목사의 삶과 목회에 대한 연구 : 그에게 미친 퇴계학의
영향과 연관하여 배요한 • 59

목회자도 유학자도 꼭 기억해야 할 이름, 봉경 이원영 목사 | 유교에서 기독교로 : 이원
영의 생애와 삶의 주요 궤적 | 이원영 목사의 삶과 목회에 드러나는 퇴계학의 영향 | 맺
는말 : 다시 봉경 이원영 목사를 그리워하며

3장

예안 유생 이원영의 기독교 수용과 섬촌교회 설립 의미 : 『섬촌교회
당설립일기』를 중심으로 강정구 • 111

머리말 | 경상북도 북부 지역에 기독교가 뿌리 내리는 과정 | 예안 3·1운동과 이원영의
기독교 수용 | 섬촌교회 설립 : 『섬촌교회당설립일기』 | 섬촌교회 설립의 의미 | 맺음말

4장

봉경 이원영 목사의 종교관과 설교에 나타난 유교와 기독교의 만남
박종천 • 177

머리말 : 이원영의 선비기독교 | 일제강점기 이원영의 종교관 | 이원영의 설교에 나타난
한국 유교의 기독교적 재전유 양상 | 맺음말 : 퇴계의 유교에서 이원영의 기독교로

5장

봉경 이원영의 생애와 민족운동 강윤정 • 237

머리말 | 원촌에서 태어나다 | 신학문을 수용하다 | 1910년대 중반 교유 관계 | 1919년
예안 3·1운동 주도 | 기독교 수용과 민족운동 | 해방 후에도 계속된 종교적·민족적 양심

2021년 한국국학진흥원에서는 봉경 이원영 목사의 자료를 기반으로 그의 삶을 조명하는 심층연구를 진행하였다. 봉경鳳卿 이원영李源永, (1886~1958)은 경상북도 예안 원촌에서 퇴계 이황의 14대손으로 태어났다. 그는 5세부터 가학을 계승했고 20대 청년 시기에 보문의숙寶文義塾에 입학한 제1회 졸업생이었다. 이후 1919년 3·1운동을 거치며 기독교인이 되었고 이후에 목사가 되었다. 특히 목사가 된 이후에는 안동 지역 기독교 사회를 이끈 인물로 평가된다.

이원영 목사는 유림의 가문에서 태어났지만 경북 안동의 대표적인 기독교인이자 독립운동가로서의 다층적 위상을 지닌 인물이다. 그가 생전에 남겨둔 자료는 학술 연구의 소중한 바탕이 되었다. 당시 지역 사회와 기독교 사회에 중요한 위상을 지닌 이원영 목사에 대한 공동 연구는 그 자체로 의미 있는 작업이다. 다행히 이원영 목사의 유품을 그분의 따님인 이정순님이 한국국학진흥원에 기탁해 주셨다.

한국국학진흥원은 본 연구를 위해 역사학, 종교학, 철학 등 관련 분야 전문가로 연구팀을 구성하여 1년 동안 치밀한 연구를 진행하였다. 1년 동안 세 차례 포럼을 개최하였고 그 과정에서 각각의 연구 내용을 상호 보완하는 시간을 가졌다. 각 연구자들은 다양한 시각으로 자료를 검토하였고, 이를 공유하면서 새로운 사실을 깨닫기도 했다. 이러한 과정을 거쳐 봉경 이원영 목사의 삶과 그의 사상을 이해하는 하나의 목표로 향해 갈 수 있었다.

이번 연구에서 임희국 교수는 「20세기 초반 사립 보문의숙 교과서 소고」를 주제로, 보문의숙 교과서를 분석하는 데 초점을 맞추었다. 특히 보문의숙의 학교 설립 배경과 취지, 학제와 교육목표, 교과과정을 파악하고, 이어 보문의숙 교과서를 집중적으로 분석하였다. 배요한 목사는 「봉경 이원영 목사의 삶과 목회에 대한 연구」를 주제로, 이원영이 어릴 적부터 퇴계학의 직접적인 영향을 받았고 또 수십 년간 목사로 살다가 인생을 마쳤던 두 가지 측면에 주목하여 목사 이원영의 삶과 그의 목회에 깃든 유교적 영향을 살펴보았다. 강정구 목사는 「예안 유생 이원영의 기독교 수용과 섬촌교회 설립 의미」를 주제로, 이원영이 저술한 『섬촌교회당설립일기』를 중심으로 유생 이원영이 기독교인이 된 것과, 기독교인이 된 이원영이 자신이 거주한 향촌사회에 섬촌교회를 세운 것이 어떤 의미가 있는지를 심층적으로 탐구하였다. 박종천 교수는 「봉경 이원영 목사의 종교관과 설교에 나타난 유교와 기독교의 만남」을 주제로, 조선시대 퇴계의 유교 사상과 수양론적 실천을 근대 한국 기독교에서 계승하고 다시 전유한 양상을 밝히고 문화적 에토스의 차원에서 안동을 중심으로 경북 지역 기독교, 나아가 한국

교회의 중요한 특징으로 정착한 경건한 선비기독교에 대한 이해를 높였다. 강윤정 교수는 「봉경 이원영의 생애와 민족운동」을 주제로, 이원영의 생애와 그의 기독교 신앙의 특징 그리고 무엇보다 그의 민족문제 인식과 행보에 집중하여 검토하였다. 이는 이원영이 기독교인으로서의 삶을 살았지만 그 내면은 기본적으로 일제강점기를 살았던 당대인으로서 독립운동에 헌신하였던 점을 강조한 것이다.

심층연구포럼은 한국국학진흥원이 10년이 넘는 기간 동안 소장한 자료를 중심으로 관련 연구자를 모아 다양한 성과를 배출하는 대표적인 연구 사업이다. 올해 60만 점이 넘는 자료를 기탁받아 관리하고 있으며 중요한 자료는 학술연구를 지속하고 있다. 앞으로도 기탁된 자료에 대한 심층적인 연구를 지속할 예정이다. 뜻있는 전문가와 연구자의 관심을 기다린다.

2022년 11월
한국국학진흥원 연구사업팀

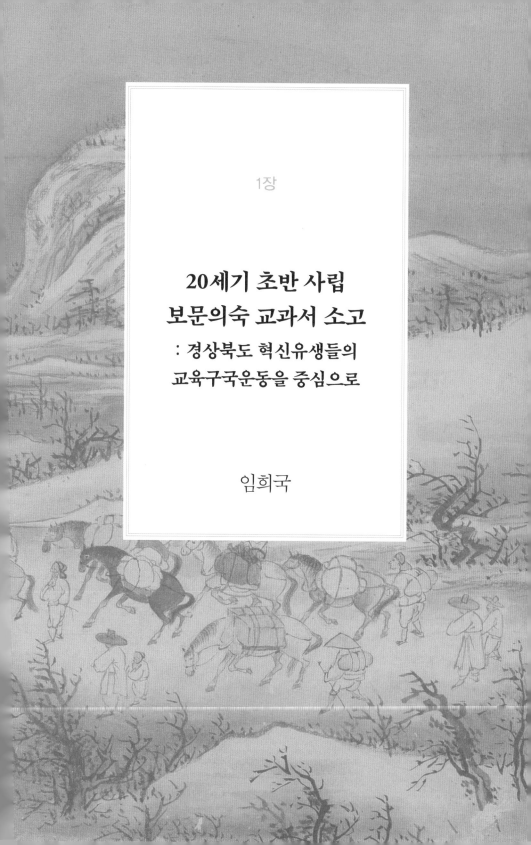

1장

20세기 초반 사립
보문의숙 교과서 소고

: 경상북도 혁신유생들의
교육구국운동을 중심으로

임희국

서론

1910년 1월 도산서원 근처에 설립된 사립 보문의숙寶文義塾은 예안·안동 지역의 근대 교육기관이다. 교남교육회 회원이면서 퇴계 이황 선생 후손 혁신유생들이 이 학교를 설립했다. 이 학교의 교육과정은 서양 문명의 과학기술을 가르쳐서 지역의 근대화를 도모했고 또 당시 몰락하는 국권을 회복하는 데 그 목표를 두었다.

보문의숙의 교과서는 그동안에 소재조차 파악되지 아니했다. 사정이 그러하다 보니 이 학교의 교과서 연구는 전무한 상태였다. 그런데 이 학교의 교과서들이 이원영李源永(1886~1958)의 유품 속에서 발견되었다. 그는 경상북도 예안 원촌에서 퇴계 이황 선생의 14대손으로 태어났다. 이러한 집안에서 성장한 그는 5세부터 약 16년 동안 한문사숙漢文私塾을 했고, 20대 청년 시기에 보문의숙의 제1회 입학생이자 제1회 졸업생이었다.[1] 그 유품의 소장자인 이원영의 유족(따님) 이정순이

11

이것을 안동 국학진흥원에 기탁하였다. 이로써 이제는 교과서의 내용을 분석 파악할 수 있게 되었다.

이 글은 이원영의 유품인 보문의숙 교과서를 읽고 분석하는 데 초점을 맞추고자 한다. 보문의숙에서 가르쳤던 교과서들이 그동안 학계에 잘 알려지지 않았고, 더욱이 그 소재조차 제대로 파악되지 않았다. 보문의숙 교과서를 연구하려면 이 학교의 설립 배경과 취지, 학제와 교육목표와 교과과정을 먼저 파악해야 하므로, 이 글에서는 이러한 내용을 살펴보고자 한다. 또한 보문의숙 교과서, 곧 국학진흥원에 기탁된 이원영의 유품 장서 26권은 자연과학(물리, 화학, 생물), 인문학(역사 등), 사회과학(법학, 경제학), 교육학, 일본어 교재 등 그 분야가 매우 다양하고 범주도 넓다.[2] 이에, 이 글에서는 역사 교과서로 국한해서 다루고자 한다. 그 이유는 필자가 기독교(개신교) 역사학 전공자이기 때문이다. 역사 교과서의 저자와 제목 등은 다음과 같다. 김상연 찬술,『정선 만국사精選 萬國史』(황성신문사, 1906, 196쪽), 유옥겸,『서양사교과서西洋史教科書』(광한서림, 1910, 241쪽), 유옥겸,『대조 서양사연표對照 西洋史年表』(한성 유일서관, 1909, 69쪽).

이를 통해, 20세기 초반 경상북도 북부 지역에서 도서 출판물로 소개된 서양 문명을 파악하고 또 이 지역 근대화의 확산도 파악하기를 기대한다.

보문의숙 설립의 역사적 배경[3]

1. 조선의 문호개방

1860년대에 한반도를 둘러싼 국제 정세가 빠른 속도로 변모하고 있었다. 중국(청)과 제정러시아가 베이징조약을 체결한 이후 연해주 지역이 러시아의 영토로 편입되었다. 이와 더불어 조선과 러시아의 국경이 서로 맞닿게 되었다. 또한, 일본이 메이지[明治]유신(1868)을 통하여 발 빠르게 근대국가로 변모하였다. 조선에서는 쇄국정책을 풀고 문호를 개방한 1876년 이래로, 흥선대원군이 정권에서 물러난 뒤, 새로운 (민씨) 정권이 들어섰다. 이 정권을 상대로 일본이 운요오호[雲揚號]사건을 일으켜 강압적으로 강화도조약(1876)을 체결하였다. 조선 왕조는 이때부터 복잡한 국제관계 속으로 편입되기 시작했다.

이러한 정황에서 최익현 등 위정척사론爲政斥邪論을 주장하는 관료들이 개항반대 상소를 올렸다.[4] 1880년 11월부터 위정척사론의 반反 외세와 반反문호개방운동인 영남만인소嶺南萬人疏가 예안·안동 유생들을 중심으로 전국으로 확산되었다. 그러나 대세는 이미 문호개방 쪽으로 기울어지고 있었으며, 이제는 서양 문물을 받아들이는 방안을 이야기해야만 했다. 고종은 전국에 세워 둔 척화비를 거두게 하면서 개화정책을 추진하려는 의지를 표명했다. 중국이 중체서용론中體西用論을 개화 노선으로 잡아서 추진하고 있듯이, 조선 정부도 서양 문물을 총체적으로 수용하는 것이 아니라 그것을 부분적으로 받아들여 이 나라의 약점을 보강하고자 했다. 이것은 서양의 동점東漸 이래 실용주의적 관점에서 서양의 자연과학과 기술의 우수성과 유용성을 인정하고 이를 수용하는 방안인데, 이것을 동도서기론東道西器論이라 일컬었다. 이 방안이 일본의 화혼양재론和魂洋才論과 같은 맥락이었다고 한다.

그런데 서양 문물은 이미 수백 년 전부터 드문드문 중국을 통해 조선에 소개되었다. 1631년에 정두원이 중국에서 천리경千里鏡과 자명종自鳴鐘 등 서양 문물을 가져왔고, 이 물건들이 사람들로 하여금 서양 문물에 대한 호기심을 불러일으켰다. 1645년에는 소현세자가 역시 중국에서 지구의地球儀와 함께 서양 서적(천문학, 산학 등)을 갖고 귀국했다. 천주교 서적도 함께 들어 있었다. 이에 천주교가 서학西學의 차원에서 소개되기 시작했다. 18세기 후반에 이르면, 천주교에 대한 사람들의 관심이 지적인 차원을 넘어 신앙의 영역으로 높아졌다. 예를 들어 이승훈이 1784년 중국 연경의 남천주당에서 그라몽Jean-Joseph de Grammont 신부의 집례로 영세를 받았다. 그러나 19세기 초반에 정부가 널리 확산되는 천주교를 대대적으로 탄압하였다. 1801년(순조 1) 중국인 천주교 신부 주문모를 비롯하여 천주교 교인 이승훈·정약종 등 수백 명이 박해를 받았다(신유박해). 그러자 천주교의 교세가 한동안 위축되었다. 그러다가 천주교 박해가 뜸해지면서 교세가 다시 회복되었다. 그러나 1866년(고종 3) 흥선대원군 정권이 6천여 명의 천주교 교인과 프랑스 파리 외방전교회 출신의 선교사를 처형하는 엄청난 박해가 일어났다(병인박해). 프랑스는 이 사건을 구실삼아 함대를 파견하여 강화도를 점령하고 자국自國의 성직자 살해범 처벌과 통상조약 체결을 요구했다. 이를 묵살한 흥선대원군이 프랑스 군대에 무력으로 맞서 전쟁을 벌였다(병인양요). 또 이때 미국 상선 제너럴셔먼호가 평양 대동강으로 들어와 통상을 요구하다가 불태워졌다. 이때 배에 타고 있던 영국인 개신교 선교사 토머스Robert J. Thomas가 최후를 맞았다. 조선의 쇄국정책은 이 무렵에 한층 더 강화되었다. 1874년 흥선대원군이 권좌에서 물러남으로써 이 정책이 종식되었으며, 조선 정부가 문호를 개방하는 정책으로 방향을 틀게 되었다.

2. 문호개방 정책과 과정

조선 정부는 서양 문물을 받아들이되 그곳 종교(기독교)는 배제한다는 개방정책을 세웠다. 그런데 급진개화파에 속한 몇몇이 서양 선교사를 통해 서양 문물을 받아들이려는 구상을 하게 되었다. 그 구상은 일본에서 일하는 중국(청)공사 황준헌黃遵憲이 지은 『조선책략朝鮮策略』을 통해 착안되었다고 한다. 이 책을 1880년에 일본으로 수신사 임무를 띠고 나갔던 김홍집金弘集이 가져와서 소개했는데, 그 책에는 서양의 제도와 기술을 받아들여 부국강병을 이루고 친중국親中國·결일본結日本·연미국聯米國하여 러시아의 남하를 막아야 한다는 주장이 담겨 있었다. 그러면서 중요한 점을 언급했는데, 개신교(야소교耶蘇敎)와 천주교를 분리시키고 개신교의 신앙은 무해유익無害有益하다고 언급했다. 조선의 지배층은 지금까지 천주교와 개신교를 동일시해 왔는데, 이 책의 설명은 그러한 시각을 수정하도록 유도했다. 게다가 중국의 이홍장李鴻章이 조선 정부에게 미국과 통상 관계를 맺도록 권유했다. 그리고 조선 정부는 이제까지의 입장을 바꾸어서 1882년에 개신교의 나라인 미국과 통상조약(조미조약朝美條約)을 맺었다. 그뒤를 이어서 정부는 영국(1883), 독일(1883), 러시아(1884), 이탈리아(1884), 프랑스(1886)와 외교 조약을 체결했다.

이 무렵 급진개화파에 속한 김옥균이 일본에 있었다. 그가 그곳에서 미국 개신교 선교사들과 접촉하면서 이들에게 조선 선교를 요청했다. 이것은 조선의 개화를 보다 더 효과적으로 추진하려는 발상에서 비롯되었다. 이 요청에 응하여, 1883년에 재일본在日本 미국 선교사 녹스George William Knox가 본국의 선교본부에 조선 선교의 중요성을 알렸다. 그러나 그는 긍정적인 반응을 얻어내지 못했다. 그런데 이즈음 미국에서 조선 선교의 중요성을 일깨운 사건이 일어났다. 조선 정부가 미국에 파송한 방문 사절단을 통해서였다. 방문단 일행이 대륙횡단열차를 타고 서부에서 동부 워싱턴으로 가는 도중에 대학총장이자 감리교회 목사 가우처John Franklin Goucher를 만났다. 이 우연한 만남이 조선 선교의 중요성과 시급함을 일깨웠다. 그는 일본에서 일하고 있는 선교사 매클레이Robert Samuel Maclay가 김옥균과 가깝게 지낸다는 점을 파악하고, 그를 통해 한국의 왕실과 접촉하도록 하였다. 매클레이는 1884년 6월에 한국을 방문했고, 고종으로부터 학교 사업과 병원 사업의 윤허를 얻었다.

그해 9월 20일 의료 선교사 알렌Horace Newton Allen이 조선에 입국했다. 그는 미국공사관에 소속된 의사로 정식 임명받았다. 12월 4일 한밤중에 알렌은 서울 중심부에서 일어난 엄청난 사건 소식을 듣게 되었다. 갑신정변甲申政變이었다. 이 사건에서 고위 관료인 민영익이 온몸에 칼을 맞아 피투성이가 되어 거의 죽게 되었다. 그는 황후의 친척 조카이기도 했다. 의사 알렌은 한밤중에 불려나와 다 죽게 된 민영익을 살려내야 했다. 그는 꼬박 밤을 새우며 응급처치로 27번 봉합하여 지혈을 했고 이튿날 아침 7시부터 본격적으로 치료했다. 알렌은 일본인 외과의사 우미세 도시유키[海瀨敏行]에게 도움을 청하였고 또 제물 포에 머물고 있는 영국인 외과의사 휠러Wheeler에게도 도움을 청하였 다. 진료진이 민영익을 살려냈다. 이것이 조선의 왕실과 정부로 하여 금 서양 의술에 깊은 신뢰를 갖게 한 결정적인 계기로 작용했다.

3. 조선 정부의 서양 문명 도입

조선의 서양 문물 수용과 더불어 기기창機器廠(병기), 권연국卷煙局(담 배), 양춘국釀春局(양조), 주일소鑄一所(주물), 박문국博文局(인쇄), 삼호유 리국三湖琉璃局(유리) 등의 생산 공장과 물산 상회가 설립되었다. 일본 에서 종두법을 배우고 돌아온 지석영이 서울, 전주, 공주, 대구 등지에 우두국牛痘局을 설치하고 종두를 실시하였다. 1883년 10월에 최초의 신문인 『한성순보』가 창간되었다. 비슷한 시기에 반관반민半官半民 학 교인 원산학사元山學舍가 설립되었다.[5] 그러나 조선 정부가 추진한 개 화정책 가운데서 교육과 의료에 대한 비중이 상대적으로 높지 않았다.

1885년 4월 5일(부활절)에 미국의 개신교(장로교회, 감리교회)가 파송한 첫 선교사 6명이 부산을 거쳐 제물포(인천)에 도착했다. 물론 이것은 지 난 해 선교사 매클레이가 고종의 윤허를 얻은 다음에 이루어진 결실이 었다. 선교사 일행은 감리교회의 아펜젤러 부부, 스크랜턴 부부, 스크 랜턴의 어머니 메리 스크랜턴Mary Fletcher Scranton 그리고 장로교회의 언더우드였다. 비자에 명시된 이들의 신분은 의사나 교사였다. 조선 정부가 허락한 이들의 활동 범위는 교육과 의료 부문으로 한정되었고, 포교 활동은 금지되었다.

미국 선교사들이 신식학교(기독교학교)를 세우고 본격적으로 근대교육을 시작했다. 아펜젤러Henry Gerhard Appenzeller가 1885년에 배재학 당을 세웠고, 그 이듬해에 메리 스크랜턴이 이화학당을 세웠으며, 언 더우드Horace Grant Underwood가 언더우드학당을 세웠다.

선교사들의 학교교육에 관하여 조선 왕실이 커다란 관심을 가졌다. 선교사들의 교육 사업이 정부의 개화정책에 잘 부합되리라 기대를 걸 었기 때문이다. 고종 황제는 1887년 2월에 아펜젤러가 세운 학교의 이 름을 '배재학당培材學堂'으로 지어 주었는데 여기에는 '인재를 배양하 라'는 바람이 담겨 있었다. 명성황후 또한 스크랜턴이 세운 여학교의 이름을 '이화梨花(배꽃)'로 지어 주었다. 배꽃은 당시 황실을 상징하였 고 또 여성의 올바른 태도와 순결과 명랑도 상징하였다.

그런데 이러한 위로부터의 개혁에 대하여 잘 알지 못했던 대다수 백 성의 눈에는 신식학교를 세운 서양 선교사들은 단지 낯선 이방인일 뿐 이었다. 1888년 무렵에 선교사들이 '양귀자洋鬼子', 곧 서양 귀신이라 는 인상을 일반 대중에게 심어 주었다. 이러한 소문을 들은 부모들이 어찌 자기네 아이를 서양 선교사들이 세운 학교에 보내려 했겠는가? 선교사들의 교육 사업이 매우 난감한 처지에 놓였다. 그러나 시간이 지나면서 차츰 가능성이 열리기 시작했다. 당시의 서울에는 거의 해마 다 여름철이면 무서운 전염병이 돌았다. 이로 말미암아 많은 사람들 이 목숨을 잃었고, 부모 잃은 아이들이 길거리를 헤매고 다녔다. 이러 한 고아들을 불러모은 선교사 언더우드는 이들을 먹이고 재우며 신식 교육을 시작했다. 고아원 기숙학교인 '언더우드학당'은 학생 1명에서 출발하여 25명의 남자아이들을 먹이고 재우고 입히면서 주로 성경, 영 어, 한문을 가르쳤다.

4. 서양 문명에 대한 대중의 인식을 바꾼 청일전쟁

청일전쟁(1894)이 선교사들의 서양 문물 소개와 도입에 획기적인 계기로 작용했다. 이 전쟁에서 일본이 중국(청)을 무력으로 승리하자, 서양 문물을 바라보는 일반 대중의 인식이 크게 달라졌다. 사람들은 이제까지 일본을 '작은[倭]' 나라로 칭하면서 은근히 깔보고 있었는데 그러한 작은 나라가 큰 나라[大國]인 중국을 힘으로 제압하자 엄청난 충격을 받았다. 전쟁의 결말이 도대체 어디에서 비롯된 것인가? 달라진 동아시아의 현실을 경험한 대중이 경악 속에서 그 까닭을 살폈다. 사람들은 일본이 중국에게 승리를 거둔 이유가 서양의 선진 과학기술을 받아들여서 그 문명을 배운 데 있다고 파악했다. 이제야 서양 과학기술의 실체와 힘이 무엇인지 파악하게 된 사람들이 거기에 대한 호기심을 갖게 되었다. 오랜 세월 중국의 문명에 눈높이를 맞추어 오던 조선의 대중이 이제는 서양 문물에 눈길을 주기 시작했다. 또 그들의 관심은 이 땅에 들어와서 서양 문물을 소개하고 가르치는 선교사에게 쏠렸다. 이제부터는 사람들이 서양의 기술과 지식을 배우고자 제 발로 신식학교에 입학했다.

그 이후로 약 10년은 한국(조선)에서 근대가 시작된 '기원의 공간'이었다. 이때의 근대는 체제전환(자본주의로)을 동반한 거시적이고 정치적 차원이라기보다는 "사유체계와 삶의 방식, 규율과 관습 등 개인의 신체를 변화시킨 것이었다"고 한다(고미숙).

청일전쟁 이후에, 앞에서 살펴본 대로, 조선에서 근대화의 조류가 급물살을 탔다. 근대 문명의 담론들이 본격적으로 쏟아져 나오는 가운데서 『독립신문』과 독립협회운동이 이 담론의 형성에 기폭제 역할을 했다. 이 담론의 첫 단계에서 '충군애국'이 등장했다(고미숙). '황제폐하'라는 용어가 여전히 공공의 영역에서 사용되기는 했지만 이제는 더이상 봉건적 전제군주가 아니라 근대적 입헌군주제의 군주로 이해되었다. 즉, 백성이 군주에게 위임해 준 권력을 행사하는 역할과 기능으로 이해되었다. 재미있는 점은, 이러한 국가 이해와 국민의식을 불어넣어 준 인물들이 서양 선교사로 설정되었다는 사실이다(고미숙). 청일전쟁 이후 중화주의적 질서와 맞물려 있던 전제군주의 표상들이 대부분 소거되면서 그 질서가 쇠퇴하였고, 이제는 빈 공백으로 남겨진 그 표상의 자리에 입헌군주제가 채워져야 하는데, 여기에 서양 문명이 새로운 대안으로 다가왔다고 한다. 그리고 "서양 문명국이 기독교로 표상되었다." 나라의 독립과 개인의 자유가 하나님(하느님)이라는 초월적 존재에 대한 복속으로 나아갔다.

이 무렵에 일부 지식인들이 애국과 부국강병을 위하여 기독교를 변증하였다. 감리교 신문인 『신학월보』에 실린 「부자되는 법」이란 제목의 글에는 "우리나라(조선)의 우상 섬김, 미신, 타락한 전통 종교야말로 개인과 국가의 경제를 거들내고 백성의 정신을 썩게 만든다"라고 질타하였다. 반면에 오늘날 서양이 부강한 이유는 무엇보다도 "그 나라의 종교에 있다"고 전제한 다음, 서양의 정치 질서와 제도 또 사회도덕과 풍습이 기독교 정신에 그 바탕을 두고 있다고 주장하였다. 또한 "우리나라 사람들 가운데는 지난날 주색잡기와 미신에 빠져 있다가 예수 믿고 새로운 삶을 시작한 다음부터 삶이 달라져서 지금은 경제적으로 윤택하고 도덕적으로 모범이 되었다"라고 강조했다.

5. 을미의병

청일전쟁 이후 조선의 정치권력은 일본의 한반도 침략을 저지하고자 러시아 세력을 끌어들였다. 이에 대응한 일본이 러시아에게 의존하는 황후를 살해했다(을미사변, 1895). 또 단발령이 공포되었다. 이에 항거하는 을미의병(1895)이 전국에서 일어났다. 경상북도 북부 지역에서 의병은 친족 문중과 집성촌 그리고 서원 조직이나 향약을 기반으로 일어났고 김도현金道鉉(영양), 이강년李康年(문경), 김도화金道和(안동), 이상의李象義(이후에 상룡相龍, 안동) 등이 의병장이었다.

6. 아관파천, 독립협회, 만민공동회

1896년 고종 황제가 거처를 러시아공관으로 옮겼고(아관파천), 그때부터 1년 동안 권력을 회복하고 근대화 사업을 추진했다(광무개혁光武改革).[6] 이때 황제의 지원으로 관민官民 공동의 근대화운동 단체인 '독립협회'가 조직되어 활동했다. 1898년 10월 서울 종로에서 이 단체의 주관으로 정부의 관료 임명 문제에 관하여 항의하는 집회가 열렸는데, 이것이 '만민공동회', '관민공동회'였다.

만민공동회는 정병준에 따르면,[7] 근대 대중정치의 출발점이었다. 그렇지만 이 집회에서 근대정치의 주체로서 시민市民이 등장한 것은 아니었다고 한다.[8] 정부의 고위관리까지 참석시킨 만민공동회에서 '민권民權'의 중요성이 대두되었다. 이때의 민民은 종래의 피지배층이 아니라 국가에서 존재하는 모든 사람을 뜻했다.[9] 이 모든 사람이란 왕을 제외한 관료·군인·상인·걸인·벙어리·판수 등 만민공동회에 참석한 모든 민民을 뜻했다. 그러나 민권의 중요성을 인정하긴 했으니 국권수호를 더 우선시했던 고종 황제는 만민공동회의 주장을 받아들이지 않았다. 결국 황제는 그해 12월 황국협회를 동원하여 독립협회를 강제로 해산시켰다. 1899년 8월 황제의 전제군주권이 「대한국국제」라는 법제정을 통해 일반에게 선포되었다.[10] 「대한국국제」는 대외적으로 대한제국의 자주 독립을 선포하였고 또 대내적으로는 민의民意를 존중하고 인민과 협치를 해야 한다는 만민공동회의 주장을 수렴하지 않았다.

1902년 6월에 독립협회 회원이었던 이상재를 비롯한 김정식(경무관), 안국선(조경군수), 유성준(가선대부, 내부경무국장), 이원긍(대제학, 군국기무처의원), 홍재기(중추원의관, 총리대신 비서, 개성군수) 등 고위층 관료들이 이른바 '개혁당사건'에 연루된 역모 행위 혐의로 체포되었다. 이들이 도모했다는 역모 행위란 조선협회를 조직하여 독립협회를 다시 일으키고 또 일본으로 망명한 부일당과 협력해서 정부를 전복시키려 한다는 것이었다. 이들은 국사범(정치범) 죄수로 의금부 감옥에 수감되었다.

7. 경상북도 북부 지역 유림의 현실 인식

이 무렵, 경상북도 북부 지역에서 의병을 일으켰던 몇몇 유생들은 국가 위기 현실을 목도하게 되면서 위정척사론을 더 이상 고수하지 않게 되었다. 예를 들어, 청량산에서 의병을 일으켰던 유인식이 서울 성균관에서 학문을 닦았다. 그는 새로 개편된 학제와 교과과정을 통해 신新학문을 배웠다.[11] 그는 양계초의 『음빙실문집飮氷室文集』을 읽고서 사회진화론적 계몽주의를 이해했다. 또 그는 국가의 위기 상황과 이를 타개하려는 움직임을 수도 서울 현장에서 경험했다. 예컨대 신변 위험에 처한 고종 황제가 거처를 러시아공관으로 옮긴 아관파천(1896), 황제 권력을 회복하고 근대화 사업을 추진한 광무개혁, 조선에서 대한제국으로 바뀐 국호, 황제의 지원으로 조직된 관민 공동官民 共同 근대화 단체인 독립협회, 이 단체의 주관으로 열린 만민공동회 등등이었다. 유인식은 이러한 일련의 경험을 통해 서양 문명을 수용하는 개화사상에 동의하는 혁신유생이 되었다. 이상룡 또한 긴박한 현실을 고뇌한 끝에 혁신유생이 되었다.

8. 러일전쟁, 교육구국을 위한 사립학교 설립운동

1904년 러일전쟁에서 승리한 일본이 한반도 침략 의지를 더욱 강하게 드러내자, 전국적으로 교육구국教育救國을 위한 사립학교 설립운동이 일어났다.[12] 학교를 설립하고 인재를 양성해서 외세(일본)로부터 나라를 구하자는 운동이었다. 이때 서울에서 창립된 국민교육회가 교육계몽운동을 견인했다. 예컨대, 경신학교의 전신인 중학교intermediate school에서 가르친 교과목은 조선역사, 서양인물사, 식물학, 일반상식, 수공예, 지리, 산술, 한문, 수학, 물리, 화학, 천문학 등이었다.

학교장 게일은 학생 개개인의 능력 향상과 의식 개혁(=근대성)을 위하여 『유몽천자牖蒙千字』를 집필했다.[13] 그는 집필의도를 서문에 밝혔는데, "낡고 시대에 뒤처진 천자문"을 대처하는 새로운 교과서를 편찬한다고 했다. 『유몽천자』는 전체 4권으로 구성되어 있다. 제1권에서는 일상생활에 필요한 과학 지식(천문, 지구, 번개 등), 경제(돈, 상업), 시간 관념, 건강(질병) 등을 서술했다. 제2권에서는 서양 문학작품을 소개했다. 제3권에서는 미국 '보스턴 티 파티Boston Tea Party'를 소개했다. 18세기 말 영국의회가 미국에서 수입되는 차에 대한 세금부과 법안을 통과시키자, 보스턴 시민은 자기네가 선출한 대표를 통해 과세하라고 저항했는데, 이 사건은 미국 독립운동의 횃불이 되었다. 그리고 3년 후 미국은 대영제국으로부터 독립을 쟁취했다. 이 책에서 게일은 인류박애정신, 민주시민의식, 애국정신, 대의를 위한 희생정신을 소개했다. 제4권에서는 조선시대 문인들의 작품을 모아서 엮었다.

연동교회의 중학교는 이런 식으로 학생들에게 근대 과학적 사고와 합리성을 가진 시민의식을 가르치고 대의민주주의 훈련을 시켰다. 또한 중학교는 학생에게 인간 개인의 자의식이 형성되게 하고 또 과학 지식에 기반을 둔 이성적 사고를 훈련시켰다. 또 한국 전통사상 교육에도 힘썼다. 이로써 학생들로 하여금 중국 중심 세계관에서 벗어나 자기 나라 조선/대한제국에 대한 자의식과 자긍심을 갖게 했다. 경상북도 북부 지역의 유생 몇몇이(조병희 등) 이러한 상황의 서울에서 국민교육회 회원으로 활동했다.

9. 을사조약 체결, 민족 담론 부상

1905년 을사조약 체결과 함께 대한제국의 국가권력 대부분이 일본의 통감부로 이양되었다. 그러자 이제까지 국가를 통치하던 황제의 힘이 마비되었다. '충군'이 더 이상 힘을 발휘하지 못하게 되었다. "왕조=국가라는 등식이 사라지게 되었다."

그러면서 이를 대체할 새로운 표상이 등장했는데 그것이 '민족'이었다. 이제부터는 민족이라는 표상이 "모든 개념을 빨아들이는 블랙홀이 되어 버렸다." 즉, 민족 담론이 새로운 초월자로서 나타났다. 중국과 중화주의에 의지했던 조선의 백성이 이제는 서양 문명에 호기심을 갖게 되었고, 이 상황에서 민족 담론은 서양 문명의 위력에 의지하고자 했다. 그리하여 민족의식에 대한 자각이 강하면 강할수록 근대 서양 문명화의 궤도를 따르고자 했다. 민족(我)을 강조할수록 서양 문명(非我)으로 다가서고자 했다.

개신교는 이런 점에서 천주교와 그 담론의 층위를 달리했다. 18세기부터 조선에서 포교된 천주교는 서양을 표상하기는 했으나 대체로 교리로 받아들여졌고, 조상 제사를 거부하면서 정치적 박해를 받아왔다. 이러한 천주교와 달리 근대 계몽기에 전파된 개신교는 서양 문명을 등에 업고서 '문명의 빛'으로 다가왔다. 천주교가 오랜 세월 조선 정부와 갈등 관계 속에서 정치적 박해를 받았는데, 개신교는 정치에 개입하는 일을 자제하면서 의료·교육 등의 간접 선교를 통해서 구한말 계몽기에 기여했다. 이를 통해서 개신교는 근대 문명을 상징하는 종교로 비쳤고 또 근대 문명과 동일시되었다. 조선에 소개된 개신교는 다음과 같은바, 세계에서 가장 부강하고 문명한 모든 나라는 개신교의 나라이고 또 개신교가 문명을 이루게 한 근본이므로 개신교를 믿어 문명을 이루어야 한다는 인식이었다. 문명개화를 열망하는 조선인의 눈에는 서양 선교사가 살고 있는 근대식(서양식) 건물, 과학기구, 생활용품 등이 개신교와 서양 문명이 동일시되었다.

10. 국가 위기에서 새로운 정치체제 연구단체들

그러나 고종 황제는 반전을 시도했다. 고종 황제는 을사조약 체결이 일본의 강압에 의한 것임을 세계 민방에 포고하고자 했다. 1907년에 네덜란드 헤이그에서 만국평화회의가 열리자, 고종은 이준·이상설 등을 그곳에 밀사로 파견해서 일본의 만행을 폭로하고 을사조약의 파기를 도모했으나 그 뜻을 이루지 못했다. 도리어, 이 사건을 빌미로 삼은 일본은 대한제국 친일파 관료들을 앞세워 고종 황제를 강제 퇴위시켰다. 일본은 '한일신협약(정미7조약)'을 내밀었고, 대한제국의 이완용과 일본의 이토 히로부미 명의로 이 조약이 체결되었다(1907. 7. 24). 이제부터 대한제국에서 황제권은 완전히 허물어졌고 일본의 통감부가 최고 통치기관이 되었다.

그런데, 이때 '민民'이 정치적 주체라는 주장들이 등장했다.[14] 이 상황에서 '헌정연구회', '대한자강회', '대한협회', '공립협회' 등 여러 단체들이 나타났다. '헌정연구회'는 대한제국이 입헌정체立憲政體를 실시해야 한다고 주장했다.[15] 이 단체가 작성한 「헌정요의憲政要意」(1905. 7)에는 황제(군주)가 대내적으로 국가를 통치하고 대외적으로는 국가를 대표하지만, 국가는 황제의 사유물이 아니라고 주장하면서 황제와 국가를 분리시켰다. 또 이들은 국민의 권리를 천부인권이라 주장하며 황제의 권력을 제한시켜야 한다고 주장했다. '대한협회'는 일본이 한반도를 보호통치 하는 현실을 인정하면서 정권 획득을 추구했다. 이 단체는 헌법에 의거한 정당정치와 입헌군주제를 주장했다. '대한자강회' 역시 일본의 통감부 통치를 거부할 수 없는 현실로 받아들이면서 내부(국내정치)를 개혁하여 실력을 양성하자며 입헌정체를 주장했다. 이러한 단체들은 일본 통감부와 타협하는 가운데 정치적 목표를 이루려 했다.[16] 그런데 '공립협회'는 공화주의 노선을 선택했다. 즉, 주권재민과 헌법제정 그리고 대의민주주의를 추구했다. 이 노선은 1907년

1월 미국 캘리포니아주 리버사이드에서 안창호를 중심으로 조직된 '대한신민회'를 통해 구체화되었다.[17] 그해 국내로 들어온 안창호는 관서 지방 개신교계 인사들을 중심으로 신민회 결성을 시도했다.

11. 경상북도 북부 지역의 변화

을미의병 이후 10년 동안 — 대한제국의 성립(1897), 노일전쟁(1904), 을사조약(1905), 정미7조약(1907), 군대해산(1907) — 조선이 빠르게 몰락해 간 상황에서, 경상북도 북부 지역 유생들은 각자 자기의 상황 판단에 따라 기존의 입장을 정리했다. 이를테면 위정척사론을 굳게 지키되 자정론자가 된 유생들이(김도화, 김복한) 있고, 단발 개화해 국민교육회(1904)와 대한자강회(1906)에 들어가서 활동하는 유생들이(조병희, 조창용) 있으며, 애국계몽주의 사상을 가진 혁신유림이 된 유생들이(이상룡, 유인식, 김동삼, 이인화) 있다.

따라서 안동의 유생들은 이제 각자의 다양한 입장을 표현하게 되었다. 이것은 예컨대 을사의병乙巳義兵(1905) 시기에 그대로 드러났는데, 혁신유림이 된 유생들은 을미의병 때와는 달리 대규모 봉기를 일으키지 않았으며, 또 소극적인 태도를 보였다. 이들과 대조적으로 을미의병의 의병장이었던 원용팔, 정운경, 이세영, 김도현, 기우만 등은 또다시 을사의병을 일으켰다. 자정론에 들어간 유생들은 비록 의병을 일으키지도 않았으나 여전히 위정척사사상을 굳게 지키고 있었다. 이들은 결코 개화·계몽주의 사상을 받아들이지 않았다. 이들은 의병적 기질을 견지하고 있으면서 바깥출입을 아예 하지 않거나 향리에서 서당을 운영하면서 후진을 양성했다. 을사의병이 일어난 지 5년 뒤에 대한

제국이 망하는 '경술국치(1910)'를 당하자 자정론자들은(이중언, 김순흠, 유도발, 권용하 등) 위정척사의 대의명분을 지키면서 일제에 대한 최후 저항의 길을 선택해 스스로 목숨을 끊었다.

안동 유림의 세계는 이제 척사유생과 혁신유생으로 나누어졌고, 또 양자의 입장 차이도 분명했다. 입장 차이는 가끔 갈등 관계로 발전했다. 그러나 양자는 국권회복이라는 목표를 서로 공유하고 있었고, 다만 이 목표에 이르는 방략方略상의 입장 차이로 말미암아 크게 대립하고 갈등했다.[18] 척사유생은 을미의병의 전통을 굳게 잡고 위정척사사상으로 외세의 침략에 대응해야 한다고 주장한 반면에, 혁신유생은 현실성이 없는 위정척사론을 고수하기보다는 자력신장과 실력양성에 초점을 맞춰서 대중계몽운동을 통해 힘을 길러야 한다고 주장했다. 양자는 나중에 기미년(1919) 만세운동에서 다시 합류하게 된다.

안동의 혁신유생들(유인식, 이상룡, 김동삼 등)은 새로운 교육기관을 설립해야 한다는 인식을 가졌다. 이들은 조선이 외세의 부당한 간섭과 침략야욕을 막아내고 독립국가로 남아 있으려면 나라의 힘을 길러야 하는데, 이를 위해서 인재양성에 최우선적으로 힘을 쏟아야 한다고 보았다. 또한 인재양성은 새 시대에 필요한 새로운 문물(서양 문물)을 가르치는 학교교육을 통해서만 가능하다고 이들은 보았다. 이러한 인식과 의식은 당시에 전국적으로 활발하게 일어난 교육구국운동敎育救國運動에 상응하는 것이었다.[19]

교육구국운동은 대부분 사립학교 설립운동으로 일어났다. 이 운동은 1904/1905년 이래로 서울을 중심으로 일어난 애국계몽운동의 차원에서 추진되었다.[20] 이 운동의 주된 노선은 러일전쟁(1904)에서 승리한 일본이 조선에 대한 식민지 야욕을 노골적으로 드러낸 상황에서 나라를 구하기 위해 대중을 깨우치려는 데 있었다. 또한 을사조약(1905)으로 빼앗긴 주권을 회복하려면 하루 속히 대중을 계몽시켜야 하는데, 이것을 위한 최선의 길이 교육에 있음을 확신한 데서 비롯된 운동이었다. 이 운동은 몇 가지 점에서 그 이전까지의 계몽운동과는 달랐다. 이전의 계몽운동은 대체로 정치개혁을 통한 사회계몽에 초점이 맞춰졌고 또 정부의 보조와 지원을 자주 받았던 반면에, 지금의 애국계몽운동은—정치 활동이 법적으로 봉쇄된 상황에서—정치적인 색채를 띨 수 없거니와 정부의 힘을 입을 수도 없게 되었다. 그 까닭은 러일전쟁에서 승리한 일본이 대한제국과 '한일의정서'를 체결해서 내국인의 정치 활동을 법적으로 금지시켰기 때문이다. 더구나 대한제국은 을사조약과 함께 외교권을 박탈당한 무력한 정부였다. 이러한 상황에서 애국계몽운동은 국권회복國權回復과 구국救國에 그 목적을 두었고, 신식교육제도의 설립과 산업 진작을 통해 이 목적을 이루고자 했다. 이 운동은 실력양성을 통해 나라를 구하고 자력신장을 통해 나라의 주권을 회복하고자 했다. 이렇게 교육구국운동의 차원에서 사립학교가 전국적으로 설립되었다.

안동의 사립학교 설립을 위해 앞장서서 추진한 사람은 유인식이었다. 그는 1904년에 서울에서 안동으로 돌아왔다. 이제부터 그는 고향에서 젊은이들에게 새로운 문물을 소개하고 신식교육을 시켜서 애국계몽운동을 확산시켜 보려는 뜻을 품었다. 그러나 지역의 정서는 그의 뜻에 선뜻 호응해 주지 않았을 뿐만 아니라 거세게 반대했다. 아직도 대다수의 유생들은 위정척사사상을 굳게 지키는 배타적인 자세를 일관해 있었고, 또 이들 가운데서 많은 이들이 서당을 운영하며 후진을 양성하고 있었으므로 신식교육제도를 단호하게 거부했다. 그가 교육구국운동에 대한 취지를 유생들에게 아무리 설명해도 먹혀들지 않았다. 심지어 그는 스승 김도화로부터 파문을 당하고 아버지 유필영으로부터 부자의 연이 끊기는 고통을 겪어야 했다. 이리해서 척사유림과 혁신유림 사이에는 사립학교 설립을 놓고 의견 대립이 서로 팽팽했다.

유인식과 혁신유생들의 사립학교 설립운동이 벽에 부딪쳤을 때, 이 상황을 타개할 수 있는 좋은 기회가 왔다. 경상북도관찰사 신태휴申泰休가 사립학교의 설립을 독려하는 「홍학훈령興學訓令」(1906)을 반포해서 관내 41개 군에 사립학교가 설립되도록 장려했다. 관찰사는 각지의 서당을 모두 폐지하게 하고, 그 세 수입으로 들어오는 곡식과 서당 토지를 신식학교의 재원으로 활용하게 했다. 이 훈령은 신교육체제를 거부하고 있던 안동의 유림들에게 커다란 타격을 주었다. 때마침 고종 황제도 '홍학조칙興學詔勅'을 반포해서 사립학교의 설립을 지원했다. 이 조칙은 학부-관찰사-군수를 통해서 전국적으로 면 단위까지 전달되었다.[21] 황제는 경북의 관찰사가 학교 설립을 위해 노력한다는 소식을 전해 듣고 그에게 '칙유문勅諭文'을 보내 격려하면서 경상도 관찰부에 학교 설립 자금으로 1,000원을 지원했다. 1906년 6월경에 경상북도 지역 41개 군에 370개의 사립학교가 설립되었고 학생 수는 4,500명에 이르렀다.

이 같은 정부의 지원에 힘입은 혁신유생들의 노력으로 1907년 봄에 안동 최초의 사립학교인 협동학교協東學校가 문을 열었다.[22] 이 학교는 유인식 외에 김후병金厚秉, 하중환河中煥, 김동삼 등이 발기해 설립되었다. 학교의 명칭은 나라의 지향志向이 동국東國이며, 면의 지명이 임동臨東이어서 '동東'을 선택했고, 또한 7개 면이 힘을 합쳐 설립했다는 뜻에서 '협協'을 선택했다. 이 학교는 임하천 앞에 있는 김대락金大洛의 사랑채를 임시 교사로 사용하면서, 가산서당可山書堂을 수리해 학교 건물로 만들었다. 협동학교는 당시 일반 사립학교가 초등교육과정이었는 데 비해서 3년의 고등교육과정으로 시작했다. 따라서 이 학교는 당시에 지역의 최고학부였으며 학생들의 나이가 평균 20세를 웃돌았다. 이 학교는 애국계몽운동을 통한 국권회복을 지향하는 교육을 시켰다. 이러한 맥락에서 이 학교는 신민회의 교육구국운동과 호흡을 함께했다. 이 학교의 제1회 졸업생은 1911년 3월에 배출되었다.[23] 협동학교는 경북 북부 지역 사립학교 설립운동의 첫 열매이자 계몽운동의 효시였다.

그러나 협동학교는 출범 초기부터 여러 가지 어려움에 부딪쳤다. 일제가 「사립학교령」(1908. 8)을 만들어서 학교의 설립에서 교재 선택까지 일일이 다 간섭했기 때문이다. 또한 일제는 학부대신의 명령을 위배하거나 유해하다고 판정된 학교를 강제로 폐쇄할 수 있도록 법령을 만들었다.[24] 따라서 이 법령은 사립학교에 대한 일제의 탄압이라 할 수 있다. 협동학교를 어렵게 만드는 또 다른 요인이 있었는데, 1909년에 척사유림들이 서원을 다시 세우는 일을 도모하면서 신식교육기관을 견제했다. 게다가 1910년 7월에 예천 지역의 의병이 협동학교를 습격한 사건이 발생했다. 의병은 교감 김기수, 교사 안상덕, 이종화 등을 살해했다. 의병이 이 학교를 습격한 까닭은 계몽운동과 신식교육에 대한 거부와 학생들을 단발시키는 데 있었다. 특별히, 단발에 대해서 보수 유생들의 여론이 대단히 나쁘게 돌았다. 이 사건은 척사유림과 혁신유림 사이의 갈등이 표출된 대표적인 사례였다.

그럼에도 불구하고 안동 지역의 사립학교 설립운동은 활발하게 전개되었다. 영가학교(1907, 부내), 동명학교(1908, 향교), 광동학교(1908, 서후) 등의 사립학교들이 개교하면서 여러 마을에서 애국계몽운동과 교육구국운동이 활발하게 일어났다. 신식교육을 수용하는 마을마다 학교, 의숙義塾, 사숙私塾, 강습소講習所 등이 설립되었다. 사립학교들은 개인집 사랑방과 창고 등을 교사로 사용하기도 하고 더러는 학교건물을 신축하기도 했다. 또한 설립하는 주체에 따라 사립학교의 형태는 문중학교, 서원학교, 마을학교, 종교학교로 구분되었다. 문중학교는 설립재원이 문중에서 나오고, 서원학교는 서원의 재원을 기반으로 설립되었고, 마을학교는 마을이 주체가 되어 설립되었고, 종교학교는 종교단체가 세운 학교였다(예를 들어 안동교회가 세운 계명학교). 그리고 문중이 세운 기술학교가 있는데, 측량강습소가 여기에 해당된다.

이처럼 안동의 초창기 사립학교들은 척사유림에서 혁신유림으로 입장을 바꾼 유생들의 노력으로 세워졌다. 사립학교는 애국계몽운동과 교육구국운동을 위해 시작되었다.

1910년, 보문의숙의 설립은 을사조약 체결 이후 황제 권력과 왕조국가를 무너뜨린 일본의 침탈에 맞선 지역 혁신유생들이 교육구국 사립학교 설립운동을 펼친 결실이었다.

을사조약 체결 이후 국가권력을 일본에게 빼앗긴 대한제국의 현실에서, 그 권력을 되찾는 국권회복운동이 전국에서 우후죽순 일어났는데, 서우학회, 기호흥학회, 관동학회, 호남학회, 교남교육회 등이 조직되었다. 이 학회들은 학교를 설립하여 청년 학생에게 신新지식, 곧 서양 문명을 소개하고 가르치고자 했다. 교남교육회嶠南敎育會는 보문의숙 설립에 직접 영향을 주었다.

교남교육회 성립의 모체는 재경在京 영남 유생들이 주축으로 모인 영우회嶺友會였다.[25] 앞에서 언급한바, 을미의병 이후에 서울로 가서 서양 문명 수용을 통한 근대화를 몸소 경험한 영남 출신 인사들(유생)이 애국계몽운동과 교육구국운동에 활발히 참여했다. 이를 통해 이들은 교남(영남) 지역의 상황을 직시했는데, 수구적 완고함으로써 신문물(서양 문명) 수용을 거부하는 지역 유생들이 교육구국과 애국계몽을 가로막고 있다고 인식했다.

교남교육회는 1908년 3월에 서울 보광학교普光學校에서 발기인 박정동朴晶東, (이)상호尙灝를 비롯한 145명이 모인 가운데 창립되었다.[26] 학회는 청년 교육이 미래를 준비하는 것이라 역설하면서, 그 교육은 서양의 우수한 선진 과학기술을 가르치는 것에 우선해야 하고 이러한 교육이야말로 국제 경쟁력을 갖추는 것이라고 강조했다. 교남 지역은 본디 추로지향鄒魯之鄕이라 불릴 정도로 인재가 많았는데, 이러한 청년 인재에게 신지식을 가르쳐서 국가의 미래를 준비하게 해야 한다는 것이었다. 그런데 이 지역 기성 세대 유생들의 다수가 수구적인 입장이어서 변화를 거부하는 까닭에 청년 교육의 기회를 놓치고 있는 것이 현실이고, 또 이들이 현실에 안주하려는 안일함에 빠져 있어서 당장 몰락 위기에 처한 국가 상황을 자각하지 못하는데, 그들의 무지함과 무감각을 안타까워했다. 그러므로 교남교육회는 창립과 더불어 이 세력에 맞서 위기 상황을 타개하는 교육에 힘써야 한다고 결의했다.

교남교육회는 그러나 신지식 교육에 목표를 두었다고 해서 교남 지역의 뿌리 깊은 주자학 정신과 전통을 배척하려 한 것이 아니었다. 오히려 주자학의 기본으로 돌아가 이를 바탕으로 신新지식을 가르치고자 했다. 즉, 주자학을 기본 바탕으로 서양의 과학기술과 그 문명을 소개하고 교육하는 데 주력하고자 했다.[27]

교남교육회는 본회를 서울에 두고 또 지회를 영남 지역의 각 군에 조직하기로 했다. 학회는 교원양성을 위해 서울에 사범학교를 설립하기로 했고(성사되지 못했음), 또 회보 발간을 통해 애국계몽운동을 전개하고 도서출판을 통해 이 운동의 자료를 제공하기로 했다.

교남교육회는 영남 지역 신식 사립학교 설립에 커다란 영향을 미쳤다. 안동에서는 광명학교, 동양학교, 협동학교 등이 설립되었다. 예안에서는 보문의숙이 설립되었다. 또한 봉황의 조양학교, 김산의 양성학교, 인동의 동락학교, 동래의 양정학교와 명진학교, 진주의 신안학교, 김해의 동명학교 등이 설립되는 데 교남교육회와 직간접으로 연계되었다.

보문의숙은 1910년 1월(양력) 진성 이씨 문중이 설립한 신식 사립학교였다. 그 중심 인물들은 교남교육회 회원이었다. 퇴계의 13대손인 이충호李忠鎬(상계파上溪派 종손)를 중심으로 이상호李尙鎬, 이중태李中泰,

이중한李中翰, 이중규李中圭, 이중렬李中烈 등이었다. 이상호가 계남에 있는 70여 칸의 가옥을 기부해서 보문의숙은 이곳에서 개교했다. 보문의숙은 "도산서원의 소유물(논밭)을 몰수손부沒數損附하여 기부금을" 조성해서 학교설립의 기본자산이 되었다.[28]

보문의숙의 학제와 교육과정, 교과서[29]

보문의숙은 3년제 중등학교이자 고등교육기관이었다. 당시의 사립학교는 설립자의 설립 취지에 따라 자유롭게 여러 과정을 둘 수 있었는데, 보문의숙은 속성과와 고등과를 두었다. 이 학교의 교사 조직에는 의숙장, 교사, 강사가 있었다. 학생 입학 자격에 있어서 일반 사립학교들은 15세에서 30세 미만의 나이를 기준으로 삼아 국한문 독서와 작문 시험을 치렀는데, 보문의숙도 이러한 입학규정을 적용했을 것으로 본다. 학교는 재학생의 학력을 정기적으로 평가했는데 월말과 학기말에 시험을 보게 했다. 시험성적이 우수한 학생에게는 우등상을 주었다.

이원영의 유품장서로 남아 있는 보문의숙의 교과서는 다음과 같다. 『최신 동물학문답最新 動物學問答』,[30] 『신편 화학新編 化學』,[31] 『신편 화학부도新編 化學附圖』,[32] 『식물중학교과서植物中學校科書』[33] 등의 교재에는 보문의숙의 낙관이 찍혀 있다. 계속해서 자연과학 교과서를 열거해 보면, 『신선 소물리학新選小物理學』,[34] 『중등 동물학中等 動物學』,[35] 『최신 동물학最近 動物學』,[36] 『신편 생리학교과서新編 生理學敎科書』,[37] 『중등 생리학(전)中等 生理學(全)』,[38] 『신선 중등 무기화학(전)新選 中等 無機化

學(全)』,[39]『신선 소물리학(전)新選 小物理學(全)』[40] 등이 있다. 역사 교과서로는『정선 만국사精選 萬國史』,[41]『서양사교과서西洋史教科書』,[42]『대조 서양사연표對照 西洋史年表』[43]가 있다. 교육학 교과서로는『간명 교육학簡明 教育學』,[44]『신찬 가정학新撰 家政學』[45]이 있다. 상업부기 및 경제학교과서로는『간이 상업부기학簡易 商業簿記學』,[46]『산술지남算術指南(상)』,[47]『최신 경제학最新 經濟學』[48]이 있다. 사회과학 교과서로는『법학통론法學通論』,[49]『민약론民約論』 등이 있다. 또한『개정 이과교과서 改正 理科教科書』,[50] 일본어 교재『일선어학교범日鮮語學敎範』,[51]『이충무전李忠武傳』이 있다.

보문의숙 교과서에는 당시 지식인의 필독서인『음빙실문집』이 눈에 띄지 않았고 또 금서였던『이충무전』이 유품 속에 들어 있었다. 교과서를 통해 본 교과과정의 절반 이상이 자연과학 과목으로 짜여 있는데 이것은 근대 서양의 과학기술을 가르쳐서 근대화를 진전시키려는 교육정책을 반영한 것이라 본다. 중국 중심의 세계관을 벗어나게 하는 세계사, 법학, 경제학 교육이 두드러진다.

보문의숙 역사 교과서, 개화기 도서 출판

1. 문자혁명

개화기에 서양 문명을 소개하는 서적을 수입하고 출판하는 과제가 부상되었는데,[52] 대략 3개 분야에서 주관했다. 정부의 출판 전담기구인 학부, 개화기 신지식인들이 경영하는 출판사(보성관 등),[53] 출판 사업에 뛰어든 상인 자본가들이 경영한 출판사(회동서관 등)[54] 등이었다.

출판사업과 더불어 '문文의 나라' 조선에서 문자혁명이 일어났다.[55] 이 혁명은 조선 지배층의 배타적 독점 영역이었던 한문 공동체를 허물고 국문을 사용하는 인민을 등장시켰다. 1894년 조선 정부에 설치된 군국기무처는 3개월 동안 210건의 제도개혁과 정책건의안을 의결했다. 이때 국문을 공식 문자로 쓰기 위한 선결 조치로 국내외 공사公私 문자와 외국어로 표기된 국명, 지명, 인명 등을 국문으로 번역하여 시행할 것을 결의했다. 11월에 발표된 칙령 1호에는 "국문을 본으로 하되 한문을 번역해 달거나 국한문 혼용을 한다"고 규정함으로써 한문漢文을 국문國文에다 종속시켰다. 한문 공동체인 지배 계층의 출판이 와해되고 그 빈 공간에 국문 혹은 국한문 혼용의 출판물이 나오기 시작했다. 그러나 한문 공동체의 중심을 차지했던 유생들은 한문체를 고집했고, 그들보다 유화적 자세를 취한 유생들은 한자로 된 본문에 루비 활자로 불리는 소형 한글을 함께 적은 부속 국문체를 썼다.[56]

군국기무처의 정책건의에 따라 정부의 조직개편이 단행되었고, 또 외국어교육기관(동문학, 육영공원)이 설립되었고, 관료양성을 위한 법관양성소가 설립되었다. 또 서울에 사범학교와 여러 소학교(정동, 계동, 조동 등)가 설립되었고, 그뒤를 이어서 전국 주요 지역에 소학교를 설립했다. 정부는 1895년 신(식)교육제도를 공표하고 새로운 교과서 편찬에 착수했다. 그 업무는 학부가 맡았다. 학부는 당장 『국민소학독본國民小學讀本』과 『조선역사朝鮮歷史』를 간행했다. 교과서 간행은 계속 이어졌다. 학부가 발간한 교과서용 도서는 거의 대부분 서양 문명을 소개했다

개화기 신지식인들은 인민의 교화를 위한 학교 설립과 교육을 강조했다. 이를 위해 새로운 문물(서양 문명)을 소개하는 책을 번역하는 작업이 우선되어야 한다고 보았다. 그 순서로는, 교육 주관자가 도서 번역 전담기구를 설치하여 번역자를 양성하고, 그리고 번역된 책을 가르치는 교사를 양성해야 한다고 했다. 황성신문사가 이 번역 사업을, 지면을 통해 앞장서서 이끌었다. 또 황성신문사는 직접 번역 출판사업을 펼쳤다. 『법국(프랑스)혁명전사法國革命戰史』 발행을 비롯해서, 김상연의 『정선 만국사』, 안국선의 『정치론政治論』을 발행했다. 보성관과 휘문관은 설립자들이[57] 해외 유학을 했거나 서양 과학기술을 체계적으로 배우지 않았는데, 그렇지만 서양 문물을 배워서 가르치는 교사들이 주도적으로 이 출판사를 통하여 출판사업을 벌였다.

민간 상업 출판사도 설립되었다. 고제홍서사高濟弘書肆[58]란 이름의 서점이 1904년 회동서관으로 바뀌었다. 회동서관은 걸출한 장군들의 전기를 모은 『해동명장전海東名將傳』을 1907년에 발간했다. 또한, 서적 유통을 하던 김상만이 설립한 출판사 광학서포는 구국교육운동(1904)을 적극 후원하였다. 앞에서 살펴본 국민교육회가 『심상소학』을 편술했는데 자금난으로 발행하지 못하자, 광학서포가 그 인쇄 바용을 부담하였다. 광학서포는 일제 통감부가 판매를 금지한 책을 가장 많이 발행했다.

2. 일본 통감부의 교과서 편찬 통제

1906년에 설치된 일본 통감부는 대한제국 정부 교육 담당 학부에 일본인들을 참여시켰다. 이들은 학제개정, 일본어 도입, 교과서 편찬에 개입하였다. 일제는 이른바 '모범교육'이라는 이름 아래 시시때때로 사립학교의 유지를 가로막거나 운영을 방해하였다. 일제는 관·공립학교를 중심으로 학제를 개편해 나갔다. 이 작업은 교육구국운동과 애국계몽운동을 주도하던 사립학교를 견제하려는 것이었다. 1908년에 사립학교령이 공포되었다. 이를 통하여 일제는 학교 설립에서부터 교재 선택에 이르기까지 교육현장에서 일일이 모든 것을 다 간섭하기 시작했다. 당국의 명령을 위배하거나 유해하다고 판정된 학교를 강제 폐쇄시킬 수 있는 법령이었다. 신식 사립학교를 탄압하는 법령이었다.[59]

출판 사업이 대단히 활발했던 1908년에 발간된 도서목록을 보면 역사전기 40종, 지리 및 지도 단행본이 20종, 산술 교과서가 12종, 정치 및 법률 단행본이 19종, 실업 및 경제 단행본이 23종, 교육학이 48종, 어학 및 잡지가 27종, 신간 소설이 23종이었다. 그런데 이때부터 일본의 통감부가 출판사에 압박을 가하기 시작했고, 1909년 2월에 출판법을 제정하여 모든 출판물에 대한 검열을 실시했다. 내무대신의 허가를 받아야 하는 출판 규제는 그동안 자체 편찬한 사립학교 교과서도 검정을 받아야 했다.[60]

3. 보문의숙 역사 교과서

앞에서 살펴본바, 1905년 을사조약 체결과 더불어 대한제국 왕권이 몰락했고, 이와 함께 일본 통감부가 국가권력을 지배했다. 이 시기의 민족의식 발아와 중화중심주의 탈피, 서양 문명의 수용과 국제 정세에 대한 관심은 역사 서술과 역사 교과서 편찬으로 연결되었다.[61] 1908년 7월 16일자 『대한매일신보』의 논설은 「세계 근래 사기史記를 불가불 읽을 일」이라는 제목 아래 애국심 배양을 위해 본국의 사기史記를 읽어야 하고 또 문명의 연원을 알기 위해 세계 각 나라의 사기를 읽어야 한다고 주장했다. 또한 최근 국제 정세를 읽지 않는 것은 어두운 밤길을 등불 없이 다니는 것과 같다고 했다. 이제는 역사 공부와 역사 인식의 공간이 한반도와 중국을 넘어 중동과 서양 세계로 뻗어 나갔다. 또 역사의식의 시간은 조선 왕조를 뛰어넘어 단군시대로 거슬러 올라가고 중국을 건너 이집트와 그리스 시대로 넘어갔다.

이러한 역사 인식은 우리나라 전통 역사학 개념을 탈피하는 것이었다. 조선시대의 역사학은 독립된 영역이 아니라 그 상위 체계인 경학의 일부였다. 현실 정치에 몸담은 군주와 관료에게 역사는 도덕적이고 윤리적인 언행을 위한 거울이자 지식이었다. 역사교육은 정치와 처세를 가르치는 도구였다. 그런데 이제는 역사 인식과 역사교육이 달라지기 시작했는데, 이것이 당시의 역사서 출판에 〈표 1〉과 같이 반영되었다.[62]

당시에 간행된 역사서 가운데, 이원영이 사립 보문의숙에서 배웠고 그의 유품 장서로 보존되어 있는 역사 교과서는 『정선 만국사』, 『서양사교과서』, 『대조 서양사연표』 등이다. 이 책의 내용을 살피고 분석해 보면, 안동 유림 이원영의 서양 인식과 그가 보문의숙에서 배운 세계사 및 서양사를 통해 변화된 서양 인식을 비교 파악할 수 있을 것으로 기대한다.

〈표 1〉 1905~1910년 사이 출간된 역사서

연도	제목(발행처)
1905	『애급埃及근세사』(황성신문사), 『만국시기』(박문사), 『법린시신사法蘭西新史』(홍학사)
1906	『미국독립사』(현공렴), 『월남망국사』(대동서림, 보성사), 『신정동국역사』(휘문의숙), 『정선 만국사』(황성신문사, 김상연), 『대동역사』(미상), 『동국사략』(보성관), 『만국사기』(미상)
1907	『서사瑞士건국지』(대매, 로익형, 박문서관), 『비율빈전사』(보성관), 『라마사羅馬史』(현채), 『보법전기普法戰記』(중앙서관), 『의태리意太利독립사』(정희진), 『월남망국사』(노익형책사, 대동서시, 현공렴, 대구광문사)
1908	『19세기구주문명진화론』(이채우가), 『월남망국사』(박문서관), 『普魯土國厚禮斗益대왕칠년사』(광학서포), 『법란서신사』(탑인사), 『세계식민사』(이채우가), 『초등본국역사』(중앙서관, 광학서포), 『대한역사』(옥호서림), 『동국사략』(미상), 『동양사교과서』(유옥겸), 『英法露土諸國哥利米亞戰史』(광학서포)
1909	『초등본국역사』(광덕서관), 『초등대동역사』(동문사), 『신찬초등역사』(광덕서관)
1910	『서양사교과서』(광한서림, 유옥겸)

1) 김상연 찬술, 『정선 만국사』

국한문 혼용체, 속표지에 오세창吳世昌이 제題한 책명 및 찬술자의 서序와 윤정석尹晶錫의 서敍가 수록되어 있다. 이 책은 앞에서 언급한 바, 근대 신식교육을 위한 학교설립과 교사양성을 강조한 개화 지식인들이 세계사 및 서양사 번역에 우선 착수했던 결실이라고 본다. 편찬자 김상연은 1898년 관비 유학생으로 일본 와세다대학에서 정치외교학을 전공했다. 귀국한 그는 농상공학교 교관과 법관양성소교관으로 재직하면서『신찬보통교육학』과『상법총론』등 법학과 경제학에 관한 책을 펴냈다. 그는 대한제국(한국)의 근대화를 위한 방도로 문명화를 이룬 유럽의 역사와 그 중요성을 배워야 한다는 취지로 이 책을 편찬했다. 그는 당시 국내에서 출판된 세계사 및 서양사 서적들의 내용이 저마다 서로 달라 혼돈을 일으키고 있다는 점을 파악했고, 또 역사 서술이 단편적인 사건 중심이라는 점을 파악했고, 이러한 단점을 보완하려는 세계 만국의 역사를 정선精選하여 편찬하고자 했다.

『정선 만국사』는 세계사를 세 시대, 곧 제1편 고대사, 제2편 중세사, 제3편 근세사로 구분하고 연대기 순서에 따라 편찬했다. 이렇게 세계사를 고대사-중세사-근세사로 구분한 점은 이제까지 조선의 역사 서술에서는 아주 생소했다. 중국 중심 세계관으로 편찬되어 오던 기존의 세계사가 이제는 그 인식의 경계를 넘고 지평을 넓혀서 '만국의 역사'를 서술하고자 했다.

제1편 고대사는 제1부 중동을 포함한 동양제국(애급, 유대, 인도, 페르시아 등), 제2부 그리스를 포함한 구주제국(희랍, 로마제국 역사, 그리스도교 포교, 로마문명 등)을 서술했다. 제2편 중세사는 제3부 유럽 중세 역사 개괄(공동 사건-봉건제도, 교황, 십자군전쟁, 도시발달 등), 제4부 유럽 국가들의 성립(독일, 프랑스, 이탈리아, 영국)을 서술했다. 제3편 근세사는 제5부 발명·발견(해상(신대륙) 발견, 화약 발명, 인쇄술 발명과 르네상스 인문주의), 제6부 종교개혁(개신교 출발, 30년 전쟁, 식민지 미국 등), 제7부 패왕배출覇王輩出(영국, 프랑스, 러시아, 미국), 제8부 유럽 대변혁(프랑스혁명 등), 제9부 각국 통일(프랑스, 영국, 이탈리아, 독일 등) 중 제9장에 동양 여러 나라의 경황景況을 서술했다.

이와 같은 목차로 서술된『정선 만국사』는 제3편 근세사에서 서양 근대 역사에 가장 큰 비중을 두고서 서술 분량이 가장 많고 그 내용도 자세하다. 이것은 지은이 김상연의 역사관을 드러낸 것으로 파악되는 데, 그는 조선이 보고 배워야 할 서양 문명은 유럽 근세사에서 크게 발전한 것으로 파악했을 것이다. 그 서양 문명을 발명·발견에 해당되는 물리학과 지리학과 수학 등의 자연과학 분야, 문예부흥(르네상스 인문주의)과 종교개혁 등의 인문학 분야, 프랑스혁명과 의회제도 등의 사회과학까지 폭넓게 다루었다.

『정선 만국사』제3편의 근세사 말미에 동양 여러 나라의 상황에 대해서도 서술했다. 여기에서는 19세기 현재 유럽 여러 제국(영국, 프랑스, 미국, 러시아 등)이 아시아와 아프리카 대륙에서 나날이 정치적 위세威勢를 크게 확장시키고 나날이 경제적 이권도 강하게 획득하고 있음을 피력했다. 구체적으로 영국의 식민지가 된 인도, 영국에게 홍콩을 빼앗긴 중국, 1853년 미국에게 강제 개항당한 일본 등을 서술했다. 이 부분의 서술은 길고 자세하지는 않으나, 대한제국(한국)이 서양 문명을 수용해야만 하는 상황이지만 서양 제국주의를 경계하라는 암시라고 파악된다.

2) 유옥겸 지음,『서양사교과서』

유옥겸(1883~1922)은, 개화파 지식인 유길준兪吉濬과 유성준兪星濬의 조카로, 대한제국과 일제 강점기 초기에 활동한 교육자, 저술가, 역사학자였다. 보성학교, 중앙학교, 대성학교, 한영서원 등에서 역사와 법률을 가르친 교사였던 그는 여러 권의 서양사 교재와 교육학 교수법을 저술했다.[63] 그는 보문의숙의 교재인『서양사교과서』를 사립학교 역사과 고등교육을 위해 편찬했다. 이 책의 교정을 그의 숙부 유성준이 맡아서 했다.

『서양사교과서』에 등장하는 지명과 인명은, 앞에 소개한『정선 만국사』가 중국식 한자음을 그대로 따른 것과 달리, 영국식 발음을 그대로 가져와서 우리말(한글)로 표기했고 그 곁에 영어 철자를 병기했다. 예를 들어『정선 만국사』에서 표기된 '애급'이『서양사교과서』에서는 '이집트Egypt'로 표기되었다. 또한 연대의 표기를 서양사의 표기 그대로 '야소기원耶蘇紀元'='예수 기원'을 기점으로 기원전과 기원후로 사용하였다. 이와 함께 서양 역사의 연대기 서술 곁에다 조선과 중국의 연대기를 계산한 기년紀年을 병기했다. 예를 들어 유럽 30년전쟁이 시작된 1618년 곁에다 3951년을 병기했다.

『서양사교과서』는 역사의 연대를 구분함에 있어서는 1906년에 간행된『정선 만국사』와 유사하지만 조금 다르게 네 시대로 나누었다. 제1편 상고사上古史, 제2편 중고사中古史, 제3편 근고사近古史, 제4편 근세사近世史로 구분했다. 제1편(상고사)은 이집트, 바벨론, 페르시아, 그리스, 로마제국 그리고 로마제국의 문화와 그리스도교까지 서술했다. 제2편(중고사)은 게르만족들(튜턴인)의 이동으로 시작된 서양 중세사를 문예부흥과 지리상(신대륙) 발견까지 서술했다. 제3편(근고사)은 16세기 유럽 종교개혁에서부터 30년전쟁(1618~1648), 영국 명예혁명, 영국과 프랑스의 식민지 쟁탈전, 프랑스혁명 전후의 유럽 상황, 북아메리카합중국(미국)의 독립까지 서술했다. 제4편(근세사)은 프랑스혁명(1789)에서부터 19세기 유럽 여러 국가의 상황을 각각 서술했다. 제4편의 후반부에서는『정선 만국사』에서처럼, 아시아로 확장되는 서양의 세력과 아프리카 대륙의 현황을 서술했고, 그리고「19세기 문명의 진보」를 서술했다.

『서양사교과서』의 말미에서 유옥겸이「19세기 문명의 진보」를 서술한 점을 곰곰이 살펴보아야 한다.『정선 만국사』의 내용처럼, 이 책에서도 서양 여러 나라의 식민정책을 서술했고 또 유럽의 세력이 전 세계로 확장되면서 아시아와 아프리카 대륙이 그 위세로 말미암아 위축되는 현실을 서술했다. 예를 들어 1860년 중국과 러시아의 북경조약 체결, 프랑스의 베트남 식민지배, 1894년 중국이 일본에게 패전한 상황에서 러시아, 독일, 프랑스가 연합하여 일본을 압박했고, 그 직후 1900년에 일본과 영국의 군사동맹, 만주에 러시아 군사 주둔, 1904년 러시아와 일본의 전쟁, 제국주의로 돌아선 미국이 스페인과 벌인 전쟁 그리고 필리핀 진격, 인도네시아 여러 섬에서 네덜란드와 영국의 쟁탈전 등을 서술했다. 그러고 나서 유옥겸은 19세기 서양 문명의 진보를 서술했다.

그는 아시아와 아프리카 대륙에 진출하여 여러 나라를 식민 지배하는 유럽의 '힘'이 어디에서 비롯되었는지 파악하고자 했다. 그는 19세기 유럽의 진보는 정치, 경제, 자연과학, 문화(문학, 철학, 역사학 등), 예술 등 모든 분야에서 문명의 진보를 나타냈다고 보았다. 특히 과학기술의 진보로 증기기선을 만들고 통신기기를 발명하고 무기를 개발한 유럽이 아프리카와 아시아로 진출하여 식민 지배하게 되었다고 피력했다. 그런데 집필의 말미에 그는 유럽의「박애주의와 자선사업의 발달」을 간략하게 4 ^{여기} 서술했다. 구체적으로 고아 원, 장애인(시각장애인) 돌봄,

적십자사, 또한 노예제도 폐지와 보통교육(일반 평민에게 학교교육)을 언급했다. 이러한 박애주의와 자선사업의 원천은 그리스도교에 있다고 보았다.

이러한 점에서, 유옥겸은 19세기 (서양) 문명의 진보를 양면兩面의 관점에서 관찰했다고 본다. 한편으로는 유럽과 미국이 아시아와 아프리카 대륙으로 진출하여 강압적인 약탈을 일삼는 식민지배 하는 어둠의 힘을 드러냈고, 또 다른 한편으로는 유럽과 미국이 아시아와 아프리카에서 그리스도교 정신인 박애주의에서 비롯된 자선사업을 펼치는 밝은 힘도 드러냈다고 보았다. 이렇게 서로 상반된 어둠의 힘과 밝은 힘이 아시아에서 나란히 함께 드러나는 현상을, 유옥겸과 유성준(이 책의 교정자)이 함께 파악했을 것으로 본다. 사대부 유성준은 1902년부터 약 2년 동안 의금부에 투옥된 동안에 그리스도교 신앙인이 되었다. 그는 1904년에 서울 연동교회의 교인이 되었고 1909년 북촌에 설립된 안동교회에 다녔다. 그는 한자 문화에 익숙한 사대부 양반이 친숙하게 성경을 읽도록 국한문 혼용 신약성경을 번역하여 고종 황제에게 헌정했다(영국성서공회와 미국성서공회의 공동 발간, 1906년). 또한 그는 여러 선교사들과 교류하면서 그들이 벌이는 자선 사업과 학교 사업을 보기도 하고 참여하기도 했다. 그의 자녀(딸) 유각경(유옥겸의 사촌)은 우리나라 유치원 교육의 선구자였다.

3) 유옥겸 지음, 『대조 서양사연표』

이 책을 유옥겸이 『서양사교과서』와 함께 집필했다. 역사의 사실을 연대의 순서대로 정확하게 나열하되 서양사를 먼저 기록하고, 이와 나란히 조선과 중국의 연대를 병기했다. 이것은 조선(대한제국)에서 세계 역사를 공부하는 이에게 동양의 역사와 서양의 역사를 대조할 수 있도록 기획한 것이었다. 이를 통해 범凡역사를 파악하게 했다.

김상연의 『정선 만국사』가 간행된 1906년과 유옥겸의 『서양사교과서』가 간행된 1910년의 중간 시점인 1908년에 앞에서 살펴본 대로, 일제의 통감부가 사립학교 교재 발간을 통제하기 시작했다. 즉, 학부령 제18호 학부 편찬 교과용 도서발매규정을 공포함으로써 교과서의 내용과 체계에 대해서 간섭했다. 이러한 상황에서 유옥겸이 『동양사교과서』와 『서양사교과서』를 각각 출판하였다. 이 두 권은 일제 통감부의 통제 아래 있던 대한제국 학부의 교과서 검인정에 통과한 유일한 책이었다.

정리 등

1.정리

이 글은 보문의숙에서 가르친 교과서를 파악하기 위하여 이 학교의 설립 배경과 취지 그리고 설립 과정 등을 살펴보았다. 19세기 후반에 조선은 문호개방(1876) 이후 서양 문명을 부분적으로 수용하는 개화정책을 펼쳤다. 일본의 승리로 종식된 청일전쟁(1894), 10년 후 또다시 일본의 승리로 종식된 러일전쟁(1904), 이 일련의 충격은 우리나라의 지배 계층과 지식인으로 하여금 국가위기 상황을 인식케 하여 교육구국운동과 애국계몽운동을 일으키게 했다. 경상북도 북부 지역 유림에서는 위정척사론이 여전히 강세였으나, 일부 혁신유생들이 교육구국운동에 동참하기 시작했다. 서울에서 영남 출신 유생들로 조직된 교남교육회(1908)가 예안 지역에서 신식 사립학교 보문의숙을 설립하는 데 결정적인 역할을 했다.

보문의숙의 첫 입학생이자 첫 졸업생인 이원영이 교과서를 유품으로 남겼는데, 이 학교에서 가르친 역사 교과서 3권을 이 글에서 살펴보았다. 그 결과, 예안·안동 지역 혁신유생들의 지성세계에서 일어난 변화를 짐작할 수 있었다. 역사 교과서는 학생들로 하여금 기존 중국 중심의 역사 인식을 탈피하게 하고 서양과 동양의 세계의 역사를 소개했다. 또 역사 교과서 역사 인식의 지평을 범세계적으로 확장시켜 오대양 육대주의 역사를 연대기적으로 파악하게 했다. 역사 교과서는 이렇게 서양에 대한 기존의 인식이 바뀌게 했고 이와 더불어 세계사의 흐름을 파악하게 했다.

보문의숙의 역사 교과서는 20세기 초반 위기를 벗어나려는 대한제국이 채택한 실용주의 부국강병 노선을 엿보게 한다. 즉, 역사 교과서는 문명화를 이룬 서양(유럽, 미국) 근세사 집필에 큰 비중을 두었고, 근세 서양에 대한 인식을 통해 그 문명이 어떤 과정과 방식으로 발전했는지 살피고 파악하게 했다. 그러나 또 다른 한편 역사 교과서는 서양의 여러 나라가 아시아 대륙에서 제국주의 정책노선에 따라 이 대륙을 정치·경제·문화 등 여러 방면으로 식민지배하(려)는 현실도 직시하게 했다. 따라서 역사 교과서는 서양의 세력, 곧 아시아로 밀고 들어오는 그 힘을 양면적으로 파악하게 했다. 한편으로는 그 문명이 뿜어내는 힘을 배우고 습득해야 하는 점을 가르쳤고, 그러나 또 다른 한편으로는 그

힘이 발휘하는 제국주의 식민 지배를 경계하도록 가르쳤다.

이 점에서 유옥겸은 『서양사교과서』 말미에 서양 박애주의와 자선사업을 주목하게 했고, 박애정신과 자선사업의 근거가 그리스도교에 있다고 했다. 이것은 그의 친척들이 개화된 그리스도교 교인(예를 들어 유성준)[64]으로서 내한來韓 그리스도교 선교사들의 사업(신식학교, 병원, 출판, YMCA 등)에 참여한 점에서 착안되었다고 본다.

2. 개신교와 서양 문명

보문의숙의 역사 교과서는 훗날 개신교(장로교회)의 목사가 된 이원영의 그리스도교 입신을 재고하게 한다. 이제까지는 그가 1919년 예안 3·1운동 주동자로 체포되어서 감옥에 투옥된 기간에 그리스도교에 입신했다고 전해 온다. 그런데 보문의숙의 역사 교과서는 이 사실을 재고하게 한다. 그 까닭은, 이원영은 그리스도교 교인이 되기 10년 전인 보문의숙에서 역사 교과서를 통해 그리스도교의 역사(고대, 중세, 종교개혁, 근세)를 상세히 배웠기 때문이다. 그는 보문의숙에서 그리스도교의 역사를 배웠고, 그러고 나서 약 10년 후에 그리스도교에 입신했다. 물론 그리스도교를 지식으로 아는 것과 그 신앙세계를 체험하여 아는 것은 별개의 사안인데, 예안의 유생 이원영은 보문의숙 재학기간에 이미 그리스도교에 대한 일가견一家見을 가졌다고 본다.

이 글을 마치면서 떠오른 질문은, 이원영이 보문의숙 학생으로서 서양 근대 문물을 배우는 과정에서 어린 시절부터 16년 동안 사숙한 퇴계 학통에서 벗어났던가? 즉, 주자학 유생에 머물지 아니하고 서양식 근대 시민으로 이행했는지, 아니면 여전히 유생으로서 근대 시민의식을 받아들였는지 매우 궁금하다.

이 질문에 대한 해답을 모색하면서 우리나라에 서양 문명과 개신교가 거의 동시에 들어왔던 과정을 살펴보는 것이 도움이 되리라 생각한다. 1894년 청일전쟁 이후 대한제국이 중화中華주의 질서에서 벗어나며 봉건적 체제에서 근대로 이행되던 시기에, 고미숙에 따르면, 대중에게 '국민'이란 의식을 불어넣어 준 이가 '(서양 개신교) 선교사'로 설정되었다.[65] 이와 관련하여 '서양 문명국이 기독교(개신교)로 표상'되었다.[66] 이때부터 개신교가 일반 대중의 계몽담론에 등장했다.

앞에서 언급한 대로, 서양 문명에 호기심을 가진 일반 백성이 점차로 서양 문명의 위력을 실감하며 그 문명으로 다가갔다.[67] 그 문명의 전달자는 개신교 선교사들이었다. 개신교는 이런 점에서 천주교와 그 담론의 층위를 달리했다. 18세기에 본격적으로 조선에서 포교된 천주교는 서양을 표상하기는 했으나 대체로 교리로 받아들여졌고 조상 제사를 거부하면서 정치적 박해를 받았다. 그런데 19세기 말에 들어온 개신교는 서양 문명을 등에 업고서 문명의 빛으로 다가왔다. 천주교와 달리, 개신교는 정치에 직접 개입하는 일을 자제하면서 의료·교육 등의 간접 선교를 통해 계몽담론에 기여했다. 이를 통해서 개신교는 서양 문명을 상징하는 종교로 비쳤고 또 근대화와 동일시되었다. 대중에게 바짝 다가간 개신교의 이미지는 다음과 같았다.[68] 세계에서 가장 부강하고 문명한 서양의 나라들이 개신교의 나라이고, 개신교는 그 문명을 이루게 한 근본이다. 그래서 개신교를 통해 문명개화를 배워야 한다. 그리하여 서양 문명은 선교사가 살고 있는 붉은 벽돌집, 병원, 학교, 과학기구, 생활용품 등을 통해 소개되었다. 선교사는 이 나라의 근대화에 기여하는 서양 문명인으로 다가오기 시작했다.

근대화 계몽담론 안으로 깊숙이 들어온 개신교에 대하여 『대한매일 신보』는 1908년 3월 '서호문답'에서 다음과 같이 서술했다. "지금 예수교로 종교를 삼는 영(국), 미(국), 법(국, 프랑스), 덕국(독일)의 진보된 영광이 어떠하뇨 우리 동포들도 이것을 부러워하거든 그 나라들의 승봉하는 종교를 좇일지니라."[69]

참고문헌

[보문의숙 교과서]

고미숙,『한국의 근대성, 그 기원을 찾아서』, 책세상, 2001.

국민교육회,『신선 소물리학新選 小物理學』, 국민교육회 간행, 1906(광무10).

김상연 찬술,『정선 만국사精選 萬國史』, 황성신문사, 1906.

마치다 나가사쿠[町田長作],『일선어학교범日鮮語學教範』, 경성 보급서관 발행, 1912(명
     치44).

朴重華 지음,『중등 동물학中等 動物學』, 한성 광동서국 신구서림, 1911(명치43).

보성관 번역부 역술,『중등 생리학(전)中等 生理學(全)』, 한성 보성관 발행, 1911(명치43).

안상호 편찬,『신편 생리학교과서新編 生理學教科書』, 경성 의진사, 발행 연도 미상.

안충중 역술,『신편 화학新編 化學』, 보성관, 1907(융희 원년).

_____,『신편 화학부도新編 化學附圖』.

유석태,『산술지남算術指南 (상)』, 유정열 발행, 1909(융희3).

유옥겸,『간명 교육학簡明 教育學』, 발행처 미상, 1908(융희2).

_____,『서양사교과서西洋史教科書』, 광한서림, 1910.

_____,『대조 서양사연표對照 西洋史年表』, 한성 유일서관, 1909.

유진영·구자흥 공찬,『신선 중등 무기화학(전)新選 中等 無機化學(全)』, 이종정 발행,
     1910(융희4).

윤태영 번역,『식물중학교과서植物中學校科書』, 보성관 발행, 1908(융희2).

이관희,『최신 동물학문답最新 動物學問答』, 황성신문사, 1909(융희3).

任璟宰 편술,『간이 상업부기학簡易 商業簿記學』, 발행처 미상, 1910(융희4) 재판.

주정균, 『법학통론法學通論』, 경성일보사, 1908(융희 2).

주정균·박승훈, 『최신 경제학最新 經濟學』, 보문사, 1908(융희 2).

현채 저역, 『개정 이과교과서改正 理科敎科書』, 발행처, 발행 연대 미상.

저자 미상, 『최신 동물학最近 動物學』, 발행 장소 및 연도 미상.

저자 미상, 『신선 소물리학(전)新選 小物理學(全)』, 대한국민교육회간행, 1906(광무 10).

저자 미상, 『신찬 가정학新撰 家政學』, 발행처 미상, 1907(융희 원년).

저자 미상, 『민약론民約論』, 발행처, 발행 연대 미상.

저자 미상, 『이충무전李忠武傳』, 발행처, 발행 연대 미상.

[저서 및 논문]

강규연, 「유옥겸의《西洋史敎科書》를 통해 본 대한제국 시기의 서양사 인식」, 중앙대학교
　　석사학위논문, 2008.

금장태, 「조선 후기 퇴계학파 철학사상의 전개」, 『퇴계학과 남명학』, 경북대 퇴계연구소
　　경상대 남명학연구소 편, 서울: 지식산업사, 2001, 311~341쪽.

김민환, 「개화기 출판의 목적 연구생산 주체별 차이에 관하여」, 『언론정보연구』 47권
　　2호, 2010, 100~133쪽.

송호근, 『시민의 탄생. 조선의 근대와 공론장의 지각변동』, 민음사, 2013.

이태진, 『동경대생들에게 들려준 한국사 : 메이지 일본의 한국침략사』, 파주: 태학사,
　　2014(초판 10쇄).

임희국, 『선비목사 이원영』, 파주: 조이웍스, 2014.

_____, 『기다림과 서두름의 역사 : 한국 장로교회 130년』, 장로회신학대학교출판부,
　　2013.

전은경, 「근대계몽기 교남교육회잡지의 '로컬리티' 인식과 서사화 전략」, 『어문론총』

82, 2019, 139~170쪽.

趙東杰,『韓國民族主義의 成立과 獨立運動史 硏究』, 서울: 지식산업사, 1989.

채   백,「근대 민족주의 형성과 개화기 출판」,『한국언론정보학보』41호, 2008/봄,

   7~40쪽.

채휘균,「교남교육회의 활동연구」,『敎育哲學』28, 2005. 12, 89~109쪽.

1 이원영은 유림 선비, 독립운동가, 교육자, 기독교(장로교회) 목사로 일생을 살았다. 필자는 그의 생애를 집필하여서 단행본으로 출간했는데, 이 연구를 바탕으로 본 논문을 서술하고자 한다. 임희국,『선비목사 이원영』, 파주: 조이웍스, 2014.

2 임희국, 위의 책, 43~45쪽.

3 이하의 글은 필자의 선행연구에서 가져왔다. 임희국,『기다림과 서두름의 역사 : 한국 장로교회 130년』, 장로회신학대학교출판부, 2013, 18~30쪽.

4 위정척사론은 주자학을 보위保衛함과 동시에 반주자학邪을 척출斥出하자는 수구사상이었다. 이진상李震相은 주리론主理論에 근거하여 서양 세력을 배척하는 이론을 정비하였다. 그는 성리학의 기능이 사학邪學을 물리치고 천리天理를 밝히는 데 있다고 확신하고, 천주교 등 모든 서양 학설을 주기主氣로 보아 배척하고 주리론이 주도되는 세상이 되어야 한다고 생각하였다. 그는 화이론華夷論에 철저하여 조선을 차원이 높은 문화민족으로 여겼고, 그 반면에 서양은 임금도 몰라보고 부모도 무시하는 금수禽獸의 나라로 규정하였다. 금장태, 「조선 후기 퇴계학파 철학사상의 전개」,『퇴계학과 남명학』경북대 퇴계연구소 경상대 남명학연구소 편, 서울: 지식산업사, 2001, 311~341쪽 참조.

5 (주)금성출판사가 발간한 고등학교『한국 근·현대사』제5판, 2008, 128쪽에 따르면, 원산학사는 개항지 원산의 주민들이 "상공업 분야에서 일본인들에게 뒤떨어진다"고 자각한 나머지 "덕원 읍민의 자발적인 참여와 개화파 인물인 덕원부사 정현석의 도움"으로 시작되었다고 한다. 이 학교는 전통 학문(한문)을 가르치는 한편 당시로서는 전혀 새로운 학문인 신교육(과학, 기계, 농업, 일어, 법률, 세계 역사, 지리 등)을 시켰다고 한다. 이를 통하여 "유교 경전에 밝으면서도 서양의 문물을 배워 실생활에 활용할 수 있는 인재를 양성하는 데 목적을 두었다"고 한다. 그런데 이때 가르쳤던 신교육의 교재가 무엇이었으며 또 그 내용이 어떻게 구성되었으며, 이 학교에서 가르친 선생들이 어디에서 어떻게 신교육을 미리 익혀서 수업에 임했는지 매우 궁금하다. 이러한 이유 때문에 필자는 원산학사를 최초의 한국 근대식 학교로 소개하기엔 좀 더 알아볼 것이 많다고 생각한다.

6 이태진,『동경대생들에게 들려준 한국사 : 메이지 일본의 한국침략사』, 서울: 태학사, 2005, 123쪽 이하.

7 정병준, 「한말·대한제국기 '민民' 개념의 변화와 정당정치론」, 396쪽.

8 서희경은 다른 관점을 제시했다. 즉, 근대적 의미에서 정치 주체인 '국민國民'이 만민공동회에서 탄생했다고 서희경이 주장한다. 만민공동회는 "민회民會를 통해 공론을 형성하여 이를 국정에 반영하고자 시도한 새로운 형태의 정치운동이었고, 이는 기존의 집단상소나 민란과는 아주 다른 형태로서," "군민공치君民共治"의 입헌군주제를 주장했다고 한다. 서희경, 「대한민국 건국헌법의 역사적 기원(1898~1919) : 만민공동회·3·1운동·대한민국임시정부헌법의 '민주공화'정체인식을 중심으로」,『한국정치학회보』 40-5, 2005, 142~143쪽.

9 정병준, 위의 논문, 368쪽.

10 장영수에 따르면, 이때 제정된 9개 조항의 「대한국국제」는 광무개혁의 결과이기는 하지만 "신세정치를 생성화하는 ㅂㅡㅁ에 비롯됐고 ㅃ내식 한법이 잇구이아 할 ㅣㅎ런이나 ㄲ가ㅅㅇㅅ

에 관한 내용을 담아내지 못했다. 장영수, 「임시정부헌법의 역사적 의미와 대한민국 헌법의 제정」, 217.

11 성균관은 갑오경장 이후에 신식교육제도를 받아들여서 학제를 수업 연한 3년에 1년 2학기 제로 개정하였다. 성균관의 교과과정도 개편되어서 유교경전 이외에도 작문·역사·지리·산술 등의 새로운 교과목이 편성되었다.

12 이태진에 따르면, 이미 1882년에 고종 황제는 교육제도의 개혁과 신분제의 폐지에 관한 교서를 내면서 양반의 자제와 평민의 자제가 함께 상공업에 관한 공부를 해야 한다고 밝혔다. 이태진, 『동경대생들에게 들려준 한국사 : 메이지 일본의 한국침략사』, 파주: 태학사, 2014(초판 10쇄), 133~134쪽, 137쪽.

13 이태진, 위의 책, 325~353쪽.

14 정병준, 앞의 논문, 376쪽, 397쪽.

15 서희경, 「대한민국건국헌법의 역사적 기원(1898~1919) : 만민공동회·3·1운동·대한민국임시정부헌법의 '민주공화' 정체인식을 중심으로」, 149~150쪽.

16 정병준, 위의 논문, 397쪽.

17 정병준, 위의 논문, 380쪽.

18 이 견해는 조동걸의 입장이다. 그리고 이 입장을 김희곤이 받아들였다고 추정한다. 趙東杰, 『韓國民族主義의 成立과 獨立運動史 研究』; 김희곤, 『안동의 독립운동사』 참조.

19 韓宇, 「興學說」, 『皇城新聞』, 1899. 1. 7 참조.

20 계몽운동의 시작에 관해서 국사학계 안에 두 가지 견해가 있다. 다수가 1905년 을사조약의 체결과 함께 국권의 일부를 일제에 빼앗긴 시점에서 계몽운동이 시작되었다고 보는 반면에, 조동걸은 1904년에 러일전쟁을 승리로 이끈 일제가 한국을 독점적으로 지배하게 된 결정적인 시기에 이 운동이 시작되었다고 본다. 趙東杰, 『韓國民族主義의 成立과 獨立運動史 研究』, 97쪽.

21 유한철, 「1906년 光武皇帝의 사학설립 詔勅과 東明學校 설립 사례」, 『한국민족운동사연구』, 于松趙東杰선생停年紀念論叢刊行委員會, 132~163쪽.

22 權大雄, 「韓末 慶北地方의 私立學校와 그 性格」, 『國史館論叢 58집』, 국사편찬위원회, 1994, 21~48쪽.

23 이 학교가 1919년 3·1운동을 주도했다는 혐의로 오랫동안 강제 휴교되었다가 끝내 폐교되고 말았다. 김희곤, 『안동의 독립운동사』, 112쪽.

24 1908년에 전국의 사립학교 수가 약 5,000개였는데 사립학교령이 적용된 뒤부터는 그 수가 줄어들어 1910년 8월에는 1,900여 개가 되었다. 강만길, 『한국 현대사』, 서울: 창작과 비평사, 1994, 24쪽 참조.

25 채휘균, 「교남교육회의 활동연구」, 『敎育哲學』 28, 2005. 12, 95쪽.

26 채휘균, 위의 논문, 95쪽.

27 전은경, 「근대계몽기 교남교육회잡지의 '로컬리티' 인식과 서사화 전략」, 『어문론총』 82, 2019, 148쪽.

28 『황성신문』 1909년 12월 7일자.

29 임희국, 앞의 책, 42쪽 이하.

30 이관희 지음, 황성신문사 발행, 융희 3, 148쪽. 총론, 포유류, 조류, 파충류, 어류, 연체동물, 절족동물 등 14장으로 구성되어 있다.

31 안충중 역술, 보성관 발행, 융희 원년, 112쪽. 총 18장으로 구성되어 있다.

32 14쪽 : 공기, 수소, 화학 변화와 원소, 탄소, 연소, 염소, 유황, 금속 등을 다루었습니다.

33 윤태영 번역, 보성관 발행, 융희 2, 총 4편 24장, 130쪽. 식물형태학, 식물해부학, 식물생리학, 식물분류학으로 구성되어 있다.

34 광무 10, 대한민국교육회 간행, 107쪽. 고등소학 교과를 위해 편찬, 2년간 배울 교재, 미국인 스지 루의 학설에 따라 편찬, 전체 10장으로 구성되어 있다. 물리학 정의, 인력, 힘의 작용, 액체의 성질, 기체의 성질, 소리, 진동·파장·빛, 전기, 전등, 자석.

35 朴重華 지음, 한성 광동서국 신구서림 발행, 명치 43.

36 저자 발행 연대 미상.

37 안상호 편찬, 경성 의진사 발행.

38 보성관 번역부 역술, 한성 보성관 발행, 명치 43.

39 유진영·구자홍 공찬, 이종정 발행, 융희 4.

40 대한국민교육회, 광무 10.

41 김상연 찬술, 황성신문사, 1906, 196쪽.

42 유옥겸 저, 광한서림, 1910(융희 4), 241쪽.

43 유옥겸 저, 한성 유일서관, 1909(융희 3), 69쪽.

44 유옥겸 저, 1908(융희 2).

45 융희 원년 발행, 어린이교육, 가정교육, 늙은이 봉양, 교제 등.

46 任璟宰 편술, 1910(융희 4) 재판 발행.

47 유석태 저, 유정열 발행, 1909(융희 3).

48 주정균 외 공저, 보문사, 1908(융희 2).

49 주정균 저술, 경성일보사 인쇄, 1908(융희 2).

50 현채 저역, 발행처·발행 연대 미상.

51 町田長作 저, 경성 보급서관 발행, 명치 44.

52 서양의 근대 연활자와 인쇄기가 일본을 통해 도입되었는데, 이때부터 출판 기술에 획기적인 변화가 일어났다. 그 변화의 시작은 박문국에서 1883년 『한성순보』의 발간에서 비롯되었다. 김민환, 「개화기 출판의 목적 연구 생산 주체별 차이에 관하여」, 『언론정보연구』 47권 2호, 2010, 102쪽.

53 보성관(이용익 설립) 외에 휘문관(민영휘 경영), 신문관(최남선 설립), 성문사(홍필순 설립)이 있었다. 그런데 민영휘와 최남선은 그 생애 발자취에서 친일 행적 논란이 있다.

54 회동서관 외에 박문서관, 신구서림, 광학서포, 우문관, 광덕서관, 동양서원 등이 있었다.

55 송호근, 『시민의 탄생. 조선의 근대와 공론장의 지각변동』, 민음사, 2013, 270쪽.

56 동학본부에서 발행한 『만세보』가 이렇게 썼다. 김영민, 『한국근대소설의 형성과정』, 소명출판, 2005 참조; 송호근, 위의 책, 271쪽 재인용.

57 보성관을 설립한 이용익은 러일전쟁 때 일본에 납치되어 그 나라에 있는 동안 변화된 사회를 둘러보고서 크게 놀랐다. 귀국하면서 인쇄기계를 구입한 그는 1905년에 출판사를 설립했는데, 편집소로 보성관을 인쇄소로 보성사를 세웠다. 또 그는 교육기관으로 보성소학교, 보성중학교 및 보성전문학교를 설립했다.

58 설립자 고제홍의 이름을 땄다. 그는 무명가게(백목전)를 운영하다가 대광교(서울 남대문 근처)에서 서점이 붙은 기와집을 매입하고 책을 팔기 시작했다.

59 임희국, 『기다림과 서두름의 역사 : 한국 장로교회 130년』, 장로회신학대학교출판부, 2013, 82~83쪽,

60 1909년 12월 1일 현재 발매 금지된 도서는 39종이었고, 그 이듬해 8월에는 99종 125책으로 늘어났다.

61 1880년대 초에는 여러 근대학교가 설립되었으며 '각국역사各國歷史', '세계역사世界歷史' 라는 이름으로 세계사 교육이 행해졌다. 세계 문명을 등급별로 나누었으며 최고 문명 등급 을 서유럽 및 구미로 보았다. 대한제국 시기에는 일본, 중국의 두 경로로 세계사가 수용되었 으며 학부學部에서 국가 차원으로 외국사 관련 도서를 번역하거나 총서로 묶는 작업을 하였 다. 주로 일본, 중국, 러시아 등의 동북아시아 역사를 소개하고 있으며 문명개화론적 관점과 사회진화론적 관점에서 세계사를 바라보고 있다. 강규연, 「유옥겸의 《西洋史教科書》를 통해 본 대한제국 시기의 서양사 인식」, 중앙대학교 석사학위논문, 2008 참고.

62 채백, 「근대 민족주의 형성과 개화기 출판」, 『한국언론정보학보』 41호, 2008/봄, 31쪽.

63 유옥겸이 편찬한 역사 교과서는 『중등 동양사中等 東洋史』, 『동양사교과서東洋史教科書』, 『서양사교과서』 등이 있으며, 교육학 교수법 저서는 『간명교육학簡明教育學』, 『소학교수법 小學教授法』 등이 있다. 그는 또한 『서유견문록西遊見聞錄』을 저술하였다.

64 대한제국의 가선대부, 내부경무국장이었던 유성준은 1902년 이른바 '개혁당사건'에 연루된 역모행위 혐의로 체포되었다. 조선협회를 조직하여 독립협회를 다시 일으키고 또 일본으로 망명한 부일당과 협력해서 정부를 전복시키려 한다는 혐의였다. 유성준 일행은 국사범(정치 범) 죄수로 의금부 감옥에 수감되었다. 1904년 감옥에서 풀려난 그는 연동교회(서울 종로) 에 다니기 시작했다.

65 고미숙, 『한국의 근대성, 그 기원을 찾아서』, 31쪽.

66 고미숙, 위의 책, 32쪽.

67 이 단락은 지은이의 책에서 가져왔다. 임희국, 『기다림과 서두름의 역사 : 한국 장로교회 130년』, 29~30쪽.

68 고미숙, 위의 책, 39쪽, 46~49쪽 참조.

69 『대한매일신보』, '서호문답' 연재(1908. 3. 5~3. 18); 고미숙, 위의 책, 47쪽 재인용.

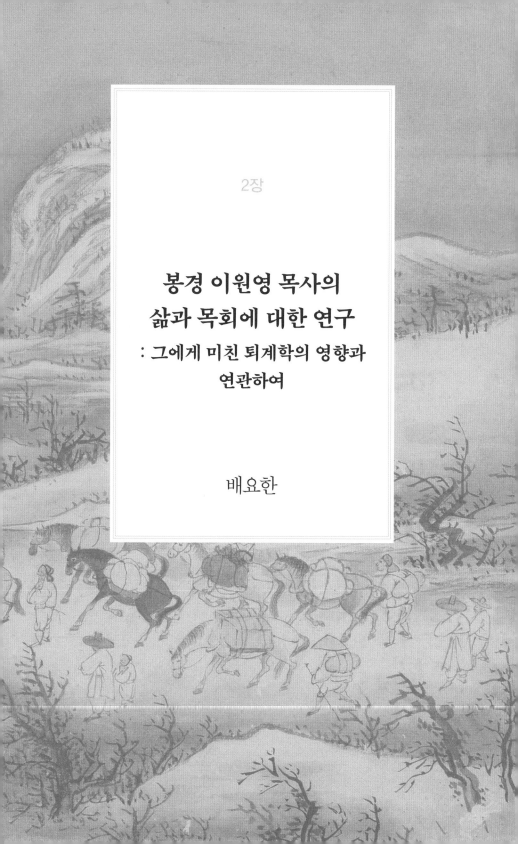

2장

봉경 이원영 목사의
삶과 목회에 대한 연구
: 그에게 미친 퇴계학의 영향과
연관하여

배요한

목회자도 유학자도 꼭 기억해야 할 이름, 봉경 이원영 목사

이원영李源永(1886~1958)은 1886년 7월 3일 경상북도 안동군 도산면 원촌동에서 아버지 이관호李觀鎬와 어머니 김영金永 사이에서 둘째 아들로 태어났다. 그는 이황李滉(호는 퇴계退溪)의 14대손으로 어릴 적 집안에서 사숙私塾을 통하여 16년 4개월 동안 한학을 공부하면서 퇴계학의 직접적인 교육과 영향을 받았다.

그랬던 이원영은 3·1운동을 거치면서 기독교인이 되었고, 이후 목사가 되었다. 목사가 된 후로도 이원영은 신사참배를 반대한 올곧은 신앙인, 여러 기독교 교육기관을 설립하여 기독교 인재를 양성한 교육자, 안동 지역의 성경기독교의 전통을 계승한 훌륭한 목회자, 신사참배를 거부하며 숱한 박해를 이겨낸 산 순교자, 우리나라 최대 교단 중 하나인 장로교(통합 측)의 부회장과 총회장으로 활동했던 교회 행정가

등 다양한 면에서 한국 개신교 역사에서 귀감이 되는 존경받는 인물로 평생을 살았다.

필자는 이 글에서 이원영이 어릴 적부터 퇴계학의 직접적인 영향을 받았고, 또 수십 년간 훌륭한 목사로 살다가 인생을 마쳤다는 이 두 가지 면에 주목하여 목사 이원영의 삶과 그의 목회에 깃든 유교적 영향력을 살펴보고자 한다.

이 글은 특히 두 종류의 독자들을 염두에 두고 기술하였다. 우선, 보수적인 기독교인 중에서 "이원영 목사님은 평양장로회신학교를 나와서 수십 년 목사로 살아오신 분이기 때문에 그의 삶과 목회는 유교와는 아무런 관계가 없다"고 생각하는 사람들이다. 필자는 이 글에서 그렇게 생각하는 사람들에게 유교의 무의식적 영향력이 이원영 목사의 삶과 목회에 얼마나 깊이 그리고 긍정적으로 스며들어 있는가를 보이고자 한다. 두 번째 독자는 아주 비타협적이고 보수적인 유학자들 또는 전통주의자들이다. 21세기를 살고 있으면서도 급변하는 시대와 학문의 변화에 아랑곳하지 않고 무조건 과거의 전통 사상, 특히 유학 사상만이 최고라고 생각하는 사람들이다. 그러한 수구적守舊的 태도는 유학 자체의 정신도 아닐 뿐더러, 유학 자체를 과거의 고리타분한 전통에 불과하다고 생각하게 만드는 매우 잘못된 태도다. 필자는 이글에서 퇴계의 후손으로서, 또한 존경받는 목사로서 살아온 이원영의 삶의 모습을 통해 전통과 현대, 동양 종교 전통인 유교와 서양 종교인 기독교의 만남의 훌륭한 모범을 드러내 보이고자 하는 것이다.

물론, 필자의 이 연구 주제는 매우 신중하고 조심스럽게 접근해야 한다. 두 가지 점에서 특별히 그러하다.

첫째로, 퇴계와 이원영 목사는 시기적으로 무려 400년 가까이 차이가 난다. 더욱이 이원영은 적어도 의식적으로는 유교와 결별하고 개종하여 기독교 목사가 되었다. 그래서 겉으로 보기에 목사로서 살아간 이원영의 내면에는 유교를 버리고 기독교를 선택한 '의식적인 단절'이 있었다. 그러나 이 글에서 필자는 퇴계 후손인 이원영 목사가 "의식적으로는 유교와 단절하였으나," 그의 목사로서의 삶과 목회 속에는 "무의식적인 유교적 영향력"이 깊이 있었음을 보이고자 하는 것이다. 물론 그렇다고 해서 유교와 기독교가 그 종교적 체계에서 차이가 없다는 것은 결코 아니다. 다만, 유교와 기독교의 종교적 차이점을 전제하면서도 목사로서 살아간 이원영의 삶과 목회에는 그가 어릴 적 배워 온 퇴계학과 가풍의 무의식적 유학의 영향이 여전히 깊이 드러난다는 점을 살펴보겠다는 뜻이다.

둘째로, 사실 이원영 목사는 유교-기독교 간의 관계에 대한 체계적인 저술이나 글을 거의 남기지 않았다.[1] 그래서 목사가 된 후 이원영이 가졌던 유교에 대한 이해 자체를 분석할 만한 자료가 절대적으로 부족하다. 그래서 필자는 이 글에서 목사가 된 이원영의 설교, 그의 생애에 대한 자료, 그의 자녀들과 제자들의 전기적 회상과 서술 등을 통해서 목사가 된 이원영의 삶과 목회에 깃든 유교적 영향—더 구체적으로는 퇴계학의 영향—을 교육, 경전, 수양, 삶의 태도의 네 가지 주제어를 중심으로 큰 틀에서만 대비해서 살펴보고자 한다. 이 말은, 필자가 이 글에서 제시하는 네 가지 주제어에 대한 보다 심층적인 연구는 차후에 따로 다루어야 한다는 뜻이다. 한 편의 논문에서 모든 것을 다 다룰 수는 없다. 집으로 말하면 이 글은 집의 기본 구조를 세우는 작업이다. 그렇게 기초 공사와 집의 구조를 튼튼하게 만든 후에 보다 세밀한 공사와 마감이 필요하다. 따라서 이 글에서 제시한 각 주제별 검토는 보다 긴 시간을 갖고 다양한 연구자들이 보다 면밀하고 심층적으로 차후에 따로 다루어야 한다.

글의 전개 순서는, 우선 글의 앞부분에서는 퇴계의 후손인 이원영이 사숙에서 한학을 배운 내용과 그의 개종 과정과 목회를 개괄적으로 살펴본 후, 목사 이원영에게 미친 퇴계학의 영향에 대해서 살펴보고자 한다. 그래서 필자는 이 연구가 단지 이원영이라는 한 개인에 대한 전기적傳記的 연구에만 그치지 않고, 좀 더 거시적으로는 한국 개신교 역사상 존경받는 한 위대한 목회자의 삶의 궤적에 끼친 유교적 영향력을 살펴봄으로써 유교-기독교 간의 연관성이 단지 이론적이고 학문적인 면에서뿐만 아니라 한 개인의 구체적인 목회와 삶의 태도를 통해 잘 드러나고 있음을 증명하고자 한다.

유교에서 기독교로 : 이원영의 생애와 삶의 주요 궤적

1. 이원영의 생애 초기와 유교적 영향력

1) 딸 이정순의 기록을 통해 살펴보는 이원영의 유학교육

기록에 따르면 이원영은 퇴계 문중의 교육 전통에 따라 그가 네 살 되던 해부터 16년 4개월 동안(1890. 3. 3~1906. 7. 15) 가정에서 한학을 공부하였다.[2]

그의 제자 배홍직은 이원영이 부친 이관호에게서 한학을 배운 것으

이원영 목사 생가. 경상북도 안동시 도산면 원천리 소재

로 기술하고 있으나,[3] 사실 이원영의 자필 이력서에는 스승이 누구인지는 밝히지 않았다. 그리고 이원영의 딸 이정순에 따르면 이원영은 부친 이관호가 아니라 할아버지 이중걸李中杰에게 한학을 배운 것으로 추정하고 있다.[4] 이정순에 따르면 그렇게 볼 수 있는 이유가 세 가지 있는데, 우선 첫째 이유는 연대 문제다. 객관적인 사실로 연대를 정리해 보면 다음과 같다.

- 이원영이 자필 이력서에 밝힌 한학 공부 기간 : 1890년 3월 3일~1906년 7월 15일

- 부친 이관호의 졸卒 : 1904년 11월 14일
- 조부 이중걸의 졸卒 : 1906년 9월 22일

그러니 만약에 이원영이 부친에게서 한학을 배웠다면 부친이 졸한 1904년에는 그 공부가 끝나야 한다. 그런데 이원영 자신이 자필 이력서에 사숙에서 1906년에 한학 공부를 끝냈다고 썼기 때문에, 부친의 졸(1904) 이후에도 이원영이 한학을 사숙했기에 조부 이중걸이 이원영을 가르쳤다고 보는 것이 자연스럽다. 그리고 기록에 따르면 조부 이중걸은 정삼품 상계上階의 품계인 통정대부通政大夫를 역임한 학자였다.

둘째로, 김을동金乙東의 『안동판독립사安東版獨立史』를 보면 이중걸이 손자인 이원세에게 한학을 가르쳤다고 볼 수 있는 대목이 있는데, "집[里第]에서 한문漢文을 공부[修讀]"라는 구절이 나온다.[5] 이 구절에서 '이제里第'라는 단어는 고향 집을 뜻하는데, 할아버지 이중걸이 셋째 손자 이원세를 가르쳤다면 둘째 손자인 이원영도 함께 가르쳤다고 보는 것이 자연스럽다.

또 한 가지 가능성으로 생각해 볼 수 있는 것은 이원영보다 1년 빨리 태어나 같은 원촌마을에서 자란 퇴계의 13대손인 이광호李洸鎬(1885~1942)의 약력이다. 그 약력에는 "공은 부친에게 한학을 수독한 후"라는 문장이 있다. 그렇다면 이중걸이 이광호에게 한학을 가르칠 때 비슷한 또래인 이원영, 이원세에게도 함께 가르친 것으로 추정할 수 있다. 그리고 이원영의 제자 배흥직에 따르면 당시 이원영이 사숙에서 공부할 때 동기생이 6명이나 있었고 그중에 이원영이 나이가 제일 어렸다고 한다.[6] 실제로 이광호가 이원영보다 한 살 많았기에, 위의 여러 가지 점을 고려해 보면 당시 이광호와 이원영이 함께 사숙에서 공부했을 것으로 보는 것이 자연스럽다.

이상의 내용을 종합해서 추측해 보면, 이원영이 부친 이관호에게도 배웠는지 분명치 않으나, 최소한 조부 이중걸에게 한학을 배운 것으로 볼 수 있고, 함께 공부한 동기로는 동생 이원세와 이광호가 있었던 것으로 보는 것이 타당하다고 본다.

2) 이육사를 통해 추정해 보는 이원영의 한학 공부

그렇다면 이원영이 16년 4개월 정도의 기간 동안 사숙에서 어떤 교재로 공부하였을까 하는 의문이 생긴다. 애석하게도 이에 대한 직접적인 자료는 없다. 그러나 그의 일가이자 같은 동네에서 자란 이육사李陸史(1904~1944)가 적어 놓은 한학 공부에 대한 기록을 통해 이원영이 공부한 것에 대해 간접적이나마 살필 수 있다.[7] 육사 또한 배운 내용을 일목요연하게 정리하지는 않았으나, 육사는 그의 「은하수」라는 수필에서 자신의 어릴 적을 다음과 같이 회고하고 있다.

그러나 숲사이로 무수한 유성같이 흘러다니든 그 고흔 반딧불이 차츰 없어질때에 가을벌레의 찬소리가 뜰로 하나 가득차고 우리의 일과도 달러지는 것이였다. 여태까지 읽든 외집을 덮어치우고 등잔불밑헤서 또다시 경서를 읽기 시작하는 것이였고 그 경서는 읽는대로 연송을 해야만 시월중순부터 매월 초하루 보름으로 있는 강講을 낙제치 안는 것이였다. 그런데 이 강이란 것도 벌서 경서를 읽는 처지면 중용이나 대학이면 단권책이니까 그다지 힘드지 않이마 논어나 맹자나 시전 서전을 읽는 선비면 어느 권에 무슨 장이 날는지 모르니까, 전질을 다 외우지 않으면 안됨으로 여간 힘드는 일이 아니였다. 그래서 십여세 남즛했을 때 이런 고역을 하느라고 장장추석에 책과 씨름을 하고 밤이 한시나 넘게되야 영창을 열고 보면 하늘에는 무서리가 나리고 삼태성이 은하수를 막 건너선때 먼데 닭 우는 소리가 어즈러히 들이곤 했다.[8]

기록에 따르면 육사는 1904년에 태어나 5세 때(1909)부터 그의 조부 치헌痴軒 이중직李中稙에게서 『소학』을 배우기 시작하였다.[9] 그리고 1916년 그의 조부가 별세하고 문중에서 세운 학교인 보문의숙을 다닐 때까지 사숙에서의 공부는 계속되었다.[10] 이렇게 보면 육사가 사숙에서 공부한 기간은 최대로 잡아도 1909년(5세)부터 1916년(12세)까지의 7년 정도다.[11] 이 기간 동안 육사가 사숙에서 한학을 공부한 것에 대해서는 위의 「은하수」라는 수필의 인용문에서 두 가지를 유추할 수 있다.

첫째로, 육사의 「은하수」에 따르면 육사는 우선 사서는 물론이고 오경도 오경의 일부 또는 전체를 다 공부했음을 알 수 있다. 위의 글에서 육사가 어릴 적 읽었다는 『대학』, 『중용』, 『맹자』는 『논어』와 더불어 사서를 이룬다. 그리고 『시전』과 『서전』은 오경(『시경』(=시전), 『서경』(=서전), 『역경』, 『춘추』, 『예기』) 중 두 권이므로, 육사는 사숙에서 사서는 물론이고 오경도 일부 또는 전부를 공부했다는 뜻이 된다.

둘째로, 위의 글에 따르면 사숙에서 경서를 배울 때, 그 경서는 단지 배워서 읽고 이해하는 수준을 넘어서 경서의 전질을 다 외워서 시험을 치러야 했다. 육사가 "십여세 남즛했을 때 이런 고역을 하느라고," "책과 씨름을 하고 밤이 한시나 넘게되야"라는 언급으로 보아 그 배운 공부의 양과 복습을 해야 하는 양이 상당했음을 알 수 있다.

그렇다면 이원영은 육사에 비해 한학을 공부한 기간이 훨씬 길었고 또 20세 무렵까지 공부했으므로 경서를 공부한 양이나 질에서 육사보다 훨씬 많았음에 틀림없다. 그렇다면 어떤 책을 더 공부했을까? 이 질문에 대답하기 위해 당시 안동 선비들의 강학 교재를 살펴보아야 한다.

3) 안동 선비들의 강학 교재, 제자들의 회고를 통해 추정해 보는 이원영의 한학 공부

과거 안동의 선비들이 강학 교재로 썼던 책의 목록을 연구한 오수경에 따르면 퇴계, 당시 또는 퇴계의 후학들인 안동의 선비들이 강학 교재로 썼던 책의 목록은 다음과 같다.[12]

경전 : 『소학』, 『논어』, 『맹자』, 『대학』, 『중용』, 『효경』

성리서 : 『주자서』, 『주자가례』, 『성리대전』, 『근사록』, 『심경』

기타 : 『퇴계집』, 『통감』, 『유선록』 등

위의 목록들은 육사의 「은하수」에 나오는 목록과 일부 중복되기도 하고, 또 넘어서는 자료도 있다. 그것은 당연하다. 왜냐하면 육사의 「은하수」에 따르면 육사는 "십여세 남즛했을 때" 사서와 오경(의 일부)을 공부한 것으로 말하고 있다. 육사가 1909년 그가 5세 되던 해부터 사숙에서 공부를 시작해서 "십여세 남즛했을 때"라고 하면 육사는 그가 사수에서 한학을 공부한 지 5년이나 5년이 조금 더 지난 즈음에 사서와 오경의 일부(또는 전부)를 공부한 것이 된다. 그런데 이원영은 사숙에서 한학을 공부한 기간이 무려 16년 4개월이나 된다. 육사와 이원영이 사숙에서 한학을 공부한 기간을 우선 비교해 보자.

사숙에서 한학을 공부한 기간
이육사 : 1909년(5세)~1916년(12세) : 7년 남짓
이원영 : 1890년 3월 3일(5세)~1906년 7월 15일(21세) : 16년 4개월

일반적으로 유학자나 퇴계의 후손들은 어릴 적에 『소학』부터 공부하여 『대학』, 『중용』, 성리서를 차례로 공부한다. 즉, 이원영은 사서는 물론이거니와 오경 전체, 성리학의 핵심서들에 대해서 매우 깊은 공부를 했다고 보는 것이 당연하다고 할 것이다. 그렇다면 이원영은 퇴계의 직계 후손으로서 앞서 오수경이 언급한 퇴계 당시와 문인들의 강학 교재는 당연히 다 공부했을 것이고, 위에서 언급하지 않은 자료 또한 더 익히고 체득했을 것으로 보는 것이 자연스럽다.

또한 이원영의 제자들이 기억하는 이원영의 모습을 통해서 보아도 최소한 이원영이 오경을 공부했으며 매우 능통한 것은 분명한 사실로 보인다. 제자 배흥직의 기록에 따르면 이원영은 20세가 되었을 때 사서뿐 아니라 오경(『시경』, 『서경』, 『역경』, 『춘추』, 『예기』)까지 수학하였다고 한다.[13] 또한 이원영은 사숙에서 한학을 공부하는 동안 총명이 특수하여 문리에 밝아 그 진보가 일취월장하였으며, 사서오경을 완전히 통독하였다고 기록하고 있다.[14] 좀 더 구체적으로는 이원영은 만 15세에 사서오경을 통독하였고, 20세에는 주를 붙여 설명할 수 있었다고 한

다. 게다가 이원영은 당시 함께 수학하던 여섯 명 중에서도 가장 총명하였고 실력이 가장 뛰어났다고 전하고 있다.[15]

4) 이원영이 사숙에서 공부한 한학 교재들에 대한 분석

그러면, 이제 이원영이 사숙에서 배운 것이 확실하다고 할 수 있는 교재들의 면면에 대해 살펴보기로 한다. 앞서 살펴본 여러 가지 기록을 근거로 하여 이원영이 어릴 적에 사숙에서 공부한 것을 몇 가지 특성으로 정리할 수 있다.

첫째로, 이원영이 사숙에서 배운 유교의 경전류들은 실천을 강조한 퇴계학의 기본적 특성을 잘 반영하고 있다. 퇴계학의 특성은 거경居敬을 중시하면서 이론적인 관심보다 덕성의 함양과 도학道學의 실천을 강조하였기에 도학을 처음 배우는 사람에게『소학』을 반드시 익히도록 하였다. 이렇게『소학』을 강조한 것은 퇴계학의 기본적인 관심이 도학의 실천에 있음을 잘 보여 주는 사례다. 사서는 물론 말할 것도 없거니와,『효경孝經』또한 도학의 실천에 있어 가장 우선적으로 공경해야 할 대상인 부모에 대한 예禮를 강조한 책이라는 면에서 도학 실천을 강조한 퇴계학의 특성을 잘 드러낸다고 할 수 있다.

둘째로, 이원영이 사숙에서 배운 성리서性理書들도 마음공부와 실천을 강조한 퇴계학의 기본적인 특성을 잘 반영하고 있다. 이원영이 어릴 적에 사숙에서 읽은 성리서들은 주자학에 정통한 학자의 가풍을 그대로 이어받아 주자학의 가장 중요한『주자서』,『주자가례』,『성리대전』,『근사록』,『심경』등이다.

그런데 위의 성리서들의 목록 중에서 특히 눈여겨 본 중요한 책은

『심경心經』이다. 퇴계가 『심경』을 접한 것은 그가 어릴 적 한양에서 공부할 때였는데,[16] 당시 그가 본 책은 명대의 정민정程敏政(1445~1499)이 심경에 주석을 붙여 펴낸 『심경부주心經附註』였다. 퇴계는 이 책의 중요성에 대해서 "평생토록 이 책을 존중하고 믿어서 이 책은 결코 사서나 『근사록』의 아래에 두지 않았다"고 평가할 정도였다.[17] 또한 그의 제자 학봉 김성일金誠一(1538~1593)의 기록에 따르면, 퇴계는 새벽마다 『심경부주』를 한 차례 독송하였다고 한다.[18] 또한 퇴계는 그의 제자들에게 만년까지 『심경』을 강의하였는데 이는 그가 세상을 떠나기 몇 달 전까지도 계속되었으며, 조선시대 유학자들이 지은 『심경』에 관한 저술 총 9종 중에서 7종이 퇴계와 그의 문하에서 나왔다는 사실만 보아도 퇴계가 『심경』을 얼마나 중요하게 여겼는가를 쉽게 확인할 수 있다.

그렇다면 왜 이토록 퇴계는 『심경』을 중시하였을까? 그것은 퇴계가 강조한 도학의 실천이 마음공부에 있으며, 이 마음공부를 통한 도학의 실천을 그 어느 경전보다 강조한 것이 『심경』이었기 때문이다. 즉, 마음공부의 정수를 밝혀 도학을 실천하고자 했던 퇴계의 관심이 『심경』을 특히 중요하게 여긴 것이라고 볼 수 있다.

셋째로, 이원영은 사숙에서 퇴계의 후손으로서 『퇴계집退溪集』을 숙독하였다. 이외에도 이원영이 사숙에서 배운 책은 『통감』과 『유선록』이며, 이원영의 유품 장서에 포함되어 있으나 위에서 제시한 사숙에서 배운 교재에 들어 있지 않은 것은 퇴계의 『자성록』이다. 그러나 『퇴계집』, 『통감』, 『유선록』은 유학, 특히 퇴계학을 공부한다고 하면 필수적으로 학습하는 교재이기에 당연히 공부한 것으로 보아야 한다.

이상에서 살펴본 바와 같이, 이원영은 퇴계의 후손으로서 그의 생애 초기 16년 4개월 동안 사숙에서 한학을 공부하면서 유학의 경서류들을 두루 섭렵하여 퇴계 가문의 깊은 유학적 영향을 몸에 배어 체득하도록 교육받았음을 알 수 있다.

2. 이원영 목사의 기독교 개종과 그 이후의 목회

1) 혁신유림과 그의 학업

이원영은 사숙에서 한학 공부를 마친 후에 1908년 문중에서 세운 학교인 봉성측량강습소鳳城測量講習所에 입학하여 공부하였다. 그리고 1910년에는 역시 문중에서 세운 학교인 보문의숙에서 공부하였다. 이 보문의숙은 도산서원의 소유 전답을 기본 자산으로 하여 세운 문중 학교였는데, 이곳에서 이원영은 봉성측량강습소의 졸업을 인정받아 1910년 3월에 보문의숙 속성과에 편입학하여 2년 만에 공부를 마치고 수석으로 졸업하였다.[19]

여기서 주목할 것은 이원영이 수학한 봉성측량강습소와 보문의숙이 공통적으로 혁신유림革新儒林에 의해 설립된 학교라는 점이다. 혁신유림은 당시의 급변하는 시대적 상황 속에서 유학을 본바탕으로 하되 서구 문화와 기술은 받아들이자는 입장에 서 있었으므로 유림의 전통을 강조하면서도 이에 더하여 현실적, 개혁적, 민족적이라는 특성을 가지고 있었다. 그리고 이러한 입장은 이후 이원영의 3·1운동 참여와 투옥으로 연결되고 있다.[20] 역사적으로 3·1운동이 일어났을 때 이러한 민족적 혁신유림의 전통은 애국애족의 기독교와 결합되게 된다.

2) 3·1운동과 이원영의 개종

사실 안동은 그 어느 곳보다 유림의 전통이 강한 지역이었으므로, 처음 기독교 선교사가 안동에 들어간 것이 1893년임에도 불구하고 안동읍에 교회가 설립된 것은 그보다 한참 후인 1908년이었다.[21] 그만큼 안동 사람들이 기독교를 받아들이는 속도가 느렸다. 그러다가 '안동 양반' 사회에서 기독교에 대한 부정적 편견을 버리고 복음 수용의 속도가 붙게 된 계기를 마련한 것이 1919년의 3·1운동이었다.

다른 지역과 마찬가지로 3·1운동이 일어났을 때 안동읍교회에서도 김영옥 목사와 김병우 장로를 비롯한 교인들이 안동읍 장날 만세시위를 주도하고 옥고를 치렀는데, 안동뿐 아니라 인근 의성, 예천에서도 같은 현상이 나타났다. 이를 계기로 안동 지역에서도 기독교에 대한 부정적 인식이 점차 긍정적으로 변화하게 되었다.

당시 이원영은 보문의숙을 졸업한 후 고향에서 농사를 지으며 한학 공부를 하던 중에 1919년 3·1운동을 맞게 되는데, 이원영은 1919년 3월 17일 예안의 만세시위에서 맨 앞에 나서서 주도하였다. 그리고 이튿날인 3월 18일에는 흩어졌던 군중들이 모여 다시 대한독립만세를 외쳤는데, 이때 이원영은 체포되어 안동경찰서로 이송되었다. 그리고 그는 결국 서울 서대문형무소에서 1년을 복역하였고, 형무소에서 옥고를 치르면서 이상동李相東의 전도를 받아 기독교로 개종하게 되었다.[22] 물론, 이상동이 옥중에서 예안만세사건으로 수감된 이원영을 회개시키고 예수를 믿게 한 장본인이지만,[23] 사실 이원영은 그 이전부터 기독교를 문화적 차원에서 이미 알고 있었다. 그리고 1908년 이래로 안동 지역에는 이미 안동선교부가 설치되어 기독교가 활발하게 전해

지고 있었다는 사실도 기억해야 한다.

이러한 여러 상황을 종합적으로 고려해 볼 때, 이원영은 이미 기독
교에 대해 어느 정도 문화적으로 이해하고 있는 상태에서 3·1운동을
겪었고, 3·1운동으로 형무소에 함께 간힌 옥중 친구들을 통해서 성경
을 읽으며 기독교 신앙을 받아들인 것으로 볼 수 있다.[24] 이후 이원영
은 감옥에서 기독교로 개종을 결심하고 출감 직후 고향에서 10리 떨
어진 만촌교회에 나가기 시작하였고 1921년 1월 8일 북장로회 선교사
권찬영John. Y. Crothers 목사에게 세례를 받은 후 고향 마을에 섬촌교회
를 설립하였다.

3) 개종 이후의 신학 수업과 목회

3·1운동으로 감방에서 옥고를 치르는 중에도 성경을 읽으면서 진
실한 기독교 신자가 된 이원영은 출감 후 즉시 안동성경학교에 입학하
여 3년간 교육을 받은 후 다시 평양장로회신학교에 진학하여 1930년
에 졸업하였다. 그 후 이원영은 1930년 6월부터 경북 영주의 중앙교회
와 이산의 용상교회를 동시에 맡아 강도사로 일하였다. 그해 12월 이
원영은 목사로 장립되었고, 1932년부터는 안동의 신세교회(현재의 동부
교회)와 안기교회(현재의 서부교회)에서 목회자로 시무하였다. 이때 그는
신사참배를 거부하였으며 이로 인해 안동경찰서에 구금되었고 이후
에도 네 차례 더 수감되었다.

이후 여러 차례 경안노회의 노회장으로 봉사하던 이원영 목사는
1954년 4월 안동 중앙교회(현 안동교회)에서 열린 분열된 갈등 상황에
놓인 총회인 제39회 총회에서 만장일치로 교단의 대표인 총회장으로

추대되었는데, 이때 그는 신사참배 결의를 취소하는 성명서를 발표하기도 하였다. 이후 1955년 들어 기력이 쇠해져서 뇌졸중이 발병하여 병석에 눕게 되었고, 결국 1958년 6월 21일 73세의 나이로 생을 마친다. 선비로서, 독립운동자로서, 훌륭한 목회자로서, 산 순교자이자 교육자로서 그의 삶이 마감되는 순간이었다. 그의 목회와 관련된 주요한 사항을 간략히 정리하면 다음과 같다.

1920년 3월 18일 출옥

1920년 4월 20일 예수교 입신入信

1921년 1월 8일 세례를 받음.

1925년 12월 23일 안동성경학교 졸업

1926년 봄 평양장로회신학교 입학

1930년 3월 12일 평양장로회신학교 졸업(제25회)

1930년 6월부터 경북 영주의 중앙교회와 이산의 용상교회를 맡아 강도사로 사역함.

1930년 12월 18일 경안노회에서 목사로 임직

1931년 12월 28일 안동성경학원 교사 취임

1932년 12월 안동의 신세교회(현재 동부교회)와 안기교회(현재 서부교회)를 동시에 맡아 목회

1939년 5월 신사참배 거부로 안동경찰서에 구금(이후 네 차례 수감)

1946년 9월 경안고등성경학교 설립 및 초대교장 취임

1954년 4월 대한예수교장로회 총회장(제39대) 취임

1958년 6월 21일 향년 73세로 생애를 마침.

여기에서는 퇴계의 후손인 이원영이 목사가 된 후에 그의 삶의 모습과 목회에서 보이는 유교적 영향, 좀 더 구체적으로 언급하면 퇴계학의 영향을 살펴보고자 한다. 우선 퇴계의 삶과 사상에서 보이는 특성을 교육, 경전, 수양, 삶의 태도의 네 가지 핵심 용어를 중심으로 간단하게 정리하여 서술한 다음, 이 핵심 용어들이 이원영 목사의 삶과 목회에 어떻게 나타났는지를 같은 구조인 교육, 경전, 수양 삶의 태도로 크게 대별하여 기술하겠다.

1. 안동에 기거하며 인재 양성 기관을 세움
1) 퇴계 선생

퇴계가 살았던 시대는 연산군 7년(1501)부터 선조 3년(1570)까지다. 퇴계는 생애 동안의 다섯 임금 중에 네 임금(중종, 인조, 명종, 선조)에게 출사出仕하였다. 퇴계는 원칙적으로 조정의 출사를 받게 되었을 때 자신이 맡을 만한 벼슬이면 맡아 힘써 그 직무를 행하지만, 자신의 덕과 능력에 과분한 직분을 맡아 그 직을 수행하는 것은 임금을 돕는 것이 아니라 도리어 임금께 누를 끼치는 것이라 사양하곤 했다.

퇴계의 출사에 대한 입장을 가장 정확히 알 수 있는 자료는 그가 59세가 되던 무오년戊午年에 올린 「무오사직소戊午辭職疏」다. 이 글에서 퇴계는 자신이 벼슬에 나갈 수 없는 이유로 다섯 가지[五不宜]를 들고 있다. 그 이유로 첫째는 어리석음을 숨기고 자리만 차지하는 것은 부당한 일이며, 둘째로 병든 몸이 하는 일 없이 녹만 축내는 것은 부당한 일이며, 셋째로 허명虛名으로 세상을 속이는 것은 부당한 일이며, 넷째로 함부로 나아가지 말아야 된다는 것을 알고도 벼슬하는 것은 부당한 일이며, 다섯째로 자신이 맡을 일이 아닌데도 물러서지 않는 것은 부당한 일이라는 것이다.[25]

물론, 퇴계가 출사보다는 자신의 수양과 학문에 정진하기를 더 즐겨했다고 해서 퇴계를 그저 소극적이고 개인의 조용한 은자적隱者的 삶만 추구한 학자로 보아서는 안 된다. 실제로 퇴계는 결코 자신의 학문적 성숙만을 위한 소극적인 삶만 추구하지 않았다. 앞서 언급한 대로 무려 네 임금에게 출사를 하기도 하였고, 또 단양군수로 봉직할 때에는 최고의 수령이었으며, 퇴계의 이웃을 위한 여러 섬김과 봉사의 삶은 실로 귀감이 될 만한 것이었다.[26]

중요한 점은, 퇴계는 자신의 역할을 벼슬살이에만 한정하지 않고 스스로 수양하고, 자신의 고향에서 머물며 그곳의 인재를 양성하고, 이를 통해 교화되도록 노력하는 것을 중요하게 여겼다는 것이다. 이는 퇴계가 벼슬길에서 조용히 물러나 자신의 고향 집 앞에 흐르는 작은 시냇물인 토계土溪 곁에서 수양하며 살고 싶다는 의미에서 자신의 호를 퇴계退溪라 부른 것에도 잘 나타나 있다.

그래서인지 퇴계의 후학들도 주로 조정의 벼슬보다 고향에서 인재 양성과 조용한 삶을 주로 즐겨하였다. 이른바 안동의 선비들은 과거를 통한 출세의 길보다는 산림에 묻혀서 학문 정진과 후진들을 위한 강학 활동에 더 중점을 두었는데, 그 결과로 "17세기 이후로 안동 지방은 타지방과는 비교가 되지 않을 만큼 많은 수의 서당과 정사를 보유"하게 되었다.[27] 물론, 이러한 서당과 정사의 창건 운동은 대부분 퇴계의 급문 제자들에 의해서 이루어진 것이다.

퇴계와 퇴계학파의 학문적 중심은 도산서원이었다. 그러나 퇴계는 도산서원의 모태가 된 도산서당을 짓기 훨씬 전부터 낙향하여 제자들을 양성하는 일을 중시하였다. 예를 들어 1546년 퇴계가 마흔여섯 되던 해에 관직에서 물러나 낙향하여 경상도 예안에 양진암養眞庵을 지었고, 1550년에는 상계의 토계 서쪽에 3칸 규모의 집을 짓고 집 이름을 한서암寒棲庵이라 하였다. 그 후 전국 각지에서 제자들이 모여들자 1551년에 한서암 동북쪽 계천溪川 위에 계상서당溪上書堂을 짓고 제자들을 본격적으로 가르치기 시작하였는데, 이곳은 퇴계 종택에서 가까운 곳이었다. 그리고 퇴계가 벼슬을 물리치고 여생을 보내려 도산으로 내려왔을 때 퇴계에 대해 기존의 사승 관계를 넘어서서 사제 관계를 맺으려 도산으로 내려온 학자들이 매우 많았다.[28] 그래서 훗날 퇴계와 그의 문인들에 대한 사적을 모아 엮은 책인 『도산급문제현록陶山及門諸賢錄』에 따르면 이 책에 수록된 인물만으로도 300여 명을 헤아릴 정도였으며, 지역별 분포도 단지 영남에만 그치지 않고 전국 규모였다.[29]

이상의 기록에서 보듯이 퇴계는 그야말로 당대 최고의 학자였고, 그래서 수많은 문인들이 그에게 가르침을 받고자 하였다. 그러나 퇴계는 더 많은 제자들을 불러모으고 명성을 더 얻을 수 있는 곳에 서원을 열지 않고 자신의 고향 각처에서 후학들을 양성하였음을 알 수 있다. 이는 퇴계의 성정이 명예나 과시욕에 있기보다는 학문과 수양에 힘쓰고자 하는 이들과 향촌에서 지내며 수양하는 것에 우선적인 관심이 있었음을 잘 보여 준다고 하겠다.

2) 이원영 목사

이원영 목사도 퇴계의 14대손으로 퇴계처럼 주로 고향에 머물며 활동하였다. 이원영 목사는 일평생 최대한 고향을 떠나지 않으면서 고향 안동에서 기독교 인재를 양성하는 일에 최선을 다하였다. 이원영 목사가 평생토록 안동을 떠난 것은 그가 서울 서대문형무소에 복역한 1년, 평양에 있는 평양장로회신학교에 다닌 4년 도합 5년뿐이었다. 이원영 목사의 생애에 관한 책을 펴낸 임희국 교수는 그의 삶을 다루면서 다음과 같이 쓰고 있다.

> 이원영의 생애에는 좀 특이한 점이 있습니다. 그는 안동을 장기간 떠나본 적이 없다는 사실입니다. 그저 잠깐 동안 외지에 다녀온 것 말고는 일평생 향촌鄕村 안동에서 살았습니다. 퇴계 집안의 한문사숙漢文私塾에서부터 최고학부 교육과정(구한말의 대학에 해당)까지 향촌에서 마쳤고, 평양의 조선예수교장로회신학교 재학 기간(5년)에만 향촌을 매년 몇 개월 떠나 있었습니다. 외국에 유학한 적도 없습니다. 목회자로서 교역도 향촌에서 시작하였고, 그곳에서 마무리 지었습니다. (…) 평생 삶의 자리이자 교역의 현장인 안동을 떠나지 않고 지킨 이원영이야말로 예사로 보이지 않았습니다. 그래서 퇴계 선생의 후손인 그를 통해 한국 기독교 교역자의 이상을 발견할 수 있으리라 기대하게 되었습니다.[30]

또한 한 가지 눈여겨 보아야 할 점은, 이원영 목사도 퇴계와 마찬가지로 개인적인 입신양명을 멀리했다는 것이다. 실제로 해방이 된 후에 치안 유지와 국가 건설을 준비하는 기관인 '건국준비위원회'가 발족되고, 이원영 목사에게 안동 지역의 인민위원장을 맡아달라는 청원이 여러 번 있었으나 이원영 목사는 계속해서 이를 고사하였다. 이원영 목사의 관심은 신앙과 교회의 회복, 교회가 중심이 된 운동이었지 정치가로 이름을 높이고 싶어 하지 않았기 때문이다.[31] 이원영 목사는 철저하게 신앙 중심, 교회 중심의 활동가였다. 그의 학교 사역이나 노회장, 총회장의 교단적인 경력 또한 입신양명을 도모해서가 아니라 교회와 교단이 더욱 바로 서는 것이 중요하다는 이원영 목사의 삶과 목회의 자세에서 이해해야 한다.[32]

또한 이원영 목사는 퇴계가 도산서원을 세우고, 그의 후학들 또한 고향에서 인재 양성에 힘을 쓴 것처럼 그도 기독교 학교를 세워 기독교적 인재 양성을 통해 조국이 발전할 수 있도록 하는 데 전력을 기울였다. 우선 이원영 목사는 해방 직후인 1946년 9월 5일에 경안고등성경학교를 설립하고 초대교장으로 취임하여 당시 18명의 학생들을 가르치기 시작하였다.[33] 그가 설립한 경안고등성경학교는 안동성경학원이나 평양장로회신학교처럼 성경 중심 신학교육과 목회 실천을 강조하였는데, 이것은 경전 공부와 생활 실천의 조화를 강조했던 퇴계학풍의 서당식 교육을 접목한 것으로도 이해될 수 있다고 본다. 또한 이원영 목사는 성경학교뿐 아니라 기독교적 정신에 바탕을 둔 사회 지도자를 양성하기 위하여 경안고등학교와 계명대학교의 설립이사로도 활동하였다.

이상에서 보는 바와 같이, 이원영 목사는 평생 가능한 한 향촌에 머물며 후학 양성과 스스로 거룩한 삶을 살았고, 목회와 기독교 인재 양성에 평생을 힘을 다해 수고하였다. 이는 퇴계가 향촌에 머물며 도산서원을 통해 후학을 양성한 모습과 매우 닮았다고 평가할 수 있다.

2. 경전 공부에 대한 강조

1) 퇴계 선생

퇴계의 생활 모습과 학문에 대한 태도는 그의 평소의 언행을 기록한 『퇴계선생언행록』에 잘 드러나 있다. 사실 퇴계는 아버지를 일찍 여의었으므로 그의 첫 스승은 숙부 송재松齋 이우李堣(1469~1517)였는데, 기록에 따르면 퇴계는 일찍이 『논어』를 배울 때 『논어』 본문만이 아니라 『논어』의 주석에 해당하는 집주集註까지 다 외웠다고 한다.[34] 이러한 퇴계의 태도는 그가 어릴 적부터 선현의 글과 경전을 얼마나 좋아하고 경전 공부를 중요시했는지를 잘 보여 준다. 그러한 그의 태도는 나이가 많아지고 병이 들어서까지 계속되었는데, 그의 제자인 학봉 김성일金誠一(1538~1593)은 스승의 노년의 삶을 다음과 같이 전하고 있다. "날이 밝기 전에 일어나서 세수하고 머리 빗고 갓을 쓰고는 온종일 책을 보며, 혹은 향을 피우고 고요히 앉아서 그 마음 살피기를 해가 처음 솟아오르는 때와 같이 하였다."[35] 심지어 퇴계는 무척 더운 한여름에도 책 읽기를 즐겨하였는데, 아래의 인용구가 그 점을 잘 보여 주고 있다.

일찍이 서울에서 『주자전서朱子全書』를 구하자 문을 닫고 들어앉아 조용히 읽기를 시작하여 여름이 지나도록 그만두지 않으므로 어떤 사람이 무더위로 몸이 상하지 않을까 경계하니 선생이 말하기를, "이 글을 읽으면 가슴 속에서 문득 시원한 기운이 생겨서 저절로 더위를 모르게 되는데 어찌 병이 생기겠는가" 하였다. (…) 선생 댁에 수사본手寫本 『주자전서』 한

질이 있었는데 책이 매우 낡고 글자의 획이 희미하여졌으니 선생이 읽어서 그리 된 것이다.[36]

퇴계가 한평생 경전을 가까이 한 것에 대한 기록은 이 글에서 따로 기술할 필요가 없을 정도로 『퇴계선생언행록』에 무수히 등장한다. 또한 앞서 필자가 밝힌 대로 퇴계는 사서오경뿐 아니라 『소학』과 『심경』을 특히 소중하게 여겼다. 경전 읽기를 강조하되 단지 그 뜻을 아는 데에 그치지 않고 그 뜻을 깊이 깨닫고 또 그 경전의 내용을 살아가면서 실천하는 단계까지 나아가기를 강조한 것이 퇴계와 그 후학들의 경전 읽기의 특성이라 하겠다.

2) 이원영 목사

이원영 목사도 퇴계의 후손답게 기독교 경전인 성경을 읽고 묵상하며 외우고, 실천하는 일에 평생 몰두하였다. 실제로 그는 1919년에 감옥에서 나온 후에 1920년에 기독교인이 되었고 이듬해인 1921년 1월에 세례를 받았는데, 세례를 받은 지 불과 1년이 지난 시점에서 신구약성경을 다 읽어서 1922년 장로교회 안동선교부로부터 '성경 본 증서'(성경 1독 증서)를 받기도 하였다.[37]

또한 이원영 목사의 목회도 처음부터 기독교의 경전인 성경을 통해 다져지고 성숙해진 것이었다. 실제로 이원영 목사는 항상 대화나 설교나 강연에서 성경을 인용할 때 한 자도 틀림이 없었고, 더구나 장절도 정확히 인용했다고 한다.[38] 또는 그의 몸에 밴 성경 읽기와 체득 때문에 그의 해박한 성경 지식의 실력에는 누구도 간탄하지 않은 자가 없었다고 한다.[39] 이원영 목사의 이러한 성경 중시 태도에 대해서 그의 외동아들이었던 이요한은 "평소에 서너 시간 정도밖에 밤잠을 안 주무시고 늘 성경 연구와 성경학교 교수 및 교회 일을 하시는 아버지"로 회고하고 있다.[40] 이러한 면을 볼 때, 이원영 목사의 성경에 대한 태도는 그가 어릴 적 16년 4개월의 한학 공부를 통해 몸에 밴 대로 경전을 읽고 배우고 마음에 담고 삶으로 실천했던 퇴계 후손의 경전 읽기가, 목사로서 기독교의 경전인 성경으로 그 경전만 바뀌었을 뿐 경전을 대하는 훌륭한 태도는 계속 유지된 것이라고 해석할 수 있을 것이다.

이원영 목사의 이웃에 살면서 그의 모습을 생생하게 기억하는 스탠턴 윌슨Stanton R. Wilson(한국명 우열성) 박사 또한 이원영 목사가 하루에 적어도 한 시간 반 이상은 매일 성경을 읽은 분으로 묘사하고 있다.[41] 경안고등성경학교에서 배운 이원영 목사의 제자들 또한 이원영 목사가 교장으로 성경을 가르칠 당시를 회고할 때마다 학교와 사택 사이를 오가면서 성경책을 가슴에 안고 묵묵히 머리 숙여 기도하는 마음으로 천천히 걷는 스승의 모습을 다들 생생하게 기억하고 있다.[42] 또한 사택에서도 이원영 목사의 거처에는 늘 앉은뱅이 작은 책상 위에 성경책이 펼쳐져 있었다고 한다.[43] 심지어 이원영 목사는 신사참배로 형무소에 구금되어 있었을 때도 늘 기도와 말씀 생활을 하였다. 제자 배홍직 목사는 이를 다음과 같이 전하고 있다.

목사님은 새벽 네 시이면 일어나셔서 무릎을 꿇으시고 기도는 5, 6분에 끝나는 기도가 아니었다. 때로는 한 시간이 넘는 기도였다. (…) 그리고 기도한 다음 어둠컴컴한 방에서 아직 날이 새기도 전에 밝은 창 가까이에서 성경공부에 열중하시었던 것이다. 그러다가 날이 완전히 밝아지면 소리 내어 성서를 읽으셨다. (…) 밤에는 전기불을 초저녁에 꺼버린다. 목사님은 몰래 들여온 양초를 켜 놓으시고 또 성서를 연구하신다. (…) 목사님은 같은 방에 있는 사람들에게 전도도 열심히 했다. (…) 생각컨대 목사님의 옥중생활 통산 5년간에 아마도 70명 이상의 구도자를 입신시키셨다. 옥리들도 감옥 창살 앞에 모여 목사님의 그 열띤 어조로 개인을 타이르듯 하시는 설교에 모두들 귀를 기우렸고 이 때마다 몇 사람씩 귀의하기도 했다.[44]

이러한 성경에 대한 강조는, 이원영 목사가 성경을 바르게 가르치고 평신도 지도자를 양성하기 위해서 설립한 경안고등성경학교의 교과과정에도 잘 드러난다. 이원영 목사는 1946년 경안고등성경학교가 개교할 때부터 산파 역할을 하였는데, 그가 2년제 경안고등성경학교의 설립을 구상하면서 써 놓은 교과과정표를 보면 무엇보다 전체 과목 중에서 성경 과목이 차지하는 비중이 높다는 것을 알 수 있다.[45] 그 자료에 따르면 전체 과목 중에서 성경 과목은 1학년의 경우 총 454시간으로 전체의 53퍼센트, 2학년에는 총 568시간으로 전체의 66퍼센트를 차지하는 것을 볼 수 있는데, 성경 각 권을 세부적으로 시간에 맞게 분류해서 공부하게 한 것이 매우 인상적이다.[46] 또한 이원영 목사는 원장으로서 학생들에게 많은 과목 중에서, 특히 성경 과목만큼은 본인이 직접 그리고 집중적으로 가르쳤다고 한다.[47] 당시 이 학교의 모든 학원생은 남녀 구별이 엄격한 기숙사 생활을 하였으며 매일 수업에 임하기 전에 엄숙한 경건 훈련을 받았고, 주말이면 소속 교회로 나가 배운 것을 실천하며 봉사하도록 하였다. 성경에 대한 철저한 공부와 성경의 가르침에 근거한 실천 목회가 그의 신학교육의 원리였던 것이다.

이원영 목사의 이러한 성경 중심의 기독교 신앙은 유학, 특히 퇴계학에서 경전 공부를 강조하는 점과 매우 유사하다고 말할 수 있다. 더 구체적으로는, 무엇보다 성경을 철저히 익히고, 또 익힌 내용을 실제 삶에 적용, 실천하여 경험하는 학문적인 태도를 중시하는 것이 바로 퇴계학의 경전을 대하는 자세와 같기 때문이다. 그의 제자들이 스승을 회고할 때 이원영 목사의 삶 자체가 말 없는 교훈이 되었고 그의 설교와 강의가 그의 일상생활로 그대로 구현되었기에 학생들이 흠모했다는 수많은 증언이 이를 뒷받침하고 있다.[48]

또 한 가지 놓쳐서는 안 될 것이 안동이라는 곳의 지역적인 특성이다. 앞서 언급한 대로 안동 지역은 전국에서도 서원, 서당, 정사, 서재, 암자, 정자가 많은 지역이다. 이는 안동 선비들이 산림에 묻혀 학문 정진과 강학 활동을 매우 열심히 했기 때문이다. 이러한 영향의 연장선에서 안동 지역은 다른 그 어느 지역보다 성경을 읽고 배우고자 하는 열정이 유독 강한 지역이었다. 예를 들어 성경을 배우는 사경회査經會도 매우 활발하였고, 성경을 판매하는 권서인券書人들도 매우 많았다. 안동의 권서인들은 안동만이 아니라 문경, 예천, 풍기, 봉화, 영주, 의성, 영덕, 영해, 영양 등 여러 지역을 두루 다니며 성경을 팔았다.[49] 1920년대 중반의 『경안노회록』에 따르면 이들은 각 동네를 돌며 쪽복음과 성경을 수백 권에서 수천 권 정도를 팔았다고 한다. 당시 안동읍, 영주읍, 도리원(의성)에서 서적 판매소가 문을 열어 성경을 팔았는데, 한때 안동 지역의 성경 판매 실적이 전국 판매량의 두 배나 된 적도 있다고 한다. 그리고 앞서 설명한 대로 안동의 선비들이 강학 활동을 위해 서원과 서당을 많이 세웠던 것처럼, 안동 지역의 여러 장로교회도 사숙, 강습회, 야학 등의 학교를 세워 이곳에서 성경을 활발히 가르쳤다. 좋은 예로, 평양에서 활동한 소안론蘇安論(Swallen)이 평양에서 운영한 성경통신과에 등록한 학생들의 숫자를 보면, 1925년 등록 과정에서 전국에서 안동 지역이 가장 많았음을 볼 수 있다.[50]

교회사적으로 보면 안동 지역은 일찍부터 사경회, 주일학교진흥운동, 면려회 운동, 권서인의 활동[51] 등이 활발했는데, 이러한 활동은 각각 따로 떨어져 있는 것이 아니라 성경을 중심으로 함께 다 연결되어 있으므로 안동 지역의 기독교 특색을 '성경기독교'라 부를 수 있다. 또한 이렇듯이 안동 지역에서 성경 읽기가 활발하게 전개되자 기독교인이 아닌 사람들 중에서도 성경을 사서 읽는 현상도 일어났다고 한다. 이러한 예들이 안동 지역의 '성경기독교'의 활발한 모습을 보여 준다.

이러한 면을 두루 생각해 본다면, 평생 안동 지역에서 목회한 목회자 중에서도 그 누구보다 사경회와 주일학교 교육, 성경을 가르치는 일과 기독교 학교 설립에 심혈을 기울인 봉경 이원영 목사야말로 안동 지역의 '성경기독교'의 대표자라고 평가할 수 있다.

3. 철저한 수양(경건한 삶)의 태도

1) 퇴계 선생

주지하다시피 퇴계는 이理와 기氣의 관계의 핵심인 "서로 나눌 수도 없으며 섞일 수도 없는" 불상리不相離·불상잡不相雜의 관계를 다 인정하면서도 사단四端과 칠정七情의 관계에서 불상리보다 불상잡을 상대적으로 더욱 강조하였다. 이는 사회개혁을 위해서 벼슬자리에 뛰어들

『예수교 초학문답』(출처 : 장로회신학대학교 역사박물관 소장)

이 문답집은 1923년에 처음 발행(저자 Mrs. M. B. Ingold Tate)되어 당시 널리 이용되던 책이다. 이원영 목사는 이 책을 1955년 안동 서부교회에 시무하면서 하기 아동성경학교 초등반 교재로 썼다고 책의 안쪽 표지에 써 놓았다. 내용을 보면 세례 문답처럼 신앙의 가장 기초가 되는 내용에 대한 111개의 문답 형태로 되어 있고 맨 뒤에는 아침 기도, 밥 먹을 때 기도, 밤에 잘 때 기도의 예가 나와 있다.

어 자칫 개혁을 빌미로 자신조차 혼탁한 정쟁과 파벌에서 섞여[雜] 탁해질 수 있는 여지를 없애고, 참된 진리와 참된 유학자의 삶을 향해 더욱 정진하겠다는 퇴계의 기본 입장에서 해석될 수 있다.[52] 그래서 퇴계는 사칠논쟁四七論爭에서도 사단과 칠정을 명확히 구분하여 자신의 마음속에 조금도 욕심이 개입되지 않은 순선純善함을 간직하고자 하는 기본 입장에 서 있었다. 그래서 퇴계는 인의예지仁義禮智의 성性이 그대로 발현한 사단四端을 이理가 발發한 것이라고 주장하여 사단과 칠정의 근본적 유래가 다름을 끝까지 견지하고자 한 것이다.[53] 즉, 성 인됨[成聖]의 공부에 선 퇴계는 하늘의 이치가 아닌 사사로운 욕심이 조금도 개입될 여지 자체를 철저히 배제함으로써 오직 천리天理를 보 존하여 성인됨의 공부에 힘쓰고자 했는데, 그의 이러한 관심에서 불상 잡에 대한 강조, 이기호발설理氣互發說에 대한 강조로 나타난 것이다.

또한 퇴계가 경전의 내용을 일상 속에서 실천하고 체득하기 위해서 가장 강조한 것은 경敬이었다. '경'이란 말 그대로 '공경'이란 뜻인데 항상 안으로는 마음을 곧게 하고 밖으로는 의롭게 행동하는 것을 뜻한 다[敬以直內 義以方外].[54] 아래의 인용문은 퇴계가 평상시에 얼마나 경敬 공부를 강조했는지를 잘 보여 준다.

이덕홍이 "입지立志하여 근본을 정하고, 거경居敬하여 뜻을 지닌다[立志以 定其本 居敬以定其志]"는 말이 무슨 뜻인가 하여 물었다. 선생은 주자의 가르 침을 인용하여 다음과 같이 설명하였다. "사람이 일을 하려면 반드시 '입 지'로 근본을 세워야 한다. 뜻이 서지 않으면 일을 수행할 수 없고, 또 비록 뜻을 세웠다고 하여도 '거경'하여 이 마음을 지니지 않으면 범연하게 주 장함이 없어져서 유유히 세월을 마칠 것이니 이 또한 입지를 빈말로만 그 치게 될 것이다. 입지를 하려면 모름지기 사물 밖으로 뛰어넘어야 하고, 거경하려면 항상 사물 속에서 경敬과 사물이 서로 어긋나지 않게 하여야 한다. 말할 때나, 움직일 때나 앉아 있을 때에도 모름지기 경敬해야 할 것 이다."[55]

퇴계의 이러한 수양적 노력은 조선 유학사에서 가장 뛰어난 작품으로 인정받는 퇴계의『성학십도聖學十圖』에도 잘 나타나 있다. 이『성학십도』는 퇴계가 68세 되던 해 12월에 유학儒學의 핵심을 10개의 그림과 그에 대한 설명으로 간결하게 집약시켜 선조 임금에게 헌정한 퇴계의 대표작이다. 퇴계는 이『성학십도』에서 유학을 한마디로 표현하면 '경敬'이라고 말하고 있다. 즉, 내가 하늘과 같은 존재[天人]로 이 세상 속에서 살아갈 때 항상 하늘로부터 받은 고유한 선한 마음을 잘 간직하고 유지하려는 인간의 노력인 '경'에 힘쓰는 것이 수양의 핵심이라는 것이다. 이러한 퇴계의 경에 대한 강조가 퇴계학파와 퇴계의 후손들에게도 가장 강조되는 것이었음은 당연한 것이었다.

2) 이원영 목사

앞서 언급한 대로 이원영 목사는 성경을 평생 가까이 한 목사였으며 안동의 '성경기독교'의 대표자였다. 그리고 이원영 목사는 평생 성경을 가까이 하였으므로, 성경에 비친 자기의 모습을 성찰하고 회개하면서 진리를 체득하고 살아내고자 노력했다는 점에서 퇴계의 삶의 태도를 기독교적으로 보여 준 후손이라 할 수 있다. 그의 제자로 이원영 목사처럼 안동 출신으로 교단 총회장을 지닌 김기수 목사 또한 이원영 목사에 대해 "이런 분들(이원영 목사를 말함-필자 주)을 가리켜 산 순교자라고 불러야 될 것이다"라고 표현하였다.[56] 미국 선교사였던 우열성 박사 또한 미국 잡지에 당시 교단 총회장이었던 이원영 목사의 삶의 모습을 "고매한 인격과 보수적인 생활과 일관성 있는 사상과 지조"라고 표현하면서 그를 다음과 같이 소개하고 있다.

한국장로교회의 총회장, 이원영 목사는 보통 '끈적지게 위로만 향하는 사람'으로 불리워진다. 이 총회장을 두고 이보다 더 적절하게 부를 수 있는 말은 다시 없을 것이다. (…) 이 회장에 있어서도 학문적 노력은 대단하다. 그러나 그가 걷는 또 하나 다른 길은 '끈덕지게 위로만 향하는 일'이다.[57]

이원영 목사의 아들 이요한은 아버지를 회상하면서 평소에 아버지 이원영 목사가 강조한 것을 다음과 같이 들려준다.

또한 언제나 저희들에게 하시는 말씀은 '주앞에 갈 때 부끄럼이 없어야 한다고 말씀하셨습니다. 평소 좋아하시던 찬송은 '아버지여 나의 맘을 맡아 주관하시고'(합동찬송 259장), '내 평생 소원 이것뿐 주 섬겨 살다가'(합동찬송 314장)를 즐겨 부르셨으며 성구는 '오직 의인은 믿음으로 말미암아 살리라 함과 같으니라'(로마서 1:17절)를 늘 암송하셨습니다.[58]

이원영 목사의 생애 중 가장 힘들고 어려운 시기는 이원영 목사가 일제에 항거하여 여러 번 투옥을 당하며 지냈던 오복사골 골짜기의 7년 생활 동안이라고 할 수 있는데, 이 기간에도 이원영 목사는 매일 아침과 저녁에 가족들과 함께 예배를 드렸다.[59] 그리고 당시 7년간 이렇게 예배를 드리면서 작성된 자필 설교가 무려 324편이다. 목사로서 공식적으로 교인들에게 설교하던 때가 아니라 오직 가족들과 함께하는 기간에도 매일 두 번 예배를 드리고 설교를 자필로 작성했다는 것은 이원영 목사가 그만큼 성경을 읽고 설교하는 일에 정성을 다했다는 뜻이다. 이러한 이원영 목사의 경건한 태도는 유학적인 의미로 늘 남들이 보지 않는 곳에서도 늘 경건한 삶의 태도를 유지한 신독愼獨의 자세요, 경건한 삶의 표본이라고 부를 수 있다.

필자는 이러한 이원영 목사의 삶의 태도를 유학적으로는 '거경居敬의 삶을 실천한 목회자'라고 부를 수 있다고 본다. '거경'이란 용어는 단어의 뜻 그대로 '늘 공경한 상태에 거한다'는 뜻이며, 구체적인 '경'의 내용은 외면적인 생활태도는 '정제엄숙整齊嚴肅(겉으로 드러나는 용모와 자세를 단정하게 함),' 내면적인 태도는 '주일무적主一無適'이다. 특히 '주일무적'의 태도는 그저 한 가지 일에만 집중하라는 문자적인 뜻만이 아니라 늘 마음이 공경한 상태로 깨어 있는 상태[常惺惺]를 유지한다는 뜻이다. 이러한 면에서 볼 때 이원영 목사의 일상적인 삶의 모습은 마치 구약성경에 등장하는 다윗의 고백대로 하나님을 항상 내 앞에 모시며 요동하지 않는 삶의 태도(시편 18편 1절)라고 표현할 수 있다. 또한 실제로 '경'을 표현하는 대표적인 용어 중에서 '대월상제對越上帝'가 있는데, 이 '상제'의 기독교식 표현이 하나님이라고 치환해 보면, '대월상제'란 기독교 성경식으로 표현하면 '하나님을 항상 내 앞에 모시며 살아가는 삶의 태도'와 매우 비슷한 경건한 삶의 경지라고 해석할 수 있다.[60]

또한 앞서 설명한 대로 이원영 목사는 해방 후의 혼돈의 시기 동안에 나라와 교회를 찾은 기쁨에서 영적인 중요성을 강조하여 설교와 전도, 사경회 등에 매진하였다.[61] 그가 사경회와 부흥회를 인도한 집회는 120여 곳이 넘으며, 이원영 목사가 친히 세례를 준 사람의 숫자도 2천 명이 넘는다고 한다.[62] 그러나 여기서 주목해야 할 점은, 이원영 목사가 인도했던 그러한 수많은 집회에서 당시 개신교의 여러 교파에서 흔히 나타나던 신비주의나 열광주의 경향이 전혀 보이지 않는다는 점이다.[63] 그의 목회와 사경회는 이른바 퇴계의 후손으로서 퇴계가 성경(경전) 중심, 실천 중심의 수양론(거경, 경건한 삶)을 강조한 것과 같은 맥락이다. 특히 이원영 목사가 설교할 때 구약성경 중에도 율법서가 그의 설교 본문에 자주 등장하는 것도 바로 이러한 경건한 삶의 태도를 강조하는 퇴계학의 특성과 유사하다고 볼 수 있다.[64]

지금까지 언급한 대로 이원영 목사의 목회 활동은 교회 중심, 경전(성경) 중심, 실천적인 수양[거경, 경건한 삶]을 강조한 삶이었으나, 그렇다고 해서 그의 활동은 단지 개교회의 목회 활동에 결코 국한되지 않았다. 이것은 마치 퇴계가 안동 지역에서 후진 양성에 힘썼으나 사회개혁을 결코 등한시하지 않은 것과 같은 맥락이다. 예를 들어 안동 지역은 주로 농사를 짓는 지역이기에 1928년 12월에 열린 경안노회 제14회 노회는 농촌부연합회를 조직하기로 결의했다. 노회는 이 농촌운동을 보다 효과적으로 펼치기 위해서 노회 지역을 5개 구역으로 나누었는데, 이원영 목사는 '농촌협회 위원'으로서 북편의 책임을 맡았다.[65] 이원영 목사와 경안노회는 농촌운동을 함에 있어서 '신앙경건운동'으로 시작하였고 노회가 직접 농서를 발간해서 농민들에게 읽히기도 하였다. 이를 통해서 피폐한 농촌경제를 부활시키고자 한 것이다.

그래서 앞서 언급한 사경회의 경우도 사경회 기간 낮 시간에는 농촌계몽운동을 했으며, 농사일이 곧 경건 훈련임을 강조하여 농사일 또한 기도로 시작하고 기도로 마치기를 권면했다고 한다.[66] 이는 곧 기독교인으로서의 '신앙생활信仰生活'이 '생활신앙生活信仰'의 실천적인 성격으로 확장되어야 함을 강조하는 것이며, 이 또한 퇴계학의 '실천 유학

『농촌총서』. 비료편(좌), 양잠편(우) (출처 : 장로회신학대학교 역사박물관 소장)

이원영 목사의 유교 목록에는 몇 권의 농업 관련 책들이 있다. 특히 주목할 것은 위의 책을 펴낸 곳이 조선기독교청년회연합회라는 점이다.

적 특성'과 같은 구조를 지니기에, 이원영 목사와 경안노회의 농촌운동을 '실천적 기독교 운동'이라고 평가할 수 있는 것이다.[67]

4. 청빈하며 올곧고 겸손한 삶의 태도

1) 퇴계 선생

퇴계는 항상 일상생활 속에서 거경을 통한 실천적인 수양에 힘썼기에, 그는 항상 청빈하고 검소한 삶을 살았으며 부귀에 전혀 요동하지 않았다. 필자의 여러 가지 설명보다 퇴계의 제자들이 스승 퇴계의 모습을 회고하며 쓴 글이 퇴계의 삶의 태도에 대한 더 좋은 설명이 될 수 있기에, 이에 대한 몇 구절들을 인용해 보면 다음과 같다.

> 거처하는 곳은 조용하고 정돈되었으며, 책상은 반드시 깔끔하였다. (…)
> 새벽에 일어나면 반드시 향을 피우고 정좌하였으며 하루 종일 책을 읽어
> 도 게을리 하는 모습을 보인 적이 없었다.[68]

> 집은 원래 가난하여 가끔 끼니를 거르기도 하였으니 온 집안이 쓸쓸하여
> 비바람을 가리지 못하였으나 선생은 넉넉한 듯이 여겼다.[69]

> 선생은 쉰이 되도록 아직 집을 마련하지 못하였다.[70]

쉰이 되도록 집도 마련하지 못한 채 검소하게 살았던 태도는, 퇴계
가 단양군수를 마치고 떠날 때의 모습에도 잘 나타나 있다.

> 그가 단양을 떠날 때는 그의 행리行李 속은 쓸쓸하게도 다만 두 개의 수석
> 怪石뿐이었다.[71]

이와 같이 퇴계는 항상 검소하고 청빈한 삶을 살면서도 옳은 것과
옳지 않은 것을 분명히 구별하며 늘 올곧은 삶을 살았다.

> 의義와 이利의 구별이 엄하였고 취하고 버림의 분열에 자세하였으며, 의
> 심나는 곳을 따지고 숨은 것을 밝혀서 털끝만한 일이라도 그저 예사로 지
> 나치지 않았다. 진실로 의가 아니면 아무리 녹이 많아도 받지 않았고 길에

떨어진 지푸라기 하나라도 취하지 않았다.[72]

이렇듯이 퇴계는 수많은 지식과 배움의 양을 자랑하거나 그 단계에 그친 것이 아니라, 그 배운 고귀한 지식을 삶으로 올곧게 살아내되 청빈하였고, 명성을 드러내려 하지 않았고, 진퇴에 있어 항상 이利가 아니라 의義를 추구한 대학자였다.

2) 이원영 목사

이원영 목사 또한 퇴계처럼 평생을 청빈하게 살았다. 퇴계의 후손으로서 명망 있는 가문의 후손이라 안락한 삶을 살 수도 있었으나, 기독교로 개종하고 목사가 된 그의 삶에는 항상 고난과 가난이 따라왔다. 이원영 목사 곁에서 그의 후학으로 평생 가까이에서 그의 목회를 지켜본 김광현 목사는 이원영 목사의 삶을 '고결함,' '강직성,' '청빈함'으로 표현하는데,[73] 이러한 그의 삶의 태도는 퇴계의 삶, 바로 그것이었다.

이원영 목사가 1938년 6월 신사참배를 거부한 이유로 교회에서 강제로 시무 중지를 당하여 교회 사택에서 쫓겨나 시내에서 10리 정도 떨어진 민가가 거의 없는 골짜기[오복사골]에서 7년을 살게 된 적이 있었다. 그리고 그해 12월에는 노회에서도 일제에 협조하지 않았다 하여 그 압력에 못 이긴 노회가 이원영 목사를 시무 사면시키기로 결정하는 안타까운 아픔을 당하기도 하였다. 그리고 이듬해 1939년에는 예비검속豫備檢束의 형태로 3개월 동안 구금되어 살기도 했다. 이 열악한 환경에서 이원영 목사는 자녀들과 함께 흙벽돌을 찍어서 방 두 칸 초가집을 지어 살았는데, 그런 상황에서도 이웃에게 나누는 삶을 실천하며

살았다고 한다.[74]

이원영 목사는 가난한 삶을 살았으면서도 1947년에 자신이 목회하는 서부교회가 예배당을 신축하기로 결정했을 때, 예배당 건축을 위해서 자신의 모든 소유 재산을 다 바쳤다. 구체적으로 일제 말기에 오복사골에서 기거하던 초가삼간과 처가에서 마련해서 준 500평 정도의 복숭아밭, 그가 일제강점 말기에 유치장에 구금되어 힘들 때 가족들의 생계를 위해 선교사들이 사서 주었던 800평의 논도 남김없이 헌납했다.[75] 물론 담임목사인 자신도 건축 현장에서 성도들과 함께 건축을 위해 노동한 것은 두말할 나위도 없다.[76]

또한 이원영 목사는 천성이 올곧고 강직한 헌신적인 애국자요 신앙자요 교육자였던 데다가 여러 차례 투옥을 당하면서도 스스로를 드러내지 않은 겸손의 사람이었다.[77] 또한 그는 우직한 고집과 신사적이고 예의 바른 인물이었다.[78] 그래서 그의 모습을 제자 배홍직은 다음과 같이 전한다.

경안노회에서 인간적으로 이 어른(이원영 목사-필자 주)을 좋아하지 않는 사람이 한 사람도 없었고 또한 그 어른에 대해 존경하지 않는 사람이 없었다. 또한 이 어른은 누구를 대해서도 매우 친절했고 정중했다. 그리고 어린아이들에게까지도 존칭을 썼다. (…) 특히 불의와 불신에 대한 은사님의 철두철미한 증오심은 많은 사람에게 감명을 주셨다. 때문에 모든 사람은 한결같은 경외심으로 가득했다.[79]

이와 같은 모습은 퇴계의 모습을 무척이나 많이 닮았다. 특히 위이

인용문에서 "불의와 불신에 대한 은사님의 철두철미한 증오심"은 바로 퇴계가 '불상잡'을 강조하면서 끝내 고봉高峯과의 서신 논쟁에서 '소종래所從來'를 따지며 이발설理發說을 끝까지 견지한 것과 같은 맥락이다.[80] 그런 이원영 목사의 올곧은 성정은 불의와 타협하지도 않을 뿐 아니라, 잘못된 것에 대해서는 매우 단호하고 분명한 태도를 매사에 보여 주고 있다.

이원영 목사는 항상 의로움을 추구하는 강직한 면을 가졌으면서도 동시에 매우 겸손하고 사랑이 많은 목회자였다. 이원영 목사는 3·1운동 후에 감옥에서 출소하여 기독교인이 된 후부터는 집안의 하인들에게 존댓말을 쓰고 이들을 인격적으로 대했다고 한다.[81] 또한 그가 원장으로 경안고등성경학교에서 가르칠 때에도 연령으로 손자뻘 되는 제자들에게도 존댓말로 묻고 대답하곤 했으며 제발 말씀을 낮춰 주시기를 부탁하면 그분 특유의 억양으로 '아니오' 하면서 더욱더 겸손히 대하셨다고 제자들은 기억하고 있다.[82]

이러한 이원영 목사의 올곧고 불의에 타협하지 않는 한결같은 신앙적인 태도는 노회와 총회에 두루 퍼져서 그는 경안노회에서 다섯 차례나 노회장으로 피선되었으며, 1954년에는 대한예수교장로회 제39대 총회장으로 추대되었다.[83]

특히 이전 제38대 총회는 기장 측과 통합 측이 분열된 직후 열린 매우 어려운 시기에 열린 총회라는 점에 주목해야 한다. 그러한 난세에 교단의 갈등과 어려움을 수습하고 해결할 적임자로 총회는 이원영 목사를 만장일치로 추대하였다. 그리고 앞서 언급한 대로 총회장이 된 이원영 목사는 총회장 재임 기간 중 교단 총회가 신사참배를 결의한

경안노회 회의록(좌), 총회 회의록(우) (출처 : 장로회신학대학교 역사박물관 소장)

것을 취소하는 성명서를 발표하여 그의 올곧은 신앙적 태도를 보여 주었다. 당시 그 발표문의 내용은 다음과 같다.

> 대한예수교 장로회 제39회 총회는 1938년 9월 9일 평양 서문외교회에서 회집한 제27회 총회결의인 "신사는 종교가 아니요 기독교의 교리에 위반하지 않는 본의를 이해하고(…)"의 성명에 대해 그 결의는 일제의 강압에 못 이긴 결정이었으나 이것이 하나님 앞에 계명을 범한 것임을 자각하고(…) 이를 취소하고 전국교회 앞에 성명함.[84]

그러나 여기서 주목할 것은, 이원영 목사는 불의와 부정에 영합하지 않으려는 올곧은 기상을 가졌으면서도, 자신의 그러한 올곧은 기상이 자칫 교만과 타인에 대한 정죄로 나아가지 않도록 끊임없이 노력하였다는 점이다. 실제로 이원영 목사는 신사참배를 거부하여 수차례에 걸쳐(1937, 1940, 1941, 1945) 옥고를 치렀으나 그의 신사참배 거부는 결코 일본 사람에 대한 증오로 연결되지 않았다.[85] 그가 목회했던 『안기교회일지』(1935~1939)를 보면 그는 교인들에게 가정 예배 시간에 나라를 위해 기도하라고 권했다고 한다. 또한 개인적인 대화 자리에서도 어떤 사람이 '왜놈'이라고 말을 내뱉으면 '일본 사람'이라고 부르도록 고쳐 주었다고 한다.

신사참배 사건으로 투옥되었다가 출옥한 출옥 성도 몇몇이 찾아와 출옥 성도들끼리 교회재건위원회를 구성하고 새로운 신앙부흥운동을 전개하자[후에 고려파로 분열한 성도들]고 하는 제안에 대해서 이원영 목사는 그러한 행동은 총회를 떠나는 책동으로 보이는 것이고 또한 고려파에 나가면 나중에 바리새인처럼 되기 쉽다고 경계하면서 반대하였다.[86] 또한 교단과 교회의 위기 앞에서 총회장으로 추대된 후에 총회 마지막 날 새벽기도회를 마친 후에 이원영 목사를 향해 "과거 신사참배를 거부하시고 옥고를 겪으신 일에 대해서 후배들을 위해 한 말씀을 해 달라"는 요청 앞에서도 "나는 그때 잘한 것도 없고 자랑할 것도 없고 다만 신앙인으로서 마땅히 해야 할 의무를 다한 것뿐이다"라고 대답했다.[87] 진리 앞에 바로 설 뿐, 교만과 자기 의義가 없는 온전히 겸손한 목회자의 표상인 대답이라 할 것이다. 그를 뒤이어 후에 서부교회를 담임했던 김원진 목사는 이원영 목사에 대해서 "내가 본 은사 이 목사님은 그가 출옥 성도란 자세나 남을 멸시하는 교만한 것이란 그림자

도 찾을 수 없었다"고 기록하고 있다.[88]

또한 이원영 목사는 오랫동안 부흥회를 인도하면서도 자신이 출옥 성도라든가 독립을 위해 투쟁한 투사라는 점은 전혀 내세우지 않았다.[89] 자신이 신사참배를 반대한 것도 무익한 종으로서 당연히 해야 할 것을 한 것뿐이지 자랑할 것이 없다고 하여 자신을 결코 드러내거나 하지 않고 끝가지 거부하였다.[90] 이원영 목사의 이러한 순일純一한 신앙의 태도는 그에게 '산 순교자'라는 별칭을 만들어 주었다. 목사이기 전에 이원영 목사는 정말로 신실하고 올곧은 신앙인이었다.

맺는말 : 다시 봉경 이원영 목사를 그리워하며

필자는 이 글에서 퇴계와 봉경 이원영 목사의 모습을 교육, 경전, 수양, 일상의 삶이라는 네 가지 주제어로 그 유사성을 드러냈다. 봉경 이원영 목사는 3·1운동을 계기로 하여 기독교인으로 개종하고 이후 평생을 존경받는 목회자로 살아갔지만, 그가 어릴 적 16년 4개월 동안 퇴계 후손으로 받은 한학과 유교적 전통의 영향은 목사 이원영의 삶을 보다 도덕적으로 존경받는 목사로 살게 한 소중한 자양분이 되었다.

먼저 이원영 목사는 퇴계가 가급적 안동을 떠나지 않고 수양에 힘쓰며 도산서원을 중심으로 후학을 양성하는 데 힘쓴 것과 같이, 거의 평생 안동을 떠나지 않고 기독교적 정신에 입각한 학교를 세워 기독교 인재 양성에 힘을 썼다.

또한 이원영 목사는 퇴계가 평생 경전을 가까이 하고, 또 그 경전의 내용을 실천하는 데 힘쓴 것처럼 평생 그 어느 목회자보다 평생 성경을 읽고 묵상하며 가르치는 일에 힘썼다. 이원영 목사가 성경을 강조한 것은, 그가 경안고등성경학교를 세우면서 교과과정표에 당시 다른 학교보다 성경 과목에 대한 공부를 강조했다는 점과 그 자신이 성경 과목을 직접 가르친 것으로 잘 드러난다. 물론, 학생들에게도 철저한 성경에 대한 공부와 성경의 진리를 실천하는 실천 목회를 강조한 것에도 잘 나타나 있다.

퇴계가 조선조의 가장 유명한 논쟁인 사칠논쟁에서 이기호발설을 강조하였고, 또 어느 학자보다 경敬 공부를 강조한 것은 주지의 사실이다. 이런 철저한 수양(경건한 삶)에 대한 강조가 이원영 목사의 삶에도 잘 나타나 있다. 이원영 목사는 평생 성경의 진리를 체득하고 삶에서 실천하는 것을 강조하였다. 그가 일제에 항거하여 투옥되었을 때나 오복사골 골짜기에서 지낼 때에도 항상 성경 읽기와 예배를 강조하였다. 또한 해방 이후의 혼란한 시기에도 신비주의나 열광주의가 아니라 늘 성경 중심의 경건한 삶을 강조한 것에 잘 나타나 있다.

마지막으로 퇴계가 보여 준 청빈하며 올곧고 겸손한 삶의 태도도 이원영 목사의 삶에 고스란히 녹아 있다. 퇴계는 늘 거경의 삶을 실천하면서 청빈하게 살았는데, 이원영 목사도 평생 목사로서 청빈하게 살았다. 또한 자신이 일제에 항거한 강직한 애국자였음에도 자신을 드러내고자 하지 않고 늘 겸손하였으며, 제자나 어린 아이들에게도 항상 존중하는 삶의 태도를 유지하였다.

봉경 이원영 목사에 대한 글을 마무리하면서 '선비 목회자'라는 단어가 내내 떠올랐다. 그런데 상상력을 발휘해서 좀 더 구체적이고 절실하게 표현한다면 '만약 퇴계가 당시 태어나 목회자가 되었다면 이원영 목사의 모습과 매우 닮았을 것이 분명하다'는 생각까지 들었다.

필자는 지금 오늘 이 시대를 동양학적으로 말한다면 '신'춘추전국시대 '新'春秋戰國時代요, 성경의 표현으로 한다면 '신'사사시대 '新'士師時代라고 본다. 다들 각자의 소견에 옳은 대로 행하되, 기준과 모범으로 삼을 만한 시대의 도덕 정신이나 존경받는 스승을 찾아보기 어려운 시대다. 같은 시대를 살아가기에 시대를 반영하면서도 시대를 올바르게 해석하고 시대를 올바르게 변혁시키는 그런 훌륭한 영적·도덕적 지도자가 정말 절실함에도 불구하고 홍수에 마실 물이 없다는 비유가 적절한 시대라고 본다. 정계나 학계, 교계 어느 곳을 보아도 마찬가지다. 물론, 이렇게 특정한 인물이나 학파를 중심으로 하는 주도적인 인물이나 학파, 담론이 생겨나지 않는 것 자체가 포스트모던 시대 자체의 특성이라고 볼 수도 있다. 그러나 그렇게 단순하게 생각해서는 안 된다. 사실 엄밀하게 보면 우리나라는 서구적인 모더니즘을 아직까지 제대로 경험하지 못했다. 그런데도 그저 서양의 학문적 흐름을 일방적으로 수용하여 그저 편리한 대로 포스트모던이라는 용어를 무분별하게 사용하는 것은 조심해야 한다고 본다. 아무리 포스트모던 사회라고 하더라도 도덕과 종교적인 옳고 그름, 기준이 필요하다. 올바른 기준이 없으면 포스트모던적 다양성과 상대성을 넘어서 허무주의로 귀결될 수밖에 없기 때문이다.

봉경 이원영 목사에 대해서 공부하면서, 오늘 이 시대에 특별히 이원영 목사와 같은 시대의 스승이 그립다. 철저하게 경전[성경]의 가르침에 평생 정진하여 스스로에게는 순일하고 철저한 종교적·수양적 삶을 살았고, 남들에 대해서는 관용과 너그러움을 지녔으며, 그러면서도 시대적인 책임과 소명을 다한 귀한 어른이기 때문이다.

마치 1954년 교단과 교계가 분열되어 이 어려운 시대에 누가 총회장이 되어야 하나를 고민할 때 다들 이원영 목사만이 이 모든 어려운 문제를 해결할 수 있다고 생각하고, 만장일치로 그를 추대하고자 당시 다소 외지고 교통이 불편한 안동까지 와서 이원영 목사를 추대한 그런 미담이 그립다. 아니, 그런 미담의 주인공이 되기에 충분한 이원영 목사의 삶과 목회를 본받고 싶다. 그리고 제2, 제3의 이원영 목사를 이 시대는 요구하고 있다.

이 시대의 부름에 응답하는 것이 필자의 몫이요, 이 글을 읽는 독자의 몫이라 생각한다.

참고문헌

李滉, 『退溪先生文集』, 成均館大學校 大東文化研究院, 1971.

_____, 退溪學叢書編刊委員會 編, 『退溪全書』, 成均館大學校 大東文化研究院, 1958.

금장태, 『퇴계의 삶과 철학』, 서울대학교출판부, 2001.

_____, 『聖學十圖와 퇴계철학의 구조』, 서울대학교출판부, 2001.

김성년 엮음, 『사진 속의 이원영 목사』, 기독교문사, 2001.

김성년 외, 『영원한 스승, 이원영 목사-이원영 목사의 생애와 사상-』, 기독교문사, 2001.

김희곤, 『이육사 평전』, 푸른역사, 2014.

배요한, 『신학자가 풀어 쓴 유교 이야기』, IVP, 2014.

배홍직, 『鳳卿 李源永 牧師』, 보이스사, 1999.

오수경, 「안동 선비의 文化意識과 鄕土文化 暢達」, 『大東漢文學』 6, 대동한문학회, 1994.

이정순 편저, 『퇴계 후손 이원영 목사 믿음의 유산』, 경북 p&p, 2021.

임희국, 『선비 목회자 봉경 이원영 연구』, 기독교문사, 2001.

_____, 『선비목사 이원영-유림儒林 선비에서 기독교 목회자로-』, 조이웍스, 2014.

정만조 외 6명, 국학자료 심층연구총서 1, 『도산서원과 지식의 탄생』, 글항아리, 2012.

丁淳睦, 『退溪評傳』, 지식산업사, 2001.

허권수, 「진성 이씨(眞城李氏) 가문의 『소학(小學)』 중시 전통」, 『淵民學志』, 33, 연민학회, 2020.

1 비록 체계적인 저작은 아니나, 이원영 목사의 유작 목록 중에서 「종교비교」, 「주일학교 강습」에 부분적으로 타 종교에 대한 언급이 있다. 그러나 그것이 이원영 목사가 신학교에서 배운 강의안인지, 본인의 주장인지 명확하지 않고, 또 그 작품들을 다루는 것은 본 글의 주제를 넘어서는 일이므로 이 글에서는 다루지 않았다.

2 임희국, 『선비목사 이원영-유림儒林 선비에서 기독교 목회자로-』, 조이웍스, 2014, 19쪽, 297쪽. 참고로 배홍직, 『鳳卿 李源永 牧師』, 보이스사, 1999, 45쪽과 58~59쪽에는 이원영이 사숙에서 공부를 시작한 해가 1891년으로 되어 있는데, 다른 여러 자료에서는 모두 1890년으로 되어 있으므로 배홍직의 자료는 수정되어야 한다. 한 가지 더 덧붙일 것은, 임희국의 책에는 '한문사숙'이라는 표현이 많이 등장하는데, 이원영이 16년 4개월 동안 사숙에서 단지 '한문' 공부만 한 것이 아니라, 차서대로 유교의 경전과 퇴계학의 유산을 배운 것이기에 이 글에서는 문맥에 따라 '한문'이라는 용어 대신에 '한학', '학문', '유학' 등을 병행해서 사용하였다.

3 배홍직, 위의 책, 58~60쪽.

4 아래의 내용은 이정순 편저, 『퇴계 후손 이원영 목사 믿음의 유산』, 경북 p&p, 2021, 26쪽. 또 이 본문 내용에 대한 상세한 설명이 있는 같은 책 138쪽의 내용(각주 21번)을 참조하여 정리한 것임을 밝힌다.

5 金乙東, 『安東版獨立史』, 獨立志士安東記念事業會, 1985, 194쪽; 이정순, 위의 책 138쪽에서 재인용.

6 배홍직, 위의 책, 59쪽.

7 임희국, 위의 책, 19~22쪽.

8 이육사, 「은하수」. 김희곤, 『이육사 평전』, 푸른역사, 2014, 66~67쪽에서 원문 재인용.

9 김희곤, 『독립운동의 큰 울림, 안동 전통마을』, 예문서원, 2014, 136쪽. 육사는 그의 수필 「전조기剪爪記」에서 "내 아이 여섯 살 때 소학을 배우고"라고 쓰고 있다.

10 참고로 보문의숙의 초대 숙장도 육사에게 한학을 가르쳤던 조부 이중직이다.

11 참고로 이원영은 보문의숙의 제1회 졸업생인데, 입학은 1910년 '3월'이었고, 총 3년 과정의 공부를 2년 만에 졸업(봉성측량강습소 졸업을 인정받아 속성과에 편입하였던 점이 고려됨)하였다. 이원영의 졸업은 1912년 3월 24일이었다. 이로 비추어 보면 육사의 졸업 시기도 1919년 '3월'로 추정된다. 후에 보문의숙은 도산공립보통학교로 바뀌었고, 육사는 이 학교의 제1회 졸업생이다. 이에 대한 내용은 김희곤, 『이육사 평전』, 68~69쪽 참조. 이러한 객관적인 사실과 당시 보문의숙의 수업 연한이 3년이었음을 고려하면 육사의 보문의숙(도산공립보통학교) 수학 기간은 1916년 3월부터 시작된다고 보아야 한다. 그러므로 육사가 사숙에서 공부한 기간은 7년 남짓으로 보는 것이 정확하다고 할 것이다.

12 오수경, 「안동 선비의 文化意識과 鄕土文化 暢達」, 『大東漢文學』 제6집, 1994, 7~67쪽 참조.

13 배홍직, 위의 책, 48쪽, 59쪽.

14 배홍직, 위의 책.

15 배홍직, 위의 책, 59쪽.

16 李滉, 「心經後論」, 『心經』, 保景文化社, 1995, 347쪽.

17 李滉, 위의 책.

18 李滉, 이윤희·홍승균 역, 「學問」, 『退溪先生言行錄』, 卷1, 퇴계학연구원, 2007, 14쪽.

19 배홍직, 앞의 책, 71쪽; 임희국, 앞의 책, 36~43쪽.

20 이 글에서 필자는 혁신유림이라는 용어를 척사유림과 대비해서 이 시기에 한정해서 사용하고자 한다. 혁신유림과 달리 척사유림은 위정척사론衛正斥邪論의 입장에 서서 시대의 변화(예를 들어 갑오개혁 및 을미개혁)에 반대하는 수구적 경향이 매우 강했다.

21 3·1운동과 관련된 이원영 목사의 기록은 앞에서 이 글을 쓰면서 참고한 임희국, 배홍직의 책과 『교회연합신문』, 『기독공보』 자료 등을 토대로 하여 정리한 것임을 밝힌다.

22 배홍직, 위의 책, 48쪽.

23 참고로 안동에서 최초로 3·1만세시위를 한 이상동은 당시 영덕 포산교회의 장로였고 유림 출신이었다. 유림 출신이면서 기독교인이라는 점은 안동 지역 3·1운동이 유림과 기독교 교회가 협력해서 시위를 계획하고 일으켰다는 면과 연결된 안동 3·1운동의 중요한 특색이라 하겠다. 임희국, 위의 책, 64~69쪽 참조.

24 배홍직, 위의 책, 88쪽; 임희국, 위의 책, 73~75쪽.

25 丁淳睦, 『退溪評傳』, 지식산업사, 2001, 224쪽. 물론, 퇴계나 퇴계학파로서 안동의 선비들이 중앙으로 진출하지 못한 현실적인 이유도 분명히 있다. 거듭된 사화나 학파의 계열(西人, 南人, 老論 등의 문제)에 대한 이유도 무시할 수 없다고 본다. 그러나 이에 대한 내용은 글의 주제를 벗어나기에 이 글에서는 다루지 않았다.

26 丁淳睦, 위의 책, 118~119쪽.

27 오수경, 앞의 논문, 13쪽. 참고로 16~17세기 안동 지방의 서당의 목록에 대해서는 같은 논문 14쪽 참조.

28 정만조 외 6명, 국학자료 심층연구총서 1, 『도산서원과 지식의 탄생』, 글항아리, 2012, 25쪽.

29 정만조 외 6명, 위의 책.

30 임희국, 위의 책, 6~7쪽

31 사실 이원영 목사는 이후에 '독립촉성중앙협의회'(이하 독촉) 안동군위원회의 회장직을 맡은 바가 있다. 그러나 이것을 건준의 제의를 거절한 것과 상반되는 것으로 이해해서는 안 된다. 이원영 목사의 입장에서는 건준의 제의를 고사한 후에 또 연이어 고사하기가 난처했던 상황이었다는 점을 고려해야 한다. 실제로 이원영 목사는 독촉의 회의를 주재하는 것도 감당하기 어려워서 독촉의 운영은 주로 부위원장(권영형)이 맡아서 진행하였다고 한다. 보다 자세한 사항은 임희국, 위의 책, 205~207쪽 참조. 또한 이원영 목사의 맏사위 김세현도 장인을 회고하면서 "정치에는 전혀 뜻이 없었다"고 증언하고 있다. 김성년 외, 「맏사위 김세현, '장인 이원영 목사님'」, 『영원한 스승, 이원영 목사-이원영 목사의 생애와 사상-』, 기독교문사, 2001, 201쪽 참조.

32 실제로 이원영 목사는 경안노회장을 여러 번 맡았으나, 자신을 면직시킨 노회에 대해 책임을 묻거나 분노하지 않았다. 그랬다면 노회는 다시 갈등과 분열이 반복되었을 것이다. 이원영 목사가 자신의 면직에 대해 노회에 문제 제기를 하지 않은 것이나, 신사참배 이후에 고신 측의 분열에 동조하지 않은 것도 무엇보다 교회의 화합과 하나 됨이 자신의 의로움을 내세우는 것보다 중요했기 때문이라고 해석할 수 있다. 실제로 이원영 목사는 신사참배를 반대한 이른바 '출옥성도'였지만 출옥성도는 '유대교적 율법주의'를 경계해야 한다고 늘 주장하곤 했다.

33 배흥직, 앞의 책, 51쪽. 원래 인노절기념성경학교印魯節記念聖經學校를 개칭하여 개교한 것 이다.

34 丁淳睦, 앞의 책, 181쪽.

35 丁淳睦, 위의 책, 183쪽.

36 丁淳睦, 위의 책, 184쪽.

37 김성년 엮음, 『사진 속의 이원영 목사』, 기독교문사, 2001, 52쪽.

38 배흥직, 위의 책, 144쪽.

39 배흥직, 위의 책.

40 배흥직, 위의 책, 238쪽.

41 배흥직, 위의 책, 29쪽.

42 임희국, 『선비 목회자 봉경 이원영 연구』, 기독교문사, 2001, 248쪽. 사실 이원영 목사에 대 한 안내서를 쓴 임희국 교수는 2014년에 『선비목사 이원영-유림儒林 선비에서 기독교 목회 자로-』(조이웍스, 2014)라는 책을 한 권 더 발간한다. 내용을 검토해 보면 임희국, 『선비 목 회자 봉경 이원영 연구』를 좀 더 개편해서 증보한 책이 임희국, 『선비목사 이원영-유림儒林 선비에서 기독교 목회자로-』다. 앞으로 각주에서는 혼란을 피하기 위해서 『선비 목회자 봉 경 이원영 연구』(기독교문사, 2001)는 임희국(2001)으로, 『선비목사 이원영-유림儒林 선비 에서 기독교 목회자로-』는 임희국(2014)으로 표기하였다.

43 위의 책.

44 배흥직, 위의 책, 112~114쪽.

45 임희국(2001), 위의 책, 238쪽.

46 임희국(2001), 위의 책.

47 임희국(2001), 위의 책, 243쪽.

48 임희국(2014), 243쪽. 제자들의 보다 자세한 회고와 추모의 글은 김성년 엮음, 앞의 책, 89~189쪽 참조.

49 이하는 임희국(2014), 위의 책, 92쪽을 참조하여 정리하였다.

50 일례로 1925년 6월~1926년 5월의 성경통신과정 등록 현황을 보면 1925년 통계로 경안/ 전국 대비(전국에는 경북도 포함)로 보면 입학자 304/939명, 초급과정을 마친 자 107/419, 1925년 졸업자 69/101, 졸업자 총계 75/189 등이다. 더 자세한 통계는 임희국(2014), 위의 책, 106쪽 표 참조.

51 당시 기록에 따르면 1913년 이래로 5년 동안 안동 지역에서만 약 6만 5,000권의 성경이 팔렸고, 특히 믿지 않는 사람들 중에도 성경을 사서 읽는 현상도 일어났다고 한다. 임희국 (2014), 위의 책, 92~93쪽 참조.

52 배요한, 『신학자가 풀어 쓴 유교 이야기』, IVP, 2014, 229쪽.

53 배요한, 위의 책.

54 퇴계가 거경을 실천한 모습에 대한 내용은 丁淳睦, 위의 책, 188쪽, 189쪽 참조.

55 丁淳睦, 위의 책, 189쪽.

56 배흥직, 위의 책, 24쪽.

57 배흥직, 위의 책, 188~189쪽.

58 배흥직, 위의 책, 238쪽.

59 임희국(2014), 위의 책, 197쪽.

60 배요한, 위의 책, 150쪽.

61 배요한, 앞의 책, 153쪽.

62 배요한, 위의 책, 197쪽.

63 임희국(2001), 앞의 책, 300쪽.

64 임희국(2001), 위의 책.

65 『경안노회록』 제20회(1931. 12), 396쪽; 임희국(2014), 위의 책, 150쪽에서 재인용.

66 임희국(2014), 앞의 책, 151쪽.

67 임희국(2014), 위의 책.

68 丁淳睦, 앞의 책, 204쪽.

69 丁淳睦, 위의 책, 212쪽.

70 丁淳睦, 위의 책, 231쪽.

71 丁淳睦, 위의 책, 250쪽.

72 丁淳睦, 위의 책, 310쪽.

73 배홍직, 앞의 책, 23쪽.

74 그의 딸들이 어머니에 대해서 회고한 글들은 김성년 외, 앞의 책, 195~199쪽; 임희국 (2014), 위의 책, 191~196쪽 참조.

75 임희국(2014), 위의 책, 221쪽. 김성년 외, 위의 책, 32쪽.

76 "서부교회 신축 공사 때 언제나 새벽기도회를 마치시고 괭이나 연장을 가지고 일하시고, 이슬에 젖은 바지까리로 작업을 마치시고 늦은 아침 식사도 반찬 없는 식사도 그렇게 맛있게 잡수시는 모습이 생각납니다." 제자 김성규의 '증언', 김성년 엮음, 위의 책, 103쪽.

77 배홍직, 위의 책, 143쪽.

78 배홍직, 위의 책, 142쪽.

79 배홍직, 위의 책, 143쪽.

80 퇴계가 사칠논쟁에서 사단과 칠정에 대하여 이기호발설을 주장한 것을 이렇게 해석하는 보다 자세한 내용은 배요한, 위의 책, 217~229쪽 참조.

81 임희국(2014), 위의 책, 83쪽.

82 김성년 엮음, 위의 책, 22쪽, 161쪽.

83 퇴계는 부득이한 경우에 한해서만 벼슬을 하였는데, 후손인 이원영 목사가 노회장 다섯 번, 총회장 한 번을 한 것에 대해서 수치상 매우 다르다는 느낌을 가질 수 있어 이에 대한 설명이 필요하다. 퇴계가 활동한 16세기는 이미 유교가 국교화된 지 150여 년이 지난 시점이었고, 이원영 목사가 활동한 시기는 기독교가 도입 역사가 짧았을 뿐 아니라 국교도 아니라는 점, 이원영 목사가 활동하던 당시는 일제 억압-해방-6·25전쟁으로 이어지는 급변하는 시대 속에서 지식인의 책임을 다한 것으로 이해해야 한다고 본다.

84 대한예수교장로회 총회 제39회 회의록(1954), 263쪽; 임희국(2001), 앞의 책, 16쪽에서 재인용.

85 아래 안기교회의 예는 임희국(2014), 위의 책, 170쪽.

86 배홍직, 위의 책, 152~153쪽, 241쪽; 김성년 엮음, 위의 책, 145~146쪽.

87 김원진, '증언'(추모의 글), 정순모, '증언'(1998. 7. 21), 임희국(2014), 위의 책, 269쪽에서 재인용.

88 김원진, "내가 본 은사 이원영 목사," 배홍직, 위의 책, 241쪽에서 재인용.

89 배홍직, 위의 책, 153~154쪽.

90 김성년 엮음, 위의 책, 145~147쪽.

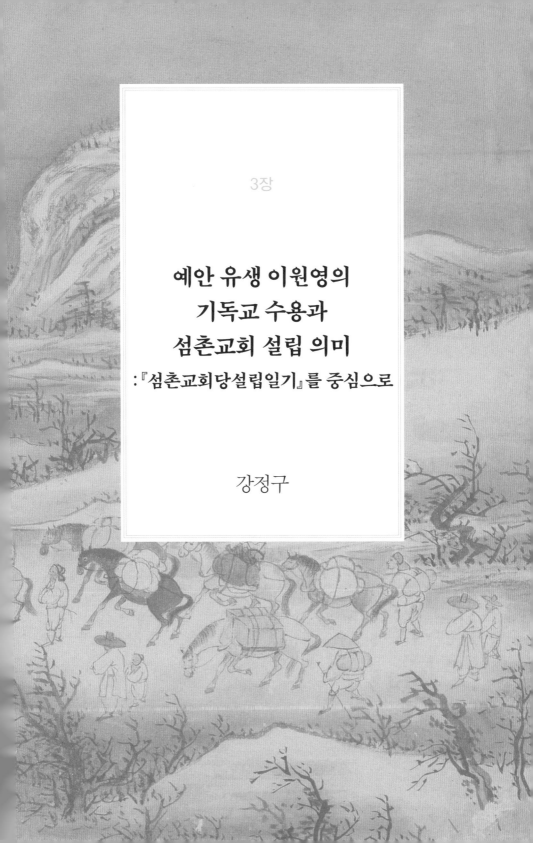

3장

예안 유생 이원영의
기독교 수용과
섬촌교회 설립 의미
:『섬촌교회당설립일기』를 중심으로

강정구

이원영李源永(1886~1958)은 이황李滉(호 退溪)의 14세손으로, 1886년 경상북도 안동군 도산면 원촌동(지금의 이육사문학관이 있는 동네)에서 아버지 이관호李觀鎬와 어머니 김영金永의 둘째 아들로 태어났다. 이원영의 형은 원국源國이고, 동생들은 원세源世, 원식源植이다. 이원영은 3·1운동 이전까지 향촌에 머물며 유림의 삶에 충실했다. 전통이 요구하는 서당식 교육을 받았고, 변화된 시대가 요구하는 봉성측량강습소鳳城測量講習所(1909)와 보문의숙寶文義塾(1912)을 모두 제1회로 졸업했다.

이원영이 역사의 전면에 등장한 것은 3·1운동 때문이다. 이원영은 예안의 3·1운동에 적극 가담하였고, 감옥 안에서 하나님의 부르심을 받고 유생에서 기독교인이 되었다. 감옥에서 이원영에게 기독교를 전한 사람은 잘 알려진 대로, 석주 이상룡李相龍의 동생 이상동李相東이었다. 이상동은 이미 1917년 경북노회에서 조사助事 助師로 임명받고 교회를 돌보며 조사 활동을 하다가 만세운동에 참여했다.[1] 이상동을 통해서 기독교를 받아들인 이원영은 출옥 후에 의촌동(도산서원 앞 시사단試士壇이 있는 동네)에 교회를 세웠는데, 그 교회가 섬촌교회다.

유림의 터전에 교회를 세웠으니 마찰과 충돌이 일어났다. 여러 번 교회를 옮겨야 했고 교회가 파괴되기도 했다. 이원영은 마찰과 충돌 가운데 교회가 세워지는 과정을 일기로 남겼는데, 그 일기가 『섬촌교회당설립일기』다.[2] 이원영이 섬촌교회를 세우는 것은 그의 기독교 수용과 그가 짐으로 지고 있던 시대적인 과제가 맞물려 있다고 할 수 있다. 그가 섬촌교회를 세운 것은 3·1운동으로 수감되고, 기독교를 수용하고, 고뇌를 거듭한 끝에 나라를 사랑할 수 있는 최종 종착점이 교회였기 때문이다.

이 연구는 한국국학진흥원에 기탁된 이원영 자료인 『섬촌교회당설립일기』를 중심으로 유생 이원영이 기독교인이 된 것과 기독교인이 된 이원영이 자신이 거주한 향촌사회에 섬촌교회를 세운 것이 어떤 의미가 있는지 심층적으로 드러내고자 했다.

경상북도 북부 지역에 기독교가 뿌리 내리는 과정

1. 가파른 성장과 안동선교부 설치

경상북도 북부 지역을 처음으로 방문한 선교사는 베어드William M. Baird(한국명 배위량裵偉良)다. 베어드는 부산에서 5년간(1891~1895) 사역하였고, 이 기간(1893년 5월 1일~5월 5일)에 경상북도 북부 지역을 탐방하였다. 베어드는 상주를 거쳐, 5월 1일(월)에 용궁 읍내를 들렀고, 예천을 거쳐 풍산을 방문했는데 풍산에서는 비가 와서 번역 작업에 매달렸다. 5월 4일(목)에 안동을 방문했고 안동에서 많은 성경을 팔았으며 가톨릭교도를 만났다. 안동 방문 후 의성을 지나 영천, 경주, 울산을 거쳐 다시 부산으로 돌아갔다. 베어드의 이 지역 방문의 의미는 선교사로서의 첫 방문과 함께, 이제 이 지역이 서서히 선교의 관점, 교회의 관점으로 말해지기 시작했다는 것이다.[3] 베어드 다음으로 이 지역을 찾아온 선교사는 대구선교부 소속 애덤스Rev. James E. Adams(한국명 안의와安義窩)다. 애덤스는 1902년 3월에 경상북도 북부 지역을 방문해 시장에서 전도를 하였고, 천여 권의 낱권 성경을 팔기도 하였다. 애덤스의 방문으로 일직 국곡의 권수백權秀伯, 와룡 지내의 홍재삼洪在三 같은 이들이 복음을 받아들였다. 홍재삼은 기독교의 진리를 더 확실히 알기 위해서 대구선교부를 스스로 두 번이나 방문하였다. 애덤스 다음으로 이 지역을 방문 전도한 사람은 바레트Rev. W. M. Barret다. 바레트는 1903년 봄에 부르엔Rev. H. M(한국명 부해리)과 함께 이 지역을 방문하였고, 이전에 대구선교부를 찾았던 홍재삼의 집에서 주일을 보냈고, 홍재삼을 이 지역 최초의 학습 교인으로 세웠다.[4]

경상북도 북부 지역의 초기 교회 상황을 잘 드러내고 있는 『조선예수교장로회사기朝鮮예수敎長老會史記』 상하권을 보면, 이 지역 여러 교회의 설립 연대와 설립된 교회의 상황을 알 수 있다. 1919년까지 경상북도 북부 지역에는 93곳에 교회가 세워졌다.[5] 세워진 교회 가운데 예안 지역의 교회를 살펴보면, 녹전(록래, 1906), 신평리(방하, 1907) 안홍(홍안, 1907), 맏촌(예안, 1908), 오혜(1908), 의일(1909), 매정교회(구정실, 1909)

이다. 이 교회들은 예안 경내에 세워진 교회이고 예안을 조금 벗어난 지역의 교회는 방잠(1906), 마동(1907), 석동(1910), 동교(동다리, 구룡동, 1910), 장수동(지내, 1910) 등이다.[6] 이런 가파른 교회의 증가는 사람들이 그만큼 교회를 필요로 했기 때문이고, 교회에 대한 신뢰가 있었기 때문에 가능한 일이었다. 1919년까지 예안 지역에 세워진 교회를 도표로 나타내면 〈표 1〉과 같다.[7]

〈표 1〉 1919년까지 예안 지역과 예안 인근에 세워진 교회

	번호	연도	지역	교회	설립자	초기 신자	선교사/목사	조사	왕래나 전도
예안 지역	1	1906	안동군	녹전 (록래)	이주호	이성삼 엄응삼			방령方嶺 교회
	2	1907	안동군	신평리 (방하)		최영구 최영봉		김성삼	
	3	1907	안동군	안홍 (홍안)	남수용		오월번	김성삼	방잠芳岑 교회
	4	1908	안동군	만촌 (예안)					
	5	1908	안동군	온혜		이동태 이원춘			
	6	1909	안동군	의일	권찬영	김충서			
	7	1909	안동군	매정 (고정실)	임학수 임경수			엄응삼	
예안 인근	8	1906	안동군	방잠	김성복 이호명				
	9	1907	영주군	지곡		강두수 임재봉			방잠 교회

	번호	연도	지역	교회	설립자	초기 신자	선교사/목사	조사	왕래나 전도
예안 인근	10	1907	안동군	마동					
	11	1907	안동군	옹천		강낙원			지곡교회
	12	1908	영주군	연당		강두수			풍산·방령 교회
	13	1910	안동군	석동		배병학			방령교회
	14	1910	안동군	동교 (구룡동)		박순기 이동소			방령교회
	15	1910	안동군	장수동 (지내)		홍재동 홍재삼			

경상북도 북부 지역에 가파르게 교회가 세워지자 내한선부는 1909년 안동선교부를 개설하였다. 안동 주재 첫 선교사는 원주에서 사역하던 웰번A. G. Welbon (한국명 오월번吳越幡)이다. 1909년에 북장로교 선교부는 원주를 감리교 선교회에 넘겨주었고, 여기서 사역하던 선교사 오월번 과 의사 플레처A. G. Fletcher, 조사 김영옥金泳玉을 새로 개설될 안동선 교부로 이동시켰다.[8] 오월번이 안동선교부로 옮겨가면서 안동선교부 가 조직을 갖추기 시작했는데, 선교사들의 내한 연도와 안동에 도착한 연도를 정리하면 〈표 2〉와 같다.[9]

선교사들은 안동 시내를 중심으로 선교 활동을 했는데, 오월번의 사 역 지역은 안동 서북현·여양(영양) 서현·봉화·순흥·풍기·예천·문 경·함양·상주 북편·영천(영주)이었고, 권찬영의 사역 지역은 예안 동 편·영양·영해·영덕 근보였고, 언위득의 사역 지역은 청하 서편·청

117

〈표 2〉 선교사들의 안동 재임 연도와 내한 연도

이름	선교기지 재임 연도	비고	내한연도
Rev. A. G. Welbon	1910~1928	Deceased. See Seoul (1917~1919 Pyoengyang)	1900
Mrs. A. G. Welbon (Sadie Nourse)	1910~1925	위와 동일.	1899
Rev. J. Y. Crothers	1910~?	(1909~1910, Taiku)	1909
A. G. Fletcher, M. D.	1909~1910	Trans, Taiku	1909
Rev. A. E. Renich	1910~1913	Resigned	1910
Mrs. A. E. Renich (Ethel Eckel)	1911~1913	위와 동일.	1910
Mrs. J. Y. Crothers (Ella McClung)	1911~?		1911
Roy K. Smith, M. D.	1911~1920	Trans. Taiku see Chairyung	1911
Mrs. R. K. Smith (Laura McLane)	1911~1920	위와 동일.	1911
Miss Jessie L. Rodgers (Mrs. A. G. Fletcher)	1912~1915	위와 동일.-Taiku	1912
Rev. R. E. Winn	1914~1922	Deceased. See Fusan	1909
Mrs. R. E. Winn (Catherine Lewis)	1914~1923	Trans, Pyengyang See Fusan	1909
Rev. W. J. Anderson	1917~1922	Trans. Seoul	1917
Mrs. W. J. Anderson (Lillian Beede)	1917~1922	위와 동일.	1917
Miss Hallie Covington	1917~1918	Trans.-Syenchun	1917
Miss Marjorie L. Hanson	1918~1922	Reappointed- Syenchun 1930	1918

송·안동 남부·의성 북편이었다.[10] 1909년 안동선교부가 설립되고 처음 연례선교보고서에는 안동 시내와 북서쪽을 오월번이, 남동쪽은 권찬영이, 남쪽을 연위득이 담당하고 있음을 알 수 있다.[11] 1912년 보고에는 선교사들이 해야 하는 구체적인 일이 보고되고 있는데, 오월번은 조사와 권서를 관리하고, 안동교회 목회를 담당하고, 선교기지 건설 감독, 성경 공부반 교육, 선교사들 한국어 공부를 관리했다. 오월번이 안동선교부의 다른 선교사들의 한국어 공부를 관리할 수 있었던 것은 이들 중에 가장 먼저 한국에 도착했기 때문이다. 오월번의 부인은 여성을 위한 사역, 성경 공부반 교육, 여성 성경공부반을 관리했다. 권찬영은 한국어 공부, 선교부의 책임자 관리 아래 북동쪽을 순회하는 사역, 한 명의 조사와 한 명의 권서를 관리하는 것이었다. 연위득은 언어 공부, 선교부의 감독 아래 복음을 전하는 일이었고, 그의 부인은 언어 공부와 선교부의 감독 지도 아래 일하는 것이었다.[12] 이들이 안동선교부에 도착하고 처음으로 보고한 연례보고서는 이들이 담당했던 지역의 교회 상황을 아주 자세하게 보여 주고 있는데 표로 나타내면 〈표 3〉과 같다.

2. 이 지역의 조사, 권서, 장로

앞에서 살펴본 것처럼 예안 지역 곳곳에서 복음을 받아들이고 교회가 설립되었다. 『조선예수교장로회사기』에는 초기 교회에 기여한 분들을 정리해 놓고 있는데 녹전교회 설립자는 이주호, 안흥교회 설립자는 남수용, 매정교회 설립자는 임학수·임경수다. 이들은 모두 이 지역 사람들이고 외인교회는 권찬영 선교사가 설립자로 기록되어 있다. 이

<표 3> 선교사들의 지역 보고

순회 구역	목사	인구	그룹	세례 교인	금년 세례자	학습 교인	금년 학습자	전체 교인	학교	학생	교회 건물	헌금 (¥)
안동 시내	오월번	20,000	1	38	16	33	34	230	1	42	1	153.00
북서쪽	오월번	340,000	32	179	58	405	76	2134	6	96		553.00
북동쪽	권찬영	136,000	25	21	5	136	81	935	1	11		190.00
남쪽	연위득	74,000	16	53	15	113	39	550	3	29		74.00
1911~1912년 전체		570,000	74	291	94	687	230	3849	11	178		970.00
1910~1911년 전체		570,000	76	196	72	644	392	3926	14	146		1,007.00

설립자들을 도와 교회의 초석을 놓은 사람들도 있는데, 녹전교회는 이 (김)성삼·엄응삼이고, 신평리(방하)교회는 최영구·최영봉이고, 온혜교 회는 이동태·이원춘이고, 의일교회는 김충서다. 이 설립자들과 초기 신자에 의해서 교회가 세워졌을 때 이 지역을 순회하며 교회를 돌본 사람들이 있는데 이들이 조사助事, 助師들이다.

조사가 어떤 일을 했는지 알 수 있는 것은 먼저 그 명칭에서다. 『조 선예수교장로회사기』 상권 1901년 항에는 조사助事로 기록되어 있지 만 나머지 모든 부분에서는 조사助師로 기록되어 있다. 처음에 조사助 事로 명한 것은 조사가 선교사의 일을 돕는 위치에 있었기 때문일 것이 다. 그 이후에 조사助師로 부르게 된 것은 조사가 단순히 선교사를 지 원하는 것이 아니라, 교인들의 본이 되기 때문에 스승[師]이라 불렸던

120

것이다.[13] 선교사들은 길 안내와 지방 방언의 이해를 위해 조사들의 도움을 받았다.[14] 교회가 많이 세워지자 선교사들이 모든 교회에서 설교할 수 없기에 조사들에게 설교할 수 있는 설교권이 주어졌고, 조사들은 신앙 교육과 학습 세례까지 줄 수 있었다.[15] 『조선예수교장로회사기』 상권과 『경상노회록』, 『경북노회록』을 통해서 경상북도 북부 지역에서 조사로 활동하던 이들을 정리하면 〈표 4〉와 같다.[16]

〈표 4〉 경상북도 북부지역에서 활동한 조사들

연도	성명	지역(교회)
1911년 이전[17]	장치견, 김성삼, 장사성, 엄응삼, 김원휘	문촌교회(봉화군)
	김성삼	국곡교회(안동군)
	김성삼	홍안교회(안동군)
	김인옥, 권수백, 김성삼	장사리교회(안동군)
	엄응삼	매정교회(안동군)
	이성삼, 엄응삼	녹전교회(안동군)
	임학수	하국곡교회(안동군)
	김원휘	풍기교회(영주군)
	이희봉	괴당교회(예천군)
	황영규	신풍리교회(예천군)
	곽해문	하령교회(의성군)
	권중화	장림교회(의성군)
	김성삼	쌍계교회(의성군)
	김성삼, 박해민, 박장호	실업교회(의성군)

연도	성명	지역(교회)
1911년 이전	김성삼, 이태성	매곡교회(의성군)
	박영조	산운교회(의성군)
	박영화	청로교회(의성군)
	박영화	도동교회(의성군)
	박영화, 박제화, 강만호, 김원휘	제오교회(의성군)
1911년 12월[18]	김성삼	
	박영조	
1912년 3월[19]	김사경	
1912년 7월[20]	권수백	
	엄응삼	
	김사경	
1912년 12월[21]	김성삼	
	김인옥	
1913년 7월[22]	이동해	예안, 영해 6처 교회
	김병우	예안, 안동, 영양 12처 교회
	박원일	비안 6처 교회
1913년 12월[23]	박문찬	영해 지방
	강석진	풍기 지방
	서화선	예안
	김익현	상주, 문경
1914년 7월[24]	서화선	
	김병우	
	김성삼	
1914년 12월[25]	김기수	청송 지방

연도	성명	지역(교회)
1914년 12월	이대성(박재환)	산운 지방
1915년 6월[26]	권수기(백)	인노절 지방 8처 교회
	김성삼	권찬영 지방 7처
	서화선	권찬영 지방 13처
	강석진	오월번 3처
	김익현	오월번 10처
	김원휘	오월번 6처
	엄응삼	오월번 3처
	강우건(근)	권찬영 11처
1916년 6월[27]	김성삼	
	강우근	영덕 지방
	강신충	영양 지방
	장사성	의성군 덕봉, 밤실, 세촌, 구견, 국곡, 장사리, 아곡, 월림
	강석진	풍기, 순흥, 압동, 소천, 척곡, 회저, 구곡
	김원휘[28]	지곡
	김영옥[29]	고창
1917년 6월[30]	박영화	
	신택희	
1917년 9월 19일[31]	김세영	안동 지방
	이상동	영덕 지방
1918년[32]	강석진	풍기, 옷티, 순흥
	김종숙	압동, 회저, 문촌, 방곡, 척곡, 재산,
	김원희	지신동, 녹전, 방하, 안흥, 고정실

연도	성명	지역(교회)
1918년	신택회	막골, 돗질, 방잠, 장수동, 만촌, 뒤뜰, 온혜, 단천
	신장준	수천, 동다리, 오리지, 찰당골, 계골, 현동, 터골
	강우근	영덕, 금호, 오포, 남정, 성화당, 금천, 송천, 묘곡
	김익현	삼분, 갈전, 괴당, 상락, 만산, 섭밧, 소산, 수계
	강신충	예천, 금곡, 주간, 부곡, 늘목, 하괴리, 성미, 중촌, 벌방
	서화선	영주, 내매
1919년 6월[33]	강병주	내매
	권수백	상락, 소산
	신택회	만촌, 뒤뜰
	전기석	풍산, 수동, 명동
	강신충	지신동, 녹전, 당신동
	김익현	안흥동, 매정, 동문촌
	김세영	포산, 원전, 낙평
	강석진	풍기, 순흥, 옷티
	장사성	장사리, 국고, 아곡, 아탐실, 덕봉
	서화선	방잠, 장수골, 돗질, 맛골
	황영규	정안, 삼분, 과당, 갈밧
	강우근	영덕, 검호, 오포, 남정
	정규하	송천, 묘곡, 매정, 금천
	손영균	중촌, 성미, 하괴리, 늘목, 부곡
	김종숙	재산, 척곡, 압동, 회저, 고선, 방곡

연도	성명	지역(교회)
1919년 6월	신장균	난계골, 찰당골, 오리, 지현, 동터골, 주남
	임학수	영주, 예천, 금당실, 죽완, 마산 섭밭, 웃치
	권중한	고천, 오디, 석실, 구미, 으림, 구계, 다리골, 협동학교
	윤호영	이천, 평삼의, 청송읍, 노리, 광덕, 단천, 금수천, 동다리, 온혜
1920년 1월[34]	김성규	안동읍
	김달호	영덕읍
	남수용	안흥동
	김용희	풍기읍
	김성배	노연
1920년 6월[35]	박영화	쌍계, 외곡, 우리골
	김원휘	거촌, 동산, 화령, 세촌
	강우근	영덕읍, 오포, 남정, 락평, 원천, 포산
1921년 1월[36]	강석조	
	임경수	
	윤영문	

조사들이 교회를 돌아보고 목회하는 사람들이라면 권서들은 성경을 판매하고 배포하는 일을 하는 사람들이다.[37] 이 지역을 처음으로 탐방하였던 선교사 배위량은 1893년 5월에 안동을 방문하고 그의 일기에 "안동에서 많은 책(성경)을 팔았다"라고, 안동의 특징을 기록하

고 있다. 배위량은 다른 지역에 비해서 안동에서 너무나 많은 성경책이 팔려서 "관리에게 이 도시의 인구가 얼마냐"고 물어보기까지 했고 안동에서 인상 깊었던 일들을 그의 일기에 기록했다. 성경 판매에 관한 것은 헨리 로즈Harry A. Rhodes의 책에도 "안동선교지부가 개설된 1910년에 6일간의 사경회가 내매(영주 평은면) 지역에서 열렸고, 270명이 참석했으며 (…) 2천 권의 마가복음이 팔렸다"라고 기록하고 있다. 작은 면 단위 동네인 내매에서 엄청난 수의 성경책이 팔린 것이다. 이것만이 아니라, 경상노회록의 보고에도 "안동 지방에서는 여러 교회가 합심하여 전도하고 매서함으로 불과 수월에 복음 1만 권을 팔았으며"라는 기록이 있고, 총회회의록에는 "안동 지경에는 남녀 각 교인이 매서인(성경 판매인) 모양으로 책을 팔며 전도하는데 일 년 동안에 책을 판 수가 1만 1천여 권이오며," 하는 기록들이 연이어 나오고 있다. 경상북도 북부 지역에서 성경책이 팔리는 것에 대해서 「1923년 제4회 경안노회록 보고」에는 "지금 이상한 것은 불신자도 성경을 사서 공부하는 이가 많사오며"라고 권서위원이 보고하고 있다. 더 고무적인 것은 이 지역에서 얼마나 성경이 많이 팔렸는지 영주읍과 의성 도리원에 서적판매소가 있어서 신구약 성경을 많이 판매하고 있다는 것이다.

권서는 성서공회에 소속되어 사례를 받는 유급권서有給勸書가 있고, 성서공회가 아니라 교회나 선교회에 소속되어 성경을 판매하거나 공급하고 그 판매수수료를 수입원으로 했던 무급권서無給勸書가 있다. 권서 중 일반적으로 유급권서를 권서라고 불렀는데, 이들은 책을 판매할뿐만 아니라 전도자, 교사, 설교자의 역할을 감당하면서 초기 교회 설립의 주역이었다고 할 수 있다.[38] 권서가 될 수 있는 자격은, 일반적으로 안정된 생활을 하는 한 가정의 가장으로, 건강하고 중년의 나이에 이른 사람을 선교회나 교회가 추천함으로써 권서가 될 수 있었다. 권서로 선정되려면 성경을 짊어지고 이동할 수 있는 강건한 육체가 있어야 하고, 성경을 판매하는 사람이기 때문에 영혼을 구원하려는 열정을 가져야 하며, 주변 사람들에게 칭찬을 듣고 잘 알려진 사람이어야 했다. 성경을 판매하고 판매대금을 관리하고 회계장부에 기록해야 했기 때문에 금전적인 면에서 유혹을 받을 수 있는 사람은 권서로 임명하지 않았다. 그래서 다른 직업 없이 직업으로서 권서의 일을 하려는 사람은 일반적으로 권서 선발에서 배제되었다.[39]

권서의 하루 일과는 전체적으로 〈표 5〉와 같았는데,[40] 권서들이 지역을 다닐 때에는 각자 자기 식량을 가지고 다니면서 스스로 음식을 준비해서 먹었다. 권서들의 성경 배당량은 전날을 기준으로 잡았는

<표 5> 권서의 하루 일과표

시간	일과
오전 6:30	기상, 세면
7:00	찬송, 기도, 성경 공부
8:00	아침식사
9:00	판매 시작 판매 활동
오후 1:00	점심식사와 휴식 판매 활동
6:00	기차기 도착

데, 하루에 100~150권을 가지고 다녔다. 점심 식사는 주로 길에서 하는 경우가 많았으며, 아침에 준비한 찬밥과 짠지가 전부였다. 판매 활동 마치고 와서도 오늘 판매량을 점검하고 다음 날의 판매량을 배정한 후에야 저녁식사를 할 수 있었다. 저녁식사 후에는 또 전도 모임을 가졌고, 그 전도 모임이 밤늦게까지 있었기 때문에 한밤중에야 잠자리에 들 수 있었다.[41] 권서들은 성경을 판매할 수 있는 모든 장소로 갔는데, 사람들이 많이 모여 있는 곳일수록 효율적이기 때문에 권서들은 학교, 서당, 공동 작업장, 잔칫집 등에 어김없이 찾아갔는데, 그중에서도 권서들이 가장 즐겨가던 곳은 장터였다. 권서들이 장터에 가서 책을 펼쳐 놓을 만한 장소를 마련하고, 찬송을 부르고 설교를 함으로써 사람들의 관심을 끌었다. 이렇게 관심을 끌고 성경을 판매하는데 권서들은 장이 흥분되기 전인 오후에 그 자리를 떠났다. 왜냐하면 사람들이 흥분되어 의義를 선포하는 권서들을 조롱할 수 있었기 때문이다.[42] 〈표 6〉은 예안 지역에서 활동한 권서들인데, 예안지역에서 성경이 다른 지역과 다르게 많이 판매된 것은 이 지역이 글의 고장의 연속선상에 있다는 것을 드러내는 것이라 볼 수 있다.[43]

이들 조사나 권서의 활동으로 초기 신자들이 말씀을 받아들이고 교회가 복음 위에 세워졌을 때 그 이전에는 보지 못하던 것을 보게 되었는데, 문제를 해결하기 위해서 노회에 여러 번 그 문제를 언급하고 있다.「제1회 경북노회록」에는 "누룩 만드는 교우에게 학습과 세례 주는 것이 가한지 가르쳐 주시기를 원하며"라고 하며 교인 중에 술의 재료가 되는 누룩을 만드는 사람이 있다면 어떻게 해야 하는가를 노회에 질문하고 있는 것을 볼 수 있다.[44] 이런 먹는 문제만이 아니라, "과

<표 6> 예안 지역에서 활동한 권서들

이름	감독	권서 활동 기간	성경 판매량				
			성경전서	신약구약	단권	계	비고
엄응삼		1910~1913	9	104	856	969	
김병우[45]	A. G. Welbon	1910~1917	97	439	9,674	10,210	
김성삼[46]	A. G. Welbon	1913~1915	24	133	1,384	1,541	
남수용[47]	W. J. Anderson	1917~1920 1926~1931	17	67	19,246	19,330	
남수진[48]	H. Volkel	1932~1934	2	53	12,795	12,850	
민태규[49]	W. J. Anderson H. Volkel	1917~1921 1926~1927 1930~1933	75	248	22,280	22,603	
신탁희[50]		1914~1916	4	62	3,281	3,347	
윤호영[51]		1913~1916	6	68	3,022	3,096	

부와 환부鰥夫(홀아비)가 몇 달 만에 혼인하는 것이 가한지를 가르쳐 주시기를 청원 하옵나이다"라는 것과 같은 문제를 내어 놓는 경우도 있었다.[52] 이전에는 전혀 문제가 되지 않았던 일들이 하나님 말씀의 관점으로 봤을 때 문제가 된다고 여겼기 때문에 노회에서 질문한 것이다. 이런 질문들은 조사나 권서의 활동으로 말씀이 경상북도 북부 지역에서 권능을 서서히 얻어가고 있다는 것을 보여 주는 방증傍證이라 할 수 있다. 이런 질문이 있을 때 노회는 다음과 같이 결론을 내렸다.

누룩에 대한 사건은 누룩이 술 만드는 가음이 되는 고로 불미한 것이나 성경에 인증한 것이 없는데 우리가 규칙을 세워 죄를 정할 것이 아니요 아름답지 못한 일로 권면하고 학습 세례 문답은 할 수 있는 대로 형편을 따라 할 것이며 환부와 과부가 몇 달 만에 혼인하는 것이 좋은지 묻는 일은 육삭 이후로 하는 것이 좋은 줄로 아나 어려운 경우가 있는 때는 교회에 의논하여 형편대로 하는 것이 좋은 줄로 알고[53]

이제 이 지역의 교회가 자리를 잡고 뿌리를 굳건하게 내리자, 교회에 지도자가 세워지게 되는데 예안교회와 매정교회에서는 제4회 경북노회 시에 두 교회 모두 두 사람의 장로를 허락해 달라고 청원하였다. 예안 만촌교회는 이미 이 지역에서 조사 사역을 하고 있는 신택희를 염두에 두고 있었고,[54] 매정교회에서는 신호균·임도현 두 사람을 언급하며 장로 청원을 하였다. 제5회 경북노회 시에 예안교회는 신흥(응)한·신택희 두 사람이 장로로 피택되었기에 공부 허락을 청원하였고, 매정교회에서는 신호균·임도현 두 사람을 문답과 장립식을 위임해 달라는 청원을 하였다.[55]

3) 여성을 위한 사역[56]

안동선교부의 선임 선교사 오월번이 원주에서 안동으로 내려왔을 때 그의 부인 새디도 함께 내려왔다. 새디가 안동으로 1910년 6월 3일 이사를 하고 그달 6월 16일에 처음으로 여성 성경공부반이 모였다.[57] 이때 75명 정도의 여성들이 모였고 그중 세례받은 여성은 한 명도 없었다.[58] 처음 모임인데 이렇게 많은 수의 여성들이 모인 것은 이전에 보지 못했던 외국 여성이 나타났기 때문에 이를 보기 위해서 수많은 여성들이 모였을 가능성이 많다. 여성만을 위한 성경공부반을 오월번 의 부인인 새디가 이끌어 갔는데, 「1910년 선교사 연례보고서」에는 새 디의 사역이 "여성을 위한 사역, 성경공부반 교육, 여성성경공부반 담 당"으로 되어 있다.[59] 남성 우위의 사회에서 여성이 선생이 되어 가르 치고, 집 밖을 나올 수 없던 여성들이 매주일 모여 공부를 했다는 것은 아주 큰 의미가 있다고 할 수 있다. 새디는 찾아온 여성들에게 성경 공 부만 가르친 것이 아니라, 새디가 안동 땅에서 하는 모든 것이 서양 문 물과 문화를 선보이는 것이기도 하였다. 성경공부에 참여해 성경의 진 리를 배우고 받아들이는 것은 깊은 회심이 필요한 것이지만, 앞선 문 물과 문화를 받아들이는 것은 너무나 자연스러운 것이고 필요한 것이 었다. 새디의 일기를 통해서 자연스럽게 전달되거나 알려진 것들을 정 리하면 〈표 7〉과 같다.

〈표 7〉 새디의 일기에 드러난 문물과 문화[60]

연월	씨앗과 나무	음식과 요리	생활도구와 의약품	설비와 기계	사회와 제도
1910년 6월	토마토와 고구마 모종(8) 리마콩(13) 콩, 당근, 상추(14) 렌틸콩과 편두콩(22) 방풍나물 씨앗(25)	필스베리 밀가루로 빵, 아이스크림(7) 체리 푸딩과 잼, 보리죽(14) 이스트(21) 당밀이 든 통(23) 방과 롤빵(24) 아이스크림(25)	침대(8) 설탕과 보리 가루 상자(13) 병에 넣은 우유(14) 부엌 바닥 타일 작업(23) 모기장(24)	부엌 스토브 설치(6) 밀폐 용기 얼음(7) 크로더스와 통화(14)	주문한 존슨사 상품 도착(14) 책이 든 소포(22)

연월	씨앗과 나무	음식과 요리	생활도구와 의약품	설비와 기계	사회와 제도
1910년 6월	옥수수, 리마콩 심고 완두콩, 비트, 감자 수확(29)				
7월	가지와 토마토(6) 상추, 비트, 양파, 감자(8) 옥수수 수확(14) 단옥수수, 완두 콩, 비트 심다(29)	살구잼(12) 산딸기잼(13) 당밀 과자(14) 납작한 비스킷(15) 롤빵, 사과잼, 자두 젤리, 자두잼(18) 젤리와 보관용 음식(19) 새 이스트로 빵을(20) 95개의 롤빵(23)	멜린 분유 Mellin's Food(21)	화로(6)	일본인 이발소(18)
8월	셀러리 모종(5) 겨울에 먹을 당근과 순무 씨를 뿌림(6) 방풀나물(6) 아스파라거스 모판 완성(12) 미첼 씨앗 Michell's Seed으로 만든 모종(12) 아스파라거스 모종 심고 관리 방법 설명(13) 첫 토마토 수확(18) 사과나무 몇 그루 주문(25)	롤빵(1) 케이크(4) 히코리 너트 한 그릇(16) 건포도 한 병(16) 보리죽에 유당 타기 시작(17) 블랙베리(22)	키니네(26)	코로더스 아이들 사진 찍음(8) 지부 부지를 보고 사진(22)	존슨사에 식료품 주문(25)
9월	배추와 오크라가 잘 자랐다(14) 그린 토마토(16)	아이들 생일 케이크(6) 배로 달달한 피클(8) 배 피클과 과자(9) 과자 만드는 법 가르치고,	키니네(24)	케텐(8) 다림질(9) 부엌에 리놀륨(15) 난로(25)	일본식 전보 도착(2) 전보 도착(6) 전보 도착(13) 스튜어트 상회에 보낸 짐이 도착,

132

연월	씨앗과 나무	음식과 요리	생활도구와 의약품	설비와 기계	사회와 제도
9월		대구 사과로 사과만두 만들고(13) ◯◯와 딜콤한 피클 여러 통을 만들다(16) 그린 토마토소스, 과자(17) 삼단 초코 케이크(23) 호박 파이, 미트 로프(24) 헨리의 생일 케이크(25) 미트 로프, 토마토와 상추 샐러드, 삶은 옥수수, 파인애플 젤리(26)			사과와 복숭아가 톱밥에 싸여서 왔는데 날씨가 더워 모두 썩어 있었다(15) 수표(17) 대구에 있는 크로더스 안동 아서에게 전화(30)
10월	양배추, 콜리플라워(31)	과자 만들고(14) 호박 파이(20) 빵을 굽고(24) 버터(29) 토마토 버터 8쿼트, 스펀지케이크 두 덩이(31)	식염수 주사(5) 수인성 이질 약물 치료(12) 식이요법(14) 특별 식이요법(18)	식당 바닥에 리놀륨(11) 소파(12)	대구에 있는 레니크, 플레처 전화(31)
11월	토마토, 배추, 당근, 순무, 파스닙, 셀러리(2) 사과나무를 심다(8) 콜리플라워 들여다 놓고, 애덤스가 보낸 감자 받고(16) 순무, 비트, 당근을 텃밭에서 안마당으로(17)	시벌리Shiveley 부인의 요리법으로 너트 빵 한 덩이(1) 찐빵(1) 토마토 14쿼트를 메이슨 병에 담다(3) 너트 빵 한 덩이(4) 차가운 소혀, 구운 토마토, 감자, 배추 샐러드, 찐 배와 너트 빵(6) 커다란 초콜릿 케이크(8) 너트 케이크 만들고 프로스팅(9) 쿠키 만들고, 호박 파이 두 개,		아이오와 주 찰스 시티에 있는 패튼Patten's에서 주문한 사과나무를 받았다. 벌피사에 한 주문도 받았다(4) 며칠 동안 사과나무를 도랑에 두었다(5) 철제 침대, 싱글 침대(9) 응접실 난로 오르간 연주(13) 우유(25)	어드만과 통화(1) 레니크와 통화(4) 플레처 박사로부터 전화를 받음(7)

133

연월	씨앗과 나무	음식과 요리	생활도구와 의약품	설비와 기계	사회와 제도
11월		옥수수 빵 두 판, 흰 빵 다섯 덩이(12) 콜리플라워(13) 과자를 굽다(14) 커다란 호박 파이 두 개(16) 레몬 파이를 만들었다. 마지막 레몬이었다(17) 호박 파이 두 개(19) 호박 파이 세 개, 초콜릿 호두 얹은 티 케이크, 샐러드드레싱을 만들었다(23) 빵 여섯 개와 롤빵을 굽고, 영계 두 마리를 양념에 재웠다(23) 빵 과자 파이를 구웠다(26)			
12월	텃밭의 마지막 상추와 파스닙(1) 양파, 감자, 호박이 바깥 광에서 얼었다(14)	커다란 스펀지케이크, 퍼지를 만들고, 빵을 일곱 덩이 굽고(1) 다진 고기, 잘게 썬 배추 피클 만들고(2) 빵, 과자, 다진 고기, 찐 푸딩(5) 과자와 이스트를 만들고, 생일 케이크, 프로스팅, 스펀지케이크, 너트 빵(6) 롤빵 굽고, 빨간 초 꽂은 생일 케이크(7) 엔젤 푸드Angel Food 먹었다(10) 오트밀과 당밀 과자를 만들었다(14)	아기에게 백신을 놔 주러 왔는데 성공 못했다(13) 아기 백신 주사(19) 백신을 살피러 오셨다(24)	크로더스에게 우유 여섯 통을 빌림(1) 레니크 부인에게 빌린 밀가루를 갚았다(14) 안동 달력 100부(15) 갬블씨가 보낸 크리스마스 수표 카드 도착(18) 아서는 일꾼들에게 얼음 창고 일을 시켰다(30) 연필(30)	스튜어트사로부터 물건 보냈다는 소식을 받았다(1) 이튼사Eaton's에 주문한 물건들 아이들의 긴 양말, 헨리의 속조끼, 담요 두 장, 아기 신발, 아이들 장갑 도착(5) 스튜어트 상회에서 우유, 설탕, 버터, 포도씨가 들어 있는 상자 세 개가 왔다(7) 두 달 전에 스튜어트상회에 주문한 물건 도착(14)

연월	씨앗과 나무	음식과 요리	생활도구와 의약품	설비와 기계	사회와 제도
12월		레니크 부인이 팝콘과 사탕을 만들어(15) 빵을 굽고, 도넛을 만들고, 수프를 끓였다(19) 크리스마스 사탕을 만들었다(21) 퍼지를 만들고, 크리스마스 사탕을 포장(22) 다진 고기 파이를 만들었다(22) 팝콘, 사탕, 과일(25) 한국 사탕, 팝콘(31)			존슨사에 주문한 물건이 여덟 마리 말에 실려 왔다(22) 식료품 배달 박스 세 개를 풀었다. 건과일, 곡식 등이 있었다(25)
1911년 1월		빵을 굽고(2) 이단 케이크와 빵 여섯 덩이, 통밀 빵 굽는 법 가르치고(6) 사탕과 팝콘(7)		크리스마스 소포(2)	
2월		튀밥으로 사탕(7) 초콜릿 크림(13) 빵 여섯 덩이, 과자와 티케이크(20) 크림을 바른 케이크, 아이스크림(22) 케이크와 초콜릿(27)	키니네(3)	집 설계도, 모기장 도착(16) 램프 조리용 난로(20)	헤일즈사Hales에 보낼 아이들의 주문서를 만들다(15) 스튜어트사에 보낼 주문서 작성(25)
4월	노란 재스민(19)	바라바 생일 케이크(3) 크림 케이크에 빨간 초 네 개, 하얀초 한 개를 꽂아(4) 빵, 롤빵, 과자, 티케이크 구웠다(8)		테이블보 다리고(3)	포세 농원에 주문했던 나무들을 가져왔다(6) 아서는 대구에서 과일나무 한 상자를 갖고 왔다(7) 식전에 나가 과일나무 심을 장소를 정하기 시작했다(8)

연월	씨앗과 나무	음식과 요리	생활도구와 의약품	설비와 기계	사회와 제도
4월					F.S. 밀러 씨가 보낸 우편으로 주신 감자 두 상자를 받았다(9) 밀러 가족이 우편으로 보낸 감자 씨 두 묶음을 받았다(16)
5월	일꾼들에게 모종 심는 법 가르치고, 셀러리, 콜리플라워 등을 모판에 심었다(16)	레몬 파이와 구스베리 타르트 과자 만들고(13) 이스트 만들고(15) 구스베리 파이를 만들어서(25) 뜨거운 우유(27)		방의 스토브(12) 양복을 새 재봉틀로 박기 시작, 다림질하고(15) 아이들을 위해 배나무 아래 해먹을 달아주었다(18) 파리 때문에 모기장을 꺼내 세탁한 다음 쳤다(20) 응접실 난로를 치우고(24)	

이 지역의 왕성한 복음의 수용력은 경상북도 북부 지역의 가파른 교회 설립으로 이어졌다. 각 지역의 세워진 교회를 다니며 교회를 돌보는 조사, 지역을 다니며 성경을 판매하는 권서들에 의해서 교회의 조직은 세밀해졌고 견고해졌다. 오월번의 부인 새디의 경우에서 보듯이 선교사들은 시대의 인습에 얽매이지 않았고, 앞선 문화와 문물로 사람들의 이목을 집중시키기에 충분했다. 이런 모든 것은 이 지역에서 복음이 확장되게 만들었다. 앞에서도 살펴보았듯이 1919년 이전까지 예안 지역의 교회 설립은 지속적으로 이루어졌다. 새로 설립된 교회는

대부분 교회가 먼저 세워진 지역을 방문하다가 자신의 동네에 교회를 세웠다. 이제 막 시작하고 얼마의 시간이 지나지 않았지만 교회는 철저하게 연계되어 있었고 연합 속에 있었음을 알 수 있다.

예안 3·1운동과 이원영의 기독교 수용

1. 예안 지역의 세워진 교회

경안노회가 조직(1921)되고 제2회 경안노회가 안동군 예안면 동부동 만촌(예안)교회에서 회집되었다.[61] 제2회 경안노회가 예안 지역에서 개최되었다는 것은 그만큼 이 지역의 교회가 든든히 서 있고 교세 또한 무시할 수 없다는 것이다. 1918년에 예안교회는 신응한·신택희 두 사람을 장로로 세웠고,[62] 1919년까지 예안교회에서 세례받는 사람의 수는 32명(남자 20명, 여자 12명)이다. 평균 나이는 29세이고, 성씨별로 신씨가 9명으로 가장 많고, 그다음은 김씨와 이씨가 각 5명이고, 권씨가 4명이다.[63] 예안교회 교인 가운데 협동학교와 관련된 이들도 여럿이 있는데 신세균, 신승균, 신임균, 이해동이다. 이들은 모두 1919년 이전에 세례를 받았고 협동학교를 졸업했다. 예안교회의 세례자를 세부적으로 드러내면 〈표 8〉과 같다.

예안교회의 교세는 이런 형태로 확장되었는데 예안 근방에 있던 교회들은 어떤 모습을 가졌는가 하는 것은 1923년 제4회 경안노회 시에 보고된 〈표 9〉의 총계표(교세표, 1922. 6. 1~1923. 5. 31)를 보면 그 대강을

번호	성별	성명	나이	세례 연월일	번호	성별	성명	나이	세례 연월일
1	남	이영근	1	1903.7.13	17	남	김백수	35	1915.3.3
2	여	김라득	14	1906.10.17	18	여	류태길	29	1915.5.26
3	남	이성교	45	1913.11.9	19	여	최진성	14	1915.10.6
4	남	민태규	32	1913.12.9	20	여	김씨	38	1917.11.4
5	남	신응한	35	1913.3.2	21	여	배미산	22	1917.11.4
6	남	신응회	34	1913.3.2	22	남	권한수	44	1917.11.4
7	남	신세균	15	1914.3.6	23	여	권남경	56	1917.11.4
8	남	신응범	29	1914.3.6	24	여	김달이	57	1917.11.4
9	남	김봉영	37	1914.3.6	25	여	권근의	65	1917.2.18
10	남	백성백	38	1914.3.6	26	여	최재남	32	1917.2.18
11	남	신승균	17	1914.3.8	27	남	한귀년	17	1917.2.18
12	남	신임균	14	1915.1.6	28	남	이호균	21	1917.2.8
13	남	이갑원	22	1915.2.27	29	여	오옥치	16	1918.11.10
14	남	신영희	52	1915.2.27	30	남	송성득	22	1918.4.23
15	남	이해동	19	1915.2.27	31	여	신세행	14	1919.2.22
16	여	권순금	19	1915.2.27	32	남	신응민	36	1919.9.21

알 수 있다. 각 지역에 교인합이 백 명이 넘는 교회는 예안교회(117명), 장수골교회(지내, 113명), 내매(너미)교회(347명)다. 이 총계표에서 예안교회를 자세히 살피면 1923년 5월에 예안교회의 세례 교인들은 56명이다. 1919년까지 32명이던 세례 교인이 만세운동이 있고 난 후 56명

교회	장로	세례교인	교인도합	교회	장로	세례교인	교인도합
동교		21	42	마골(마동)	1	39	65
대곡		3	11	도곡		16	35
릭곡		1	15	닉미(천본, 본리)	4	160	347
인계		1	20	거곡(지곡)	2	32	75
만촌(예안)	1	56	117	연당		15	30
후평(북평, 의일)		18	51	옹천		34	94
섬촌		9	39	방하		40	84
온혜		4	8	안홍	1	40	91
장수골(지내)		38	113	록리(녹전)		26	55
석실(석동)		2	36	미경	2	34	105

으로 늘어났으니 75퍼센트의 세례 교인이 증가한 것이다. 3·1운동 이전의 십수 년 동안 세례 교인이 증가한 것보다 3·1운동 이후에 몇 년 동안 훨씬 많은 세례자가 있었던 것이다.

2. 예안의 3·1운동

안동에서 3월 13일의 만세는 이상동 조사의 단독 만세였지만, 예안의 3월 17일 만세시위는 대대적인 만세운동이었다. 예안 장날에 맞추어 일어난 만세운동은 오후 3시 30분경 선성산에 세워진 어대전기념비御大典記念碑를 쓰러뜨리고 만세를 부르는 것으로 시작되었다. 예안의 만세운동이 일어난 배후에는 세 개의 조직에 의해서 비밀리에 진행되었다. 첫 번째는 면사무소를 중심으로 한 면장과 그 직원들이 거사를 준비하였다. 두 번째는 향촌의 조직인데 이는 조수인趙修仁을 중심으로 한 인맥이었다. 세 번째 조직은 예안(만촌)교회 교인들이 중심이된 만세운동 계획이었다.[64] 여기서 만세에 참여한 이들의 면면을 살피면 만촌교회 교인들이 만세운동에 깊이 관련되어 있음을 알 수 있다. 예안면장 신상면申相冕을 중심으로 한 면사무소 직원들의 만세운동 계획에 이미 만촌교회에서 세례를 받은 이광호李洸鎬(1918. 1. 21, 학습세례)가 참여하고 있다.[65] 광무황제 장례식에 참여하고 만세 소식을 가지고와서 교회 중심의 만세운동을 전개한 신응한申應漢(35세)·민태규閔太圭(32세)나 3·1운동에 참여한 신세균申世均(15세)은 모두 만촌교회에서 이미 세례를 받은 교인들이다.[66] 예안에서 일어난 세 갈래의 만세운동에 향촌 조직을 뺀 두 갈래에 교인들이 참여한 것이다.

3월 17일 오후에 어대전기념비를 쓰러뜨리고 시내로 들어와 시장 곳곳에서 만세를 부를 때 경찰수비대가 출동해 주동자들을 체포하고 나머지는 해산시켰다. 저녁 6시경에는 1,500명의 시위대가 주재소 앞에서 만세를 부르고 구금자의 석방을 요구하며 모래, 기왓장, 자갈돌을 던져 유리창을 깨뜨렸다. 일제는 공포탄을 발사하며 다시 25명을 체포하였다. 해산된 군중은 밤을 타고 안동 시내로 들어가 안동의 만세운동에 참여하였다. 3월 22일에 예안에서 또다시 시위가 일어났는데 저녁 7시경에 동부동과 서부동, 선성산에서 만세를 불렀다. 일제 경찰 2명이 시위대에게 체포당하자 수비병 6명이 총을 쏘아 군중을 해산시켰다. 이날 시위자는 약 75명인데, 주동자 3명이 체포되고 13명이

부상을 당하였다.[67]

3. 예안 3·1운동과 이원영

이원영이 소장하고 있던 자료 가운데 「보우설규칙輔友稧規則」이란 소책자를 보면, 이원영은 1915년에 보우설에 가입했다. 보우설의 목적은 "덕망과 의리와 믿음으로 환난에서 서로 구제하며 슬픔과 경사에 돕는 것"이다. 보우설의 목적으로 보면 보우설이 일종의 계契라고 할 수 있을 것이다. 계원의 자격은 "품행이 단정하고 학력이 충분한 20세에서 40세 이하"였고, 이들 거주지는 예안·안동·봉화·의성·청송 등이다.[68] 이 가운데 안동에서 중요한 일에 관여한 이들이 많다.

이를 테면 이중기李中基는 교남교육회 본회 임원이고, 이인호李寅鎬는 예안의 3·1운동에 참여했다. 향산 이만도李晚燾의 손자 이동흠李棟欽은 광복회 군자금 모금으로 국내에서 항일운동을 전개했고, 도산서원 철폐운동 원인 제공자이기도 했다. 이원혁李源赫은 임시정부 군자금 모금으로 체포되었을 뿐만 아니라, 신간회 서기장을 맡았고 광주학생운동 결의문을 발표하기도 했다. 김문식金文植은 협동학교를 졸업했다. 이균호李均鎬는 연합고등 설립 임시회장이었고 류인식과 함께 협동학교 3·1운동 거사를 의논하였다. 류동저柳東著는 조선노동공제회 안동지회 임원이었고, 이규호李奎鎬는 안동 화성회, 사합회 간부, 조선기근구제회 안동응원회 집행위원, 예천 형평사건조사회 준비위원이었다. 류준희柳浚熙는 협동학교를 졸업하고 안동에서 사회노동운동을 전개하였다. 권명섭權命燮은 봉화에서 1919년 3월 독립청원서 배포 혐의로 체포되었고, 김홍기金鴻基는 1919년 파리징시 서명사 날인을 받

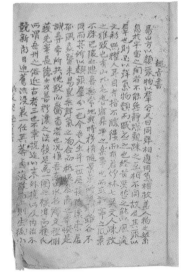

『보우설규칙』(문서번호 000000000520612)

다가 체포되어 형을 살았다.[69] 이원영은 이들과 함께 시대적인 과제를 해결하기 위해 소통하고 있었다.

　이원영은 1919년 3월 17일 예안시장에서 만세운동이 계획되고 있는 것을 잘 알고 있었다. 동생 이원식李源植이 1916년부터 예안공립 보통학교 교사로 근무하고 있었기 때문이고,[70] 이원영의 동생인 이원세李源世와 이원식 모두 3·1운동에 참여했기 때문이다.[71] 가까이 있는 사람들로부터 3월 17일 만세운동이 계획되는 소식을 들었고, 멀리 임북면 정산에 살고 있던 조수인으로부터도 예안 만세운동이 준비되고 있다는 소식을 들었는데, 조수인은 서울에 있는 손병희로부터 3월 8일경에 서울의 만세 소식을 서신으로 받았기 때문이다.[72]

이원영은 3월 17일 예안만세운동 당시 김진휘·이맹호·이회림·조병건·조방인·조사명 동지와 함께 시위대 가장 앞에 서 있었다. 이들이 먼저 군중 6백여 명 앞에서 일제 침략을 규탄하고 만세를 선창하자 모인 남녀노소가 일시에 만세를 불렀고 그 만세 소리가 산천을 진동케했다. 이런 기세로 주재소를 습격할 때 조수인이 곤봉으로 일경을 타격하려다 곤봉을 빼앗기고 오히려 포박되었다. 조수인이 끌려가자 군중 6백여 명이 분기하며 더 거세게 만세를 불렀고, 일경은 당황하며 무작위로 군중들을 포박하려 하였다. 이 틈을 타 이원영과 조병건은 소지하고 있던 소도로 조수인의 포승줄을 끊고 구출시켰다.[73]

이날 저녁 6시부터 군중이 다시 모여 7시경에는 주재소 앞에서 구금된 사람들을 석방하라고 소리를 높였고, 시위대는 돌을 던져 주재소 유리창을 깨뜨리고 주재소 안으로 쳐들어 갔다. 이러자 순사와 수비병이 주재소 안으로 들어와 총을 쏘고 칼로 찔러 수십 명의 부상자가 발생하였다. 이날 이원영과 함께한 이들 중 조수인·조사명·이회림·이맹호가 상처를 입었고 이원영은 이들이 밤늦게 안동의 병원으로 이송될 때 이들을 도왔다.[74] 이원영이 예안의 만세운동에 참여했다가 체포되고 1919년 3월 31일 대구지방 안동지청에서 징역 1년형을 받았다. 바로 다음 날인 4월 1일에 대구로 이감이 결정되었고, 대구복심법원에서 4월 24일에 2심이 열렸다. 2심에서 이원영은 보안법 위반과 소요로 다시 징역 1년형이 확정되었고, 3심은 5월 29일 고등법원에서 있었는데 상고는 기각되고 소요와 보안법 위반으로 1년형에 처해졌다.[75]

4. 투옥과 기독교 수용

이원영은 예안 3·1운동 주동자로 1년형을 받고 서울 서대문형무소에 수감되었다. 이원영이 예안 3·1운동으로 재판을 받을 때 고등법원에서 진술한 내용이 판결문에 기록되어 있는데, 그 판결문을 살펴보면 이원영의 의식과 내면이 어떠한지 알 수 있을 것이다. 다음은 재판을 통해 진술된 이원영의 말이다.

> 나는 내 부모의 자식이다. 부모가 만리타국을 여행한 후 서신도 갑자기 끊어지고 존몰도 알 수 없게 된 지 10여 년에 달하는데 어느 날 어떤 사람이 나에게 전언하여 너의 부모가 살아서 돌아온다고 말하여 진짜인지 거짓인지를 생각할 새도 없이 기쁜 마음으로 아버지 어머니를 부르고 갑자기 놀라서 일어나는 것은 인정상 본래 그런 것이다. 인도의 정의와 세계 인류 중 인자인 사람이 나일 경우에 나와 같이 되지 않을 사람이 있을까. 그렇다면 세계 인류는 나를 위해 협찬 환영하는 것이라고 생각한다. 이런 예와 같이 본 피고인은 대한민족 2천만 분의 1이고 대한을 위해 독립만세를 불러야 한다. 독립이라는 것은 자국의 천부적 권리를 주장하는 것, 만세라는 것은 자국의 영구한 평화를 바란다는 것이다. 법률은 권리의 보호로써 평화의 목적이다. 그런즉, 본 피고인은 법률의 보호에 의해 법률의 목적을 행하고, 법률계에서 생활하는 인류는 나를 위해 협동 찬조해야 하는 것이 아닌가. 우리 한국은 동양의 전 부분이고, 동양은 세계의 반 부분이라면 우리 한국의 평화는, 즉 동양의 평화이고, 동양의 평화는 세계의 평화다. 세계를 위해 예비 축하하는 일은 아무래도 악의가 아니다.[76]

이원영의 변론의 요지는 죽었던 부모가 다시 살아온다면 기뻐하지 않을 사람이 없는 것처럼 패망했던 나라가 독립을 한다는 데 기뻐하고 만세를 부르지 않을 사람이 없다는 것이다. 이 독립을 기뻐해야 하는 것이, 독립은 자국의 천부적인 권리를 주장하는 것이고, 만세라는 것은 자국의 영구한 평화를 바란다는 것이다. 이런 의미에서 만세운동에 참여했는데 법을 위반했다고 수감시키는 것이 아니라 오히려 모두가 축하해야 한다고 자신을 변론했지만 1년형을 받고 수감되었다. 수감된 이원영은 이상동을 통해서 복음을 받아들였다. 이상동은 혁신유림의 입장에서 서점을 통해 마가복음을 구입하고 탐독하다 그의 아들 이운형李運衡과 함께 하나님의 부르심에 자발적으로 응답하고 기독교인이 되었다.[77] 이상동은 개종 후 하인들을 데리고 사는 것이 합당치 않음으로 여기고 하인들을 해방시켰다. 아들 이운형은 노비들을 해방시키고 "기회를 주니 저렇게 똑똑한 자들인데 해를 거듭해서 마당 소제만 시켰구나" 하며 사람의 교육에 대해서 깊이 생각하게 되었다.[78] 이상동은 복음을 받아들이고 1910년 조병우趙秉宇, 안석종安錫鍾과 함께 영양의 포산동교회를 세웠다.[79] 1917년에는 경북노회에서 영덕 지방의 조사로 임명 받았다. 이상동의 조카며느리 허은은 그의 회고록에서 "안동에 기독교가 들어오자마자 댓바람에 믿기 시작했다"라고 이상동이 이른 시기에 개종했음을 알려주고 있고, "당시 문중은 모두가 유림이어서 반대가 극심했다. 도저히 있을 수 없는 일대 변혁이었다"라며 이상동이 개종했을 때 집안의 갈등 상황을 말해 주고 있다.[80]

이상룡은 1911년 만주로 망명하였다. 만주서 활동하던 이상룡이 국내로 들어와 포산에서 포산교회를 돌보며 조사 활동을 하던 동생 이상동을 만났다. 두 형제는 만주와 포산을 오가며 밤늦도록 이야기를 이어갔다. 다시 만주로 돌아간 이상룡은 동생의 집에 머물던 것을 생각하며 시를 지었는데 그 시가 '포산에서 건초 동생의 집에 머물렀던 것을 추억하다'이다.[81]

포산에서 건초 동생의 집에 머물렀던 것을 추억하다

憶葡山寓健初弟

길을 갈 때는 걸음을 함께하고 앉아서는 침상을 함께하면서

行同步屧坐同牀

허물없이 서로 좋아하면서 지낸 것이 어언 사십여 년이 되었네

相好無猜四十强

그대는 포산 땅으로 들어갔는데 멀리 떨어진 절역은 아니며

君入葡山非絶域

나는 항도천이라는 마을로 왔는데 이역 만리 다른 나라이네

我來恒道是他邦

술병이 비어 가고 있거늘 물어보는 사람 하나 없고

瓶罍告罄人無問

경전과 역사에는 의심나는 것이 많거늘 뉘와 함께 의논을 하랴

經史多疑孰與商

동가강[82] 강가를 훨훨 나는 기러기를 그대는 본 적이 있느냐

見否侤佳江上鴈

짝을 지어 함께 잠을 자고 짝을 지어 함께 나네

一雙聯宿一雙翔

이 시는 만주에서 활동하던 이상룡이 든든한 동지를 아쉬워하며 동생과 함께 만주벌판에서 훨훨 나는 기러기같이 활동하고 싶은 마음을 시로 표현한 것이다. 늘 동생을 생각하던 이상룡은 동생의 회갑 때 "내가 듣기로 자네는 야교耶敎(야소교)를 독실이 믿는다고 하니" 하며 남은 생애 동안 건강하게 잘 지내길 바라며 편지를 써 보내기도 하였다.[83]

이상동은 3·1운동으로 1년 6개월형을 받고 서대문형무소에 감금되었다. 이상동이 감옥에 들어왔을 때 모두가 그의 주위에 둘러앉아, 그의 입을 주목할 수밖에 없었다. 이상동이 안동의 유명한 집안의 사람이고, 예수교로의 변신은 너무나 의외의 사건이었기 때문이다. 모두가 이상동의 말에 귀를 기울일 때, 그의 이야기 가운데 가장 긴 여운을 남기는 이야기는 이상동이 서양 귀신들이 가지고 온 야소교를 받아들인 이야기였다.[84] 이야기를 하는 이상동의 마음은 조금도 흔들림이 없었고, 눈은 어두운 감옥 안이지만 빛나고 있었으며, 그의 말은 묵직하고 아주 깊게 다가오는 말이었다. 그가 말을 조금 힘주어 빠르게 말하면 감옥 안에 볕이 확 들어오는 것 같았고, 차디찬 감옥 바닥이 뜨뜻한 구들장으로 변하는 것 같았다. 만세운동으로 감옥에 들어온 사람들의 얼굴은 대부분 적의와 분노와 울분으로 일그러져 있었다. 이원영도 예외는 아니었다. 자신의 나라가 외세를 벗어나 자유 독립을 얻는다는 데 마다하지 않을 사람이 없을 것이다. 그래서 독립을 위해서 만세를 불렀는데 형을 받아 수감되어 모든 자유를 박탈당했기 때문에 그 분함은 극에 달해 있었다. 그런데 삭발을 당하고 어른의 위엄이라 할 수 있는 수염이 잘렸는데도 이상동은 평온했다. 그 평온함 속에서 말한 이상동의 야소교 이야기는 이원영이 아무리 잊으려고 해도 잊을 수 없는 긴

이야기가 되고 말았다.

예안의 진성 이씨 집안에서는 더 이상 전통적인 유학 공부로는 변화된 세상에 적응할 수 있는 인재를 만들어 낼 수 없다는 인식하에 봉성측량강습소와 신식사립학교인 보문의숙을 설립하였다. 근대학교에서 교육을 받으며 이원영은 더 넓은 세계에 대해서 눈을 뜨게 되었고, 신학新學의 필요성을 깊이 인식했을 것이다.[85]

이원영이 태어나기 2년 전인 1884년 11월부터 1886년 12월까지 서류사변庶類事變이 있었는데 이는 도산서원의 원임 소통 문제를 둘러싸고 벌인 적서 간의 분쟁이었다. 서류庶類들이 서원의 원임직을 원했는데, 경주의 진사 이능모李能模가 상소를 올렸고 조정은 이를 허락하였다. 다른 지역에서는 서류들의 서원 원임직을 허락했는데 도산서원이 끝까지 허락하지 않자, 서류들이 몰려와 전현임에 대한 폭력을 행사하고 횃불 시위를 하였다. 이 충돌이 얼마나 피 튀기고 거칠었는지 "강사講舍에 도끼질이 종횡으로 날고, 재사齋舍에는 칼날이 번득이는 지경"이었다.[86]

이원영의 나이 열다섯인 1901년에는 이황의 위패가 도난당하는 묘변廟變이 일어났다. 누군가 퇴계 이황의 위패를 훔쳐서 도망을 간 것이다. 온 나라가 발칵 뒤집혔고 모두가 충격을 받았다. 범인이 잡히지 않아 동기와 원인이 무엇인지 모르지만, 도산서원에 불만을 품은 비양반층의 저항임은 분명하였다.[87]

이원영이 섬촌교회를 세운 후에도 예안군 도산면 양반 지주들은 소작인들이 소작료를 제때 내지 않는다고 매질하기 일쑤였다. 1925년에 소작료를 내지 않는다고 태형을 가함으로써 사회적인 공분을 사게 되었고, 이는 도산서원 폐지운동에 불을 붙이게 되었다.[88] 이원영이 거주하고 있던 도산 지역에서 이런 일이 발생했을 때, 전통의 가치관과 근대 가치관의 공존 속에서 이원영은 갈등을 겪었을 것이다. 이원영 안에서 가치관이 충돌하고 있을 때, 이원영 주변에 새로 세워지고 있는 교회들의 참신함, 무산자들과 남녀를 구분하지 않고 가르치는 교회가 세운 학교들, 많은 교회 사람들이 만세운동에 참여하고 감옥에 와 있는 이 현실이 이원영이 복음을 받아들이기에 더 적합한 여건을 만들었을 것이다.[89]

앞에서도 언급했듯이 이원영은 3·1운동 이전 보우설에 가입하고 활동하였다. 보우설의 상당수의 회원은 애국계몽운동, 3·1운동, 노동운동, 사회주의 운동과 같은 다양한 활동을 전개하였다. 이원영은 3·1만세운동으로 감옥에 투옥되기 이전에는 이들과 같은 길에 있었는데 감옥에 들어온 후에는 나라를 생각하는 마음은 같았지만, 방법은 완전히 달랐다. 섬촌교회를 세우는 일에 전력했고, 일평생 교회의 길을 갔기 때문이다. 이원영이 왜 보우설의 많은 동료가 간 길이 아니라 교회의 길을 선택했는지 자료로는 드러낼 수 없고, 추론만 가능하다.

조심스럽게 추론을 하자면, 이원영은 강자가 약자를 지배하는 구조 속에서는, 사람의 차별과 차등이 있는 사회에서는 그 어떤 선함도 없다고 생각했을 것이다. 성경은 강자와 약자, 차별과 차등, 부림과 억눌림이 없는 세상이 하나님의 나라라고 선포하고 있기 때문이다. 이원영은 하나님의 나라에 참여하는 것이 3·1운동을 완성하는 것이며, 나라를 사랑하는 길이고, 모두를 위하는 길이라 생각했음은 틀림없다. 이원영이 이상동을 통해 신앙을 수용함으로써 유림의 땅에 기독교가 겁

목되는 최상의 조건이 만들어진 것이고, 교회가 언제나 그랬듯이 위기의 순간에 생명을 얻게 된 것이고, 교회를 위한 가장 심원한 뿌리와 가장 견고한 뼈대가 감옥 안에서 준비된 것이다. 이원영과 함께 감옥에서 복음의 받아들인 이들은 이중무李中斌(37세)·이원영(34세)·이운호李雲鎬(28세)·이맹호李孟鎬(26세)다.[90]

섬촌교회 설립 : 『섬촌교회당설립일기』[91]

1. 『섬촌교회당설립일기』의 서지 사항

『섬촌교회당설립일기』의 전체 면수는 26면이고, 종이는 화학 펄프로 만든 권치지卷取紙다. 표지는 괘지가 아닌 종이에 붓글씨로 『섬촌교회당설립일기』로 쓰고 우철로 성책成冊하였다. 안의 글씨는 국한문혼용체, 세로로 초서로 쓴 필사본이다. 안의 용지는 세로로 줄이 처져 있고 용지의 테두리 안쪽, 위쪽, 아래쪽에는 액자 문양을 넣어 좀 돋보이게 하였다. 표지로 사용된 용지 안쪽 면에는 어떤 창립 감사 예배를 드린 예배 순서지가 있는 것으로 보아 예배드리고 난 후에 그 남은 순서지를 사용한 것 같기도 하다. 표지 뒷장은 이원영이 성경공부나 대지 설교를 한 흔적이 있는 이면지를 사용하였다. 전체적으로 오랜 시간을 지나는 동안 책의 종이가 산화되어 모퉁이가 둥글게 되었다.[92]

2. 『섬촌교회당설립일기』에 나오는 이원영의 진술

『섬촌교회당설립일기』의 첫 부분에는 유생이던 이원영이 하나님의

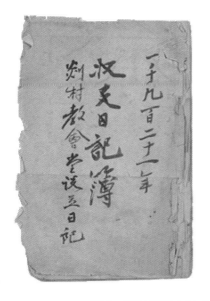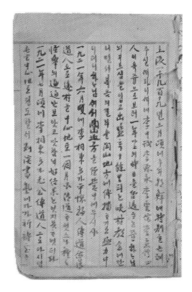

『섬촌교회당설립일기』(문서번호 000000000520615)

사람이 되었음을 너무나 분명하게 드러내며 시작하는데, 그 첫 마디는
다음과 같다.

> 주후主後 1919년 3월경에 우리 조선에 특별한 은혜 주실 때라, 이때에 이
> 중무, 이원영, 이운호, 이맹호 4인이 옥중으로부터 1년 이상의 시일을 경
> 과하는 중 하나님의 부르심을 입고 출옥 후 십여 리 되는 만촌교회에 단
> (다)니면서 복음의 진리를 도산 지방에 전파하기로 극력 중이더니 하나님
> 께서 도산지방을 경영經營 중에 두시사[93]

이인영은 3 · 1운동이 일어난 것, 만세운동에 휩쓸린 것, 감옥에서의

수감 생활, 수감 생활 중 기독교 수용의 전 과정을 하나님의 은혜로 여겼고, 이 전 과정을 '조선에 특별한 은혜 주신 때'로 받아들였다. 이원영이 이렇게 진술한 것은 3·1운동이 일어난 것, 만세운동에 참여한 것, 감옥 생활 중에 하나님의 부르심을 받은 것 모두가 하나님의 특별한 은혜라고 여길 때만이 가능한 진술이다.

이런 특별한 은혜를 입고 하나님의 부르심에 응답해 자신의 동네에 전도하기 위해 전력을 다했는데 결과는 나타나지 않았다. 이럴 때 "하나님께서 도산지방을 경영 중에 두시사"[94] 먼 거리에 있던 평양부인전도회가 안동 지방에 전도하러 내려왔고, 이상동은 이 전도부인들을 다른 곳이 아니라 원촌으로 데려왔고, 원촌을 중심으로 전도한 결과가 교회 세우는 것으로 나타났다. 이원영은 하나님이 모든 일에 관여하시고 이끌어 가신다고 받아들였기에 "하나님께서 도산지방을 경영 중에 두시사" 하며 기록하고 있다.

『섬촌교회당설립일기』 마지막 부분에 이르러서는 문중의 수많은 반대와 수차례 교회가 피해를 입으면서 교회를 세우고 났을 때 더 성숙해진 이원영의 신앙의 내면을 볼 수 있다. 이원영이 그 많은 마찰과 충돌 속에 교회를 세우고 나서 성부와 성자와 성신께 감사 기도를 드리는 것으로 끝을 맺고 있는데 그 내용은 다음과 같다.

> 하나님의 권능과 뜻대로 미리 정하신 것을 이루었사오니 주께서 저희의 곤갈함을 감하여 보옵시고 성신의 날카로운 검으로 굳은 마음들을 깨트리시고 성자의 사랑하는 음성으로 그 마음 문들을 두르려 열게 하사 하나님의 생명의 말씀을 받아들이게 하시옵소서.[95]

이원영이 만세운동으로 체포되고 법정에서 진술한 말들은 "독립이라는 것은 자국의 천부적 권리를 주장하는 것"이나 "만세라는 것은 자국의 영구한 평화를 바란다는 것" 이런 진술들이다. 그런데 출옥 후 "우리 조선에 특별한 은혜 주실 때"나 "하나님께서 도산지방을 경영중에 두시사"나 "하나님의 권능과 뜻대로 미리 정하신 것을 이루었사오니"는 너무나 다른 진술이라 할 수 있다. 감옥에서 철저한 회심과 그 회심을 바탕으로 한 결단이 이런 고백을 하게 했고, 그 회심과 결단은 섬촌교회를 세우는 것으로 나타났다.

3. 『섬촌교회당설립일기』에 나타난 교회 설립과 갈등

이원영은 1920년 3월 18일에 서대문형무소에서 출옥하고 원촌에서 10여 리 거리에 있는 만촌교회를 다녔다. 이원영은 만촌교회를 다니는 한편 원촌동과 의촌동에 복음을 전하기 위해 전력을 다하였다. 1921년 6월경에는 이상동이 평양여전도회와 함께 원촌을 중심으로 한 달 동안 복음을 전했다. 하지만 전도의 결과는 나타나지 않았고 종종 괴이한 일을 한다고 핍박만 받았다. 이상동은 그해 7월에 다시 섬촌을 중심으로 전도하였는데, 그 동네 섬계서숙剡溪書塾에 기도실을 마련할 수 있는 정도가 되었다. 여러 주일을 섬계서숙에서 예배드렸는데, 이 서숙도 마을 공동의 소유이기 때문에 여기저기서 말이 많았다. 마을 사람들의 마음을 얻어야 전도가 되는데 주민들의 말이 많아서는 안 될 일이기에 기도실을 이중무의 집으로 옮기게 되었다. 이중무의 집에 모이는 사람들이 점점 많아져 개인 가정이 모이는 인원을 다 수용하기가 불가능했다. 1921년 9월경에도 이상동의 전도는 계속되었고, 이중무의 가정 교회로 모이는 사람들이 더 많아졌다.

이참에 예배당을 건축할 마음을 먹었고 모여든 교인들은 건축 연보를 하기 시작하였다.[96] 교인들이 자발적으로 헌금을 시작하자 노회에서도 교회 건립을 도왔는데 이전에 단사에 있던 단사회당을 방매하고 방매금 15엔을 보조해 주었다.[97] 1921년 10월에 초옥 5칸을 사들여 예배당으로 삼으려고 했는데, 집의 구조가 교회로 부적합하고 터도 불신자의 터여서 또다시 다른 장소를 물색해야 할 처지가 되고 말았다. 그러니 1921년 한 해 동안 교회를 7월에는 섬계서숙, 9월에는 이중무 집, 10월에는 초옥 5칸으로 옮기는 힘겨운 해였다. 1922년 3월 27일에 이맹호의 의촌동 334번지에 교회를 세우기로 하고 건축공사에 들어갔다. 같은 달 31일에 입주상량을 하고, 4월 1일에 서까래를 걸치고 거의 모양을 이루었는데, 동서로 3칸, 한 칸이 2m 25cm다. 남북으로 2칸, 한 칸은 2m다.

이원영과 함께 기독교를 수용하고 출옥한 이들이 섬촌교회를 세울 때 도움을 준 사람과 교회가 있었다. 이원영을 회심시킨 이상동은 유림의 터전인 도산 지역을 전도하는 것이야말로, 안동 선교의 새로운 장을 연다는 확신으로 팔을 걷어붙이고 이 일에 매달렸다.[98] 1922년 3월에 섬촌 334번지 이맹호의 터에 교회를 세울 때 섬촌노동야학 학생들이 모두 나와서 달구질로 땅을 다졌다.

이 섬촌노동야학은 이원영과 함께 감옥에서 출옥한 이들이 세운 그 지역의 배움의 기회를 얻지 못한 이들을 위한 배움의 장이었다. 이런 기초적인 작업이 있고 나서 1922년 5월 15일에는 만촌교회의 교인 10인이 교회의 일을 돕기 위해서 왔다. 당시 만촌교회는 3·1운동에 전

섬촌교회 설립 당시

(출처 : *BROADCASTS SENT OUT BY NINE STATIONS OF KOREA*)

교회적 참여로 지역에서 신망이 높았고, 6월에 있을 제2회 경안노회를 개최하기 위해서 열심히 준비하고 있었다. 만촌교회만이 아니라 북평(의일)교회도 5월 18일에 교인 5인을 보내서 섬촌교회의 설립을 도왔다. 5월 19일에는 온혜교회에서 3명, 만촌교회에서 5명이 섬촌교회를 세우는 데 팔을 걷어붙였다. 이들 교회가 서로 협력할 수 있었던 것은 교인이라는 동질감이 가장 근원적인 이유였지만 한 조사의 돌봄으로 자라고 있었던 교회였기 때문이다.[99]

1921년 7월 섬계서숙에서 주일예배를 드릴 때, 섬계서숙이 공용 장소인데 교회가 사용하는 것이 불가하다는 것은 아주 점잖은 의사표현이라 할 수 있다. 본격적인 마찰은 1922년 4월 4일에 일어났다. 우여곡절 끝에 교회가 거의 모양을 갖춰 갈 때 이원영·이중무·이운호·이맹호는 문중의 어른 30여 인이 모인 자리에 불려갔다. 마을 어른들이 이들을 호출한 이유는 예수교는 서양의 사학이라고 131년 전부터 시사단비에 새겨져 있으니 예수교당이 도산서원과 시사단비는 함께할 수 없다는 것이다. 이에 대해서 이원영과 교회 사람들은 예수교가 조선에 들어온 지 38년밖에 안 됐고 비문의 기록은 131년이나 되었으니, 비문의 사학 지칭이 예수교가 아니라 천주교라고 대답했다. 그럼에도 불구하고 마을 사람들은 억설抑說과 봉염鋒炎[100]을 계속 늘여놓았고 목수일을 방해하였다. 이런 갈등이 제1회 대문회까지 이어졌다.

교회와 마을 사람들이 교회 설립을 두고 마찰이 일어날 때 교회 세우는 데 앞장서고 고난을 함께하며 교회에 출석했던 사람들이 섬촌교회의 「생명록生命錄」에 기록되어 있다. 「생명록」은 섬촌교회 출석부라 할 수 있는데, 생명록에는 이중무·이운호·이개호李盖鎬·김화영金華泳·이원영·김해성金海成·김석봉金石鳳·윤목석尹睦錫·김동은金東殷·이원식·이영호李英鎬·이맹호의 이름이 기록되어 있다. 이들 가운데 지금까지 밝혀진 바로는 열두 명 가운데 이중무·이운호·김화영·이원영·이원식·이맹호 여섯 명이 3·1운동에 참여했다. 이런 사람들이 교회 측이 되고 문회가 또 한편을 이루어 충돌이 계속되었다.

1922년 5월 9일에 도산서원에서 전임 이중정의 명령으로 향인이 모이라고 했지만, 향인이 모이지 않아 향회가 이뤄지지 않자, 제2회 대문회를 소집했고 회집 인원은 50~60여 명이었다. 연 3일 동안 대문회로 모여 교회의 문제를 어떻게 할까 의논했는데, 예배당을 부수자는 사람도 있었고, 교회 다니는 사람 중에 가족이나 친척이 먼저 교회를 부수는 일을 시작하자고 제안하는 이들도 있었다. 이유인즉, 가족이나 친척이 교회를 부수면 친족 관계인 고로 교회 측도 어쩔 수 없을 것이고, 친족을 어떻게 할 수 없기 때문에 다른 사람들은 다 무사하게 된다는 것이다.

이렇게 교회와의 갈등이 증폭될 때 1922년 6월 14일 제4차 대문회
로 시사단에서 모였다. 대문회가 모인 이유는 지난번 대문회 때 교회
의 이전 건을 다루었는데, 아직 교회가 이전하지 않았기 때문이다. 대
문회 이튿날(15일)에 마을 사람들이 "어찌해서 아직도 교회를 옮기지
않는가" 하고 따져 물었을 때 교회 측 사람들은 "교회를 옮기는 것이
밥 짓듯 용이할 수 없다"고 응답했고, "이 교회는 경안노회의 소속인
데 지금 노회가 가까운 만촌교회에서 열리고 있으니 거기 가서 물어보
라"고 했다.

양측이 팽팽한 접전을 보이다가 마을 사람들이 "혈기를 선봉으로
삼고 최후의 수단을 실시"했다. 마을 사람들이 몽둥이로 교회의 문과
벽을 파손해서 70여 엔의 피해를 내고 말았다. 교회가 부서지는 일이
있자, 이 일을 만촌교회에서 노회로 모이고 있던 노회원들이 알게 되
었고 몇 사람이 주재소에 가서 신고하고 말았다. 그러자 이기호李耆鎬
를 중심으로 한 마을 사람들도 그 마을의 유지이고 존경받는 이충호李
忠鎬를 주재소로 가 자수하게 했다.

교회가 파손되어 신고가 되니 6월 18일에 안동경찰서의 경부가 도
산주재소로 파견되어 두 측을 불러 경위를 듣고 양측이 서로 화해하기
를 권유하였다. 이때 경찰서 측에서 25엔가량의 손해가 있었고, 이것
만 배상하면 교회를 옮기기로 약속이 되어 있다고 출두한 권찬영權燦
永(Rev. J. Y. Crothers) 선교사에게 말했다. 그러자 권찬영 선교사는 교회
의 이전과 배상의 문제는 교인들이 결정할 바가 아니고 경안노회가 결
정한다고 대답했다.

이 일이 있고 6월 22일에 이중무·이원영이 안동경찰서로 초출을 받

고 출두하니 마을 사람들 측에서도 이충호와 이기호가 출두해 있었다. 권찬영이 교회를 "원래대로 복원해 주면 화해가 될 것이고 파괴한 사람들이 징역 살기를 원하지 않는다" 하자, 서장은 "예배당에 문패를 붙이지 않았으니 집이 아니라"고 했다. 이렇게 함은 선교사의 간섭을 끊고자 함이었다. 그러자 권찬영이 "개인의 집이든 무슨 집이든 무고히 파괴해도 죄가 없단 말인가" 하고 물었을 때 서장은 "기관이든 개인의 집이든 죄의 형량에 상관이 있지 아예 없는 것은 아니라" 했다. 세 시간을 경찰서에서 보냈지만, 문제는 해결되지 않았다.

1922년 7월 7일에 제5회로 계남에서 대문회가 모였다. 이 문회에서는 교회를 이전시키고자 물리적인 힘을 행사할 수 있는 사람들의 명단까지 작성했다. 7월 23일에 권찬영이 섬촌교회에 도착했고 교회의 상황을 확인하고 이충호에게 편지를 보냈다. 그 편지의 내용은 "교회 측에서는 아직까지 고소를 하지 않았으니, 화해하기를 바라는 바인데, 마을 사람들은 어떤 생각인지 답변을 달라"고 편지했다. 그러자 이충호가 편지를 보내 "교인 4명이 지은 집에 대해서 귀자는 월권이라 상관할 것이 없다"며 권찬영의 편지를 아주 못마땅하게 생각하였다.

사태가 이렇게 되자 권찬영은 부득이 고소하기로 하고, 8월 2일에 소장을 제출하였다. 피고는 주동이 된 이선구·이중정·이기호였다. 1922년 8월 4일에 제6회 대문회가 시사단에서 회집되었을 때 교인 가족 중 이운호의 조부와 이원영의 백씨가 한자리에 불려 나왔다. 불법의 말들이 백지풍파白地風波를 일으켰고 무수한 주먹다짐이 일어났다. 관할 주재소가 이를 접하고 교회 이전 문제는 사건이 해결될 때까지 착수 엄금을 명했다. 사태가 조금도 진전이 없을 때 권찬영이 총회 참

섬촌교회 설립 당시 권찬영 선교사가 도산서원을 방문했을 때 찍은 것이라고 추정되는 사진이며, 도산서원 사진 중 최초의 사진일 수 있다.

석(1922년 9월)차 경성에 가서 총독부까지 교섭한 결과 안동구재판소 검사가 마을 사람들을 설득하고 마을 사람들이 80여 엔의 손해를 배상하고 예배당은 원지에 원상태로 말끔히 회복되었다.[101] 갈등과 충돌 속에 교회가 세워지자 이원영은 성부와 성자와 성신께 감사기도를 올렸다.

4. 섬촌교회의 「생명록」

감옥에서 기독교를 수용하고 출옥한 이들과 함께 어렵게 섬촌교회를 세운 이들의 명단이 「생명록」에 기록되어 있다. 「생명록」은 섬촌교회의 출석부로 1921년에 출석부를 만들었고 5월 15일부터 예배 참석 여부가 기록되어 있다. 「생명록」에 있는 이름은 이중무·이운호·이개호·김화영·이원영·김해성·김석봉·윤목석·김동은·이원식·이영호·이맹호 모두 열두 명이다.

이중무는 1883년 5월에 의촌동 349번지에서 태어났다. 예안의 3·1운동에 참여하였고, 출옥 후에는 이원영과 함께 섬촌교회를 설립하였다. 1923년 제4회 경안노회 시에 보고된 총계표에는 섬촌교회 세례 교인 9명, 전체 교인 39명의 교세를 가지고 있다고 보고되고 있다.[102] 섬촌교회에서 중심 역할을 하였던 이원영이 1926년 평양장로회신학교에 입학하고, 섬촌을 떠나 있는 동안 섬촌교회의 중심 역할을 했던 이는 이중무다. 이중무는 1927년에 경안노회에서 섬촌, 동교, 인계, 태곡, 금수천, 도곡, 정모 이상 7처의 조사로 임명받았다.[103] 1937년 총계표에 섬촌교회 조사는 이중무, 영수는 2명, 세례 교인은 15명, 교인 전체는 39명으로 보고되고 있다. 이중무는 1939년까지 섬촌교회를 섬기다 그해에 국곡교회의 조사로 이동되었다. 1940년 노회 보고서에는 "섬촌교회의 종을 매각한 대금 일금 25원은 중평교회 건축금에 대여했다가 섬촌교회가 다시 설치 시에 할부하여 달라는 청원은 임사부로 보낼 일이오며"[104] 하며 섬촌교회의 마지막을 알려주고 있다.

이중무는 섬촌에서 교회를 지키려다 말로 다할 수 없는 수모와 핍박을 받았고, 때로는 멍석말이를 당할 때도 있었다. 이를 지켜보던 형 이중민李中玟이 동생 이중무에게 섬촌을 떠나 살기를 간곡히 원했고, 이중무는 섬촌을 떠날 수밖에 없었다. 동생이 타지로 떠나자 이중민은 한겨울에도 감자며 쌀이며 생활용품을 이고지고 낙동강을 건너 멀리

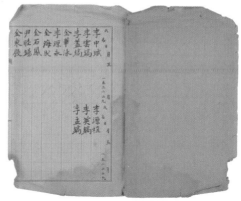

「생명록」(문서번호 000000000520614)

장수까지 전해 주었다.[105] 그의 마지막 사역은 영주 장수 성곡교회에서 마지막 불꽃을 사르며 하나님의 품으로 돌아갔다.

이운호는 1893년 도산 의촌에서 이중섭李中燮의 맏아들로 태어났다.[106] 집안에서 세운 보문의숙를 졸업하고, 향촌에서 청년운동을 하던 중, 3·1운동에 참여하였다. 3·1운동으로 옥고를 치렀고, 출옥 후에는 감옥에서 복음을 받아들인 이들과 함께 섬촌교회를 세웠다. 1921년 7월 조선노동공제회 안동지회가 설립될 때 이운호는 안동지회 간사였다.[107] 1923년 민립대학을 설립하려 했을 때 유인식, 이승걸, 김진윤, 권영경과 함께 발기인이었다.[108] 1925년에는 사회주의자들의 단체인 사합동맹에 참여하기도 하였다.[109]

이원식은 이원영의 막냇동생이다. 이원식은 7세부터 시작해 11년 동안 가정에서 한학을 수학했다. 그 후 1911년 3월에 대구 사립 협성중학교를 졸업하고, 그해 4일에 경주 남명학교 교사로 교편을 잡았다. 1916년 1월부터 예안공립보통학교에서 근무하다 3·1운동 참여로 1개월간 구속되었다. 이원식이 구속되어 있을 때 예안공립보통학교의 일본인 교장이 경찰서를 찾아와 각서를 쓰고 석방될 수 있었다. 석방되었지만 사상이 불온하다는 이유로 늘 감시 대상이었고, 교사 평가에서 나쁜 점수를 받고 학교에서 퇴출당하였다. 퇴출당한 다음 날부터는 고등계 형사가 매일 이원식을 감시하고 어렵게 하였다. 이원식은 1940년 신사참배 반대로 일제 경찰의 핍박을 받아 만주 봉천으로 피난하였고, 아이들은 서탑재만국민학교를 다녔다. 만주에서 생활하다 풍토병을 얻어 더 이상 만주에서 생활할 수 없어서 안강서 약방을 하던 맏아들 집에서 치료하였고, 치료 후에는 장로로 교회를 섬겼다. 해방 후에 교직에 몸담고 있다가 교장임으로 퇴임 후, 1976년에 하나님의 품으로 돌아갔다.[110]

김화영은 단천동에 거주하며 도기 판매상을 하다 3·1운동에 참여하였다.[111] 예안 3·1운동 당시 일군에 의해서 사람들이 결박당하였을 때, 김화영은 소도小刀로 동지들의 결박을 모조리 끊어 버렸다. 일군과 대치하다 일군의 군도에 왼쪽 어깨를 다쳐 결박당하였지만 완력腕力으로 결박을 끊고 신장균의 집으로 피신하였다. 결국은 체포당하였고 2년형을 받고 대구형무소에 복역하다 일제의 황태자의 결혼으로 감형되어 1년 1개월을 복역하다 출옥하였다. 각처를 다니며 교회를 세우는 데 기여하다 영양에서 하나님의 부르심을 받았다.[112]

이맹호는 향리에서 유학을 공부했다. 예안의 3·1운동 이전에 김원진·송기식·강대극과 자주 만났고, 3·1운동 직전에는 예안의 이광호와 만세운동에 대해서 의논하였다. 만세 과정에서 조수인·조사명·이

회림·이맹호가 수비병의 총검에 찔러 상처를 입었다. 이맹호는 3·1운동으로 1년형을 받았다.[113] 출옥 후 이맹호는 문회와 마찰 속에 섬촌교회를 세울 때 자기 소유 334번지에 교회를 세울 수 있도록 하였다.[114] 일제의 감시 때문에 방방곳곳을 떠돌다가 그의 마지막 이 땅에서의 거처는 영월 상동 구래산이 되었다.[115]

「생명록」에 기록된 한 사람 한 사람의 행적을 다 살펴야 하지만, 자료의 한계와 필자의 개인적 사정으로 더 자세한 조사와 연구는 다음으로 남긴다. 전통적인 가치관이 지배하고 있던 곳에서 기독교를 수용하고 새로운 길, 새로운 가치, 새로운 의미를 만들어 냈던 이들의 행적은 글로 다 담아낼 수 없는 울림이 있는 것이다.

섬촌교회 설립의 의미

도산 지역의 중심은 퇴계 이황이 학문을 가르쳤던 도산서당이라 할 수 있다. 이황이 관직을 멀리하며 이곳에서 후학을 가르치며, 가르침을 받은 이들이 올바른 선비정신으로 나라를 새롭게 하기를 원했다. 이황이 깊은 뜻을 품고 올바른 선비를 기르기 위해 애를 썼을 때 많은 이들이 그의 가르침을 받았고, 도산서원을 중심으로 한 영남 남인계의 큰 학파를 형성하였다. 도산서원이 선량한 선비를 배출하는 순기능의 역할을 잘 감당해 나갔을 때 도산서원은 "우리 동방의 궐리厥里며, 우리 영남의 창주서원滄洲書院이다. 전장典章과 문물의 표준이 여기에 있고, 제도의 법례가 여기에서 생성된다"는 찬사를 받았다. 궐리는 공자가 자란 마을이고, 창주서원은 주자가 설립한 서원이다. 학문과 문물의 표준이 도산서원이고, 제도와 법례가 도산서원에서 시작된다는 말은 극찬에 가깝다.[116] 도산서원이 이런 위치에 있을 때 정조는 영남의 선량들을 조정에 등용시키려고 도산별시를 치르게 했다. 도산서원은 특별한 서원이었고, 서원 중 으뜸 서원이었기에 가능했다.

하지만 이원영이 살던 시대의 도산서원과 이 지역은 앞에서 살펴본 것처럼 전근대적인 것들에 고착되어 있었다. 도산서원에 소속된 노비가 19세기 초에 4천 구口(명)를 넘었고 19세기 전반기에는 줄어들기는 했지만 1천6백여 구나 되었다.[117] 신분의 차별이 있었다. 이런 것만이 아니라 도산서원 안에서 글을 배울 수 있는 사람이 있었고 출입 자체가 금지된 사람들도 있었다. 여성들은 출입 자체가 금지되었다.[118] 도산서원이 이런 가치를 붙잡고 있던 1925년에 소작료를 제때 내지 못한 이들에게 태형을 가한 사건이 일어났다. 이에 분노한 안동의 사회주의 단체인 화성회에서 경고문을 보냈는데도 아무런 조치나 개선의 기미가 보이지 않았다. 그러자 화성회에서 집행위원회를 열고 "도산서원은 사회에 해독을 끼칠 뿐이요 아무 존재할 가치가 없음으로 철폐운동에 착수하기로" 결의했다.[119] 이들이 이 문제를 얼마나 심각하게 받아들였는지 결의사항 중 도산서원의 정체正體를 분명히 하기 위해 도산서원陶山書院을 도산서원盜産棲猿(도둑을 낳고 원숭이가 사는 곳)으로, 원장院長을 원장猿長(원숭이의 우두머리)으로, 제임齊任을 재임災任(재앙을 맡은 이)으로 정정해서 성토문을 작성할 것을 결의했다.[120] 안동에서 도산서원의 문제가 한창 달아오를 때 이 문제가 연일 신문지상에 오르내렸고, 전국 각지에서 도산서원 철폐운동이 들불처럼 일어났다.

이원영은 이런 구습과 전근대적인 문제를 교회를 통해서 해결하려 하였다. 이원영은 인생은 누구나 평등하다는 생각으로 양반, 노비, 여성, 무산자 모두를 위한 야학을 섬촌교회 안에 설립하였다. 그러자 그 마을의 양반들은 "상놈의 자식이 글을 알게 되면 양반에게 복종을 아니하여 양반 세력이 없어질 터이니 미리 예방하는 것이 상책"이라며 섬촌교회 야학을 없애 버렸다.[121] 이런 향촌사회에서 이원영은 평등이 없는 곳에 교회를 세워 세상을 평등하게 하려 했고, 차별과 구분이 있던 곳에 교회를 세워 차별과 구분의 견고한 벽을 허물려 했다.

배울 수 없는 이들을 위해 섬촌교회가 야학을 개설하고 가르친 것이 너무 의미가 있어 교회에서는 매해 섬촌노동야학 창립일에 기념식을 거행하였다. 1925년 12월 10일자 『조선일보朝鮮日報』에 「섬촌노동야학 오주년 기념식」이란 기사가 있는데, 여기에 기념식 식순이 보고되고 있다. 식순은 개식사, 학생 일동 창가, 연혁 보고, 축사와 감상담, 학생 일동 노동가 합창, 노동야학 만세 삼창 후 폐회한다. 기념식을 마친 후에는 간단한 여흥이 있었고, 섬촌노동야학의 교원은 이동춘, 이태호, 이지호라고 밝히고 있다. 이 식순에서 눈여겨 봐야 할 것은 '학생 일동의 창가'나 '학생 일동 노동가 합창'이나 폐회 후에 '간단한 여흥'과 같은 것들이다. 이를 통해 알 수 있는 것은 섬촌교회가 야학을 개설하고 학생들을 가르칠 때 가르침만 있었던 것이 아니라, 근대 신문화를 함께 공유했다는 것이다. 섬촌교회를 통한 이런 신문화의 보급은 사소한 것 같아도 새로운 문화의 이식과 함께 문화를 공유하며 이상적 공동체를 지향했다는 점에서 결코 작은 일이 아니다. 이전의 이 지역은 수직적인 관계가 앞서서 아랫사람은 자기 소리를 낼 수 없었고, 남녀의 구별이 너무나 분명해서 그 구별은 차별로 고착되었던 사회였다. 섬촌교회를 통한 노동야학의 시작은 수직적인 문화를 걷어내었고, 차별의 벽을 넘어가고 있었다.

이원영은 공정하지 않던 세상에 공정을, 정의롭지 못한 세상에 정의를, 평화롭지 못한 세상에 갈등과 마찰이 없는 평화의 세상을 이루려고 했다. 이것을 이루는 것이 이원영 자신이 아니고, 세상의 그 어떤 사상이나, 제도가 아니라 하나님의 나라가 이루어지면 가능하다고 확신했다. 이원영은 나라의 주권을 빼앗겼음에도 무기력만 넘쳐나고, 해결해야 할 무거운 짐 앞에서 모두가 길을 찾고 있을 때 하나님의 부르심에서 길을 찾았고, 하나님의 나라를 세우는 것이 자신이 살 길이고 나라가 살 길이고 모두가 살 길이라 생각하고 여기에 겸손하게 응답했다. 이원영은 그 후 하나님의 나라를 허물어뜨리는 가장 근원적인 것이 일제가 강요하는 신사참배라 여기며 이것에 처절하게 저항하였고 끝내는 승리했다. 이원영의 몸은 가둘 수 있었지만, 이원영의 하나님의 나라를 위한 신앙은 가둘 수 없었기 때문이다. 이원영은 하나님의 부르심에 응답해 하나님의 나라를 세우는 것이 이 땅의 나라를 사랑하는 최선의 방법이라 여기며 일평생 그 길을 갔고, 오늘 우리에게 산 순교자로 남아 있다.

맺음말

베어드 선교사의 첫 안동 방문 이후 안동은 기독교의 관점으로 말해

지기 시작했고, 교인이 아주 가파르게 늘어나고 교회가 세워졌다. 내한선교부는 1909년에 안동선교부를 설치하고, 선교 활동을 활발하게 전개하였다. 이들 선교사들과 함께 이 지역의 조사와 권서는 각 지역을 다니며 교회를 더 견고하게 만들었고, 이전의 유학이 가지고 있던 한계와 공백을 메우기 시작했다. 안동의 첫 선교사 오월빈의 부인인 새디가 안동에서 생활하며 선보인 앞선 문물과 생활방식은 여성들의 마음을 여는 데 크게 기여했다.

이렇게 잘 갖추어진 조직, 기독교를 먼저 수용한 조사와 권서들의 열심, 오월빈의 부인인 새디에게서 보듯이 앞선 문물과 문화가 있을 때 여러 지역에서 교회가 연이어 세워졌다. 유학의 근원지라 할 수 있는 예안 지역에도 많은 교회들이 세워졌으며, 이들 교회는 3·1운동에 참여하였다. 교회가 예안 지역에 뿌리 내리고 있을 때, 이원영은 향촌에 머물며 봉성측량강습소와 보문의숙을 졸업했다. 이원영이 역사의 전면에 등장한 것은 예안 3·1만세운동 때문이다. 이원영이 3·1운동의 참여로 수감되고, 수감 중에 하나님의 부르심을 받고 하나님의 사람이 되었다. 유생 이원영이 하나님의 사람 이원영으로 변화되는 과정에는 3·1운동의 참여와 수감 생활이 자리하고 있다. 이원영이 3·1운동에 참여하고, 감옥에 수감되고 감옥에서 이상동을 통해서 기독교를 수용하는 전 과정은 하나님의 선택하심이라 할 수 있고, 하나님이 은혜를 주신 것으로 받아들일 수 있다. 이원영이 유생의 옷을 벗고 기독교 안으로 들어와 하나님의 관점으로 모든 것을 재해석했을 때, 하나님의 나라를 세우며 사는 것이 그의 독립운동의 완성이고, 자신을 부르신 하나님께 충성하는 길이었다. 이원영의 구체적인 신앙의 결단이 섬촌교회를 세우는 것으로 나타났는데, 이 과정을『섬촌교회당설립일기』를 중심으로 살펴봤다. 무너진 나라, 시대적인 과제 앞에서 신앙을 갖고 온갖 어려운 여건 속에서도 하나님의 나라를 세웠던 이영원은, 같은 상황 속에서 하나님의 나라를 바라는 우리 모두에게 큰 의미로 다가오고 있다.

참고문헌

「輔友楔規則」, 한국국학진흥원 소장.

「生命錄」, 한국국학진흥원 소장.

『剡村教會堂設立日記』, 한국국학진흥원 소장.

「예안교회 교적부」.

『오대교회연보기』, 한국국학진흥원 소장.

「이원식의 장례예배 순서지」.

『眞城 李氏 宜仁派 族譜』.

「1910년 선교사 연례보고서」.

「1911년 선교사 연례보고서」.

Presbyterian Church in the U. S. A, Minutes and Reports of Annual Meeting of the Korea Mission 1910.

경북노회, 「제2회 경북노회 임시노회록」, 1917.

_____, 「제2회 경북노회록」, 1917.

_____, 「제4회 경북노회록」, 1918.

_____, 「제6회 경북노회록」, 1919.

_____, 「제7회 경북노회록」, 1920.

_____, 「제8회 경북노회록」, 1920.

_____, 「제9회 경북노회록」, 1921.

경상노회, 「제1회 경상노회록」, 1911,

_____, 「제2회 경상노회록」, 1912.

_____, 「제3회 경상노회록」, 1912.

_____, 「제5회 경상노회록」, 1912.

_____, 「제6회 경상노회록」, 1913.

_____, 「제7회 경상노회록」, 1913.

_____, 「제8회 경상노회록」, 1914.

_____, 「제9회 경상노회록」, 1914.

_____, 「제10회 경상노회록」, 1915.

_____, 「제12회 경상노회록」, 1916.

경안노회, 「제2회 경안노회록」, 1922.

_____, 「제3회 경안노회록」, 1923.

_____, 「제4회 경안노회록」, 1923.

_____, 「제12회 경안노회록」, 1927.

_____, 「제24회 경안노회록」, 1933.

_____, 「제35회 경안노회록」, 1940.

예수교장로회총회, 「제12회 조선예수교장로회총회록」, 1923.

강정구, 「경상북도 북부 지역 3·1만세운동-지역교회를 중심으로」, 『삼일운동과 장로교

회』, 대한예수교장로회총회역사위원회및삼일운동백주년기념사업회, 2019.

_____, 「경상북도 북부 지역 장로교 조사(교역자), 장로 권수백(權秀伯)의 사역(1902~

1941) 연구」, 장로회신학대학교, 2014.

_____, 「복음의 시작, 교회의 시작」, 『안동교회 111년사』, 안동교회, 2022, 간행 예정.

金乙東, 『安東版獨立史』, 명문사, 1985.

김희곤,『사회주의 항일 투쟁기 안상길』, 역사공간, 2016.

_____,『안동 사람들의 항일 투쟁』, 지식산업사, 2007.

류대영·옥성득·이만열,『대한성서공회사』2, 성인문화사, 1994.

류시중·박병원·김희곤,『국역 고등경찰요사』, 선인, 2009.

이상근,「권서가 초기 한국 개신교에 미친 영향」, 영남신학대학교, 2004.

이상룡,『石洲遺稿』상, 경인문화사, 2008.

이인숙·이덕화,『백광일기』, 한국장로교출판사, 2006.

이정순,『퇴계 후손 이원영 목사 믿음의 유산』, 경북p&p, 2021.

임희국,『선비목사 이원영』, 조이웍스, 2014.

정진영,「도산서원, 또 하나의 하늘」,『도산서원을 통해 본 조선 후기 사회사』, 한국국학
　　진흥원, 2015.

정찬호,『殉國의 면류관』, 진흥문화사, 1979.

車載明,『朝鮮예수教長老會史記』上卷, 新文內教會堂, 1928.

프리실라 웰본 에비,『안동 장로교 선교의 시작』, 에스더재단, 2015.

韓國敎會史學會,『朝鮮예수教長老會史記』下卷, 韓國敎會史學會, 1968.

Harry A. Rhodes, *History of Korea Mission Presbyterian*, 최재건,『미국 북장로교 한
　　국 선교회사』, 연세대학교출판부, 2009.

허은,『아직도 내 귀엔 서간도의 바람소리가』, 정우사, 1995.

「退溪後孫의 新舊戰」,『東亞日報』, 1922년 7월 16일자.

「夜學을 妨害하는 兩班」,『東亞日報』, 1922년 8월 31일자.

「民立大發起人 또 새로 네 곳에서」,『朝鮮日報』, 1923년 3월 11일자.

「陶山書院 撤廢運動決議」,『朝鮮日報』, 1925년 11월 3일자.

「陶山書院關係者에게」, 『朝鮮日報』, 1925년 11월 4일자.

「剡村勞動夜學 五週年紀念式」, 『朝鮮日報』, 1925년 12월 10일자.

국가기록원 김화영 판결문, CJA0001565.

국가기록원 이원세 형사사건부, CJA0017819.

국가기록원 이원식 형사사건부, CJA0017810.

국가기록원 이원영 판결문, CJA0000746.

이원식의 삼남 이동형의 구술.

이중민(이중무의 형)의 손자 이원의 구술.

1 경북노회, 「제2회 경북노회 임시노회록」(1917. 9. 19), 56~56쪽.
2 이원영의 5녀 이정순이 이원영 관련 자료를 보관하고 있다가, 2018년 6월에 이것을 한국국학진흥원에 기탁하였다. 이를 계기로 교회 관련 자료를 한국국학진흥원에 기탁·보존되는 길이 열리게 되었다.
3 강정구, 「제1장 복음의 시작」, 『안동교회 111년사』, 안동교회, 2022, 간행 예정.
4 Harry A. Rhodes, *History of Korea Mission Presbyterian*, 최재건, 『미국 북장로교 한국 선교회사』, 연세대학교출판부, 2009, 337쪽.
5 강정구, 「경상북도 북부 지역 3·1만세운동-지역 교회를 중심으로」, 『삼일운동과 장로교회』, 대한예수교장로회총회역사위원회및삼일운동백주년기념사업회, 2019, 239~243쪽.
6 개 교회의 설립일은 『조선예수교장로회사기』를 기준으로 잡았기 때문에 개 교회가 주장하는 설립일과는 다를 수 있다.
7 강정구, 「경상북도 북부 지역 장로교 조사(교역자), 장로 권수백權秀伯의 사역(1902~1941) 연구」, 장로회신학대학교, 2014, 18~19쪽을 바탕으로 항목을 더 확대했다.
8 최재건, 위의 책, 339쪽.
9 최재건, 위의 책, 619쪽.
10 경상노회, 「제2회 경상노회록」(1912. 3. 6), 12쪽.
11 「1911년 선교사 연례보고서」.
12 「1910년 선교사 연례보고서」.
13 강정구, 「경상북도 북부 지역 장로교 조사(교역자), 장로 권수백權秀伯의 사역(1902~1941) 연구」, 장로회신학대학교, 2014, 34~35쪽.
14 車載明, 위의 책, 20쪽.
15 車載明, 위의 책, 41쪽.
16 강정구, 「경상북도 북부 지역 3.1만세운동-지역 교회를 중심으로」, 『삼일운동과 장로교회』, 대한예수교장로회총회역사위원회및삼일운동백주년기념사업회, 2019, 260~262쪽.
17 1911년 이전은 『朝鮮예수敎長老會史記』 상권을 참고해 정리했다.
18 경상노회, 「제1회 경상노회록」(1911. 12. 6), 9쪽.
19 경상노회, 「제2회 경상노회록」(1912. 3. 6), 14쪽.
20 경상노회, 「제3회 경상노회록」(1912. 7. 2), 23쪽.
21 경상노회, 「제5회 경상노회록」(1912. 12. 19), 49쪽.
22 경상노회, 「제6회 경상노회록」(1913. 7. 2), 58쪽.
23 경상노회, 「제7회 경상노회록」(1913. 12. 31), 89쪽.
24 경상노회, 「제8회 경상노회록」(1914. 7. 1), 110쪽.
25 경상노회, 「제9회 경상노회록」(1914. 12. 13), 134쪽.
26 경상노회, 「제10회 경상노회록」(1915. 6. 23), 138~139쪽.
27 경상노회, 「제12회 경상노회록」(1916. 6. 12), 9쪽.
28 경상노회, 「제12회 경상노회록」(1916. 6. 12), 13쪽.

29 경상노회,「제12회 경상노회록」(1916. 6. 12), 13쪽.

30 경북노회,「제2회 경북노회록」(1917. 6. 19), 35쪽.

31 경북노회,「제2회 경북노회 임시노회록」(1917. 9. 19), 56~56쪽.

32 경북노회,「제4회 경북노회록」(1918. 6. 18), 79~80쪽.

33 경북노회,「제6회 경북노회록」(1919. 6. 17), 27~28쪽.

34 경북노회,「제7회 경북노회록」(1920. 1. 21), 4쪽.

35 경북노회,「제8회 경북노회록」(1920. 6. 11), 37쪽.

36 경북노회,「제9회 경북노회록」(1921. 1. 12), 26쪽.

37 권서에 대한 것은 필자의「경상북도 북부 지역 3.1만세운동-지역 교회를 중심으로」,『삼일
운동과 장로교회』(대한예수교장로회총회역사위원회및삼일운동백주년기념사업회, 2019)
에서 그대로 갖고 온 것임을 밝혀둔다.

38 류대영·옥성득·이만열,『대한성서공회사』2, 성인문화사, 1994, 324쪽.

39 이상근,「권서가 초기 한국 개신교에 미친 영향」(미간행 석사학위논문, 영남신학대학교,
2004), 33쪽에서 재인용.

40 류대영·옥성득·이만열,『대한성서공회사』2, 성인문화사, 1994, 354쪽에서 재인용.

41 류대영·옥성득·이만열, 위의 책, 354쪽에서 재인용.

42 류대영·옥성득·이만열, 위의 책, 357쪽에서 재인용.

43 임희국,『선비 목사 이원영』, 조이웍스, 2014. 95쪽.

44 경북노회,「제1회 경북노회록」(1916. 12. 27), 27쪽.

45 경안노회,「제3회 경안노회록」(1923. 1. 10), 31쪽.

46 경안노회,「제3회 경안노회록」(1923. 1. 10), 30쪽.

47 경안노회,「제4회 경안노회록」(1923. 6. 13), 57쪽.

48 경안노회,「제24회 경안노회록」(1933. 12. 19), 461쪽.

49 경안노회,「제7회 경안노회록」(1925. 1. 7), 101쪽.

50 경안노회,「제1회 경안노회록」(1922. 1. 18), 14쪽.

51 경안노회,「제1회 경안노회록」(1922. 1. 18), 14쪽.

52 경북노회,「제1회 경북노회록」(1916. 12. 27), 27쪽.

53 경북노회,「제1회 경북노회록」(1916. 12. 27), 31쪽.

54 경북노회,「제4회 경북노회록」(1917. 6. 19), 35쪽.

55 경북노회,「제5회 경북노회록」(1918. 6. 16), 5~7쪽.

56 강정구,「제2장 교회의 시작」,『안동교회 111년사(안동교회, 2022, 간행 예정)』에서 새디의
여성 사역을 그대로 가져왔다.

57 프리실라 웰본 에비,『안동 장로교 선교의 시작』, 에스더재단, 2015, 92쪽.

58 프리실라 웰본 에비, 위의 책, 93쪽.

59 Presbyterian Church in the U.S.A, *Minutes and Reports of Annual Meeting of the Korea
Mission*, 1910, 79쪽

60 괄호 안은 날짜다. 안동에서 새디의 일기는 1910년 6월부터 3일부터 1911년 12월 30일까지
이지만, 분량 관계로 간략하게 의미만 전달한다.

61 경안노회,「제2회 경안노회록」(1922. 6. 14), 18쪽.

62 경북노회,「제4회 경북노회록」(1918. 6. 16), 80쪽.

63 예안교회 교적부.

64 김희곤, 『안동 사람들의 항일 투쟁』, 지식산업사, 2007, 296쪽.

65 예안교회 교적부 참고, 정찬호는 『殉國의 면류관』, 145쪽에서 이광호가 감옥에서 김화식으로부터 기독교를 수용했다고 기록하고 있다. 이광호가 예안교회에서 학습세례는 받았지만 신앙이 더 분명해진 것은 감옥 안이라 볼 수 있다.

66 예안교회 교적부 참고,

67 류시중·박병원·김희곤, 『국역 고등경찰요사』, 선인, 2009, 72쪽.

68 「輔友稧規則」, 한국국학진흥원 소장.

69 보우설 회원들의 활동은 경상북도독립운동기념관의 '독립유공자 찾아보기'와 김희곤의 『안동 사람들이 항일투쟁』과 『사회주의 항일 투쟁기 안상길』을 참고하였다.

70 이원식의 '장례 예배' 약력 참고.

71 이원세와 이원식의 3·1운동 참여는 형사사건부(CJA0017819, CJA0017810)와 이동형 구술 참조.

72 金乙東, 『安東版獨立史』, 명문사, 1985, 297쪽.

73 金乙東, 위의 책, 297쪽.

74 국가기록원 판결문, CJA0000746.

75 국가기록원, https://theme.archives.go.kr/next/indy/listkeywordSearch.do. 2021. 12. 26.

76 국가기록원 이원영 판결문, CJA0000448.

77 이인숙·이덕화, 『백광일기』, 한국장로교출판사, 2006, 14쪽.

78 이인숙·이덕화, 위의 책, 14쪽.

79 車載明, 『朝鮮예수敎長老會史記』上卷, 新文內敎會堂, 1928, 99쪽.

80 허은, 『아직도 내 귀엔 서간도의 바람소리가』, 정우사, 1995, 157쪽.

81 이상룡, 『石洲遺稿』상, 경인문화사, 2008, 137쪽.

82 동가강은 만주의 통화·환인 등의 현을 거쳐서 압록강으로 흘러 들어가는 강 이름이다.

83 이상룡, 위의 책, 566쪽.

84 강정구, 「경상북도 북부 지역 3·1만세운동-지역교회를 중심으로」, 『삼일운동과 장로교회』, 대한예수교장로회총회역사위원회및삼일운동백주년기념사업회, 2019, 342~343쪽.

85 金乙東의 『安東版獨立史』중 이중무(315쪽), 권수백(193쪽), 조사명(324쪽)에게서 같은 예를 발견할 수 있다.

86 정진영, 「도산서원, 또 하나의 하늘」, 『도산서원을 통해 본 조선 후기 사회사』, 한국국학진흥원, 2015, 240~241쪽

87 정진영, 위의 논문, 2015, 242쪽.

88 정진영, 위의 논문, 2015, 247~248쪽. 「陶山書院 關係者에게」, 『朝鮮日報』1925년 11월 4일자.

89 임희국, 『선비목사 이원영』, 조이웍스, 2014, 74~78쪽. 일제의 '조선주차헌병대사령부'의 보고서에 따르면 3·1운동으로 피검된 사람은 남자가 19,054명, 여성이 471명이고 남녀 전체는 19,525명이다. 이들 중 기독교인이 3,372명으로 종교인 가운데 가장 많고, 특별히 여성 전체 만세 참여자가 471명인데 장로교 여성 참여자가 232명으로 가장 많다. 2019년 장로교 3·1만세운동전수조사에는 경상북도 북부 지역(안동·의성·청송·영양·영덕·영주·예천·봉화)에서는 교인이 178명 참여한 것으로 드러났다.

90 韓國敎會史學會, 『朝鮮예수敎長老會史記』下卷, 韓國敎會史學會, 1968, 235쪽.

91 이정순, 『퇴계 후손 이원영 목사 믿음의 유산』, 경북p&p, 2021, 228~310쪽의 내용과 한국 국학진흥원의 『剡村敎會堂設立日記』 참조.

92 이정순, 앞의 책, 228쪽.

93 『剡村敎會堂設立日記』, 한국국학진흥원 소장 참조.

94 『剡村敎會堂設立日記』 참조.

95 『剡村敎會堂設立日記』 참조

96 한국국학진흥원에 기탁된 『오대교회 연보기』를 살피면 초기 교회연보에 대한 자세한 내용 을 살필 수 있다.

97 단사회당은 단천에 있던 교회일 가능성이 많은데, 1918년 노회 조사보고서에는 신택희 조 사가, 1919년에는 윤호영 조사가 담당자로 되어 있다.

98 이상동의 아들 이운형은 평양장로회신학교를 이원영과 같은 해(1930)에 졸업하고 그 해 4월 4일부터 3일간 이원영과 함께 섬촌교회에서 사경회를 인도했다(이인숙·이덕화, 『백광 일기』 76쪽).

99 예안교회 교적부를 살피면 한 교적부에 예안교회, 섬촌교회, 의일교회 교인들의 교적이 기 록되어 있다.

100 원문에는 "자고自高의 억설抑說과 자대自大의 봉염鋒炎이 헤아리지 못할 정도로 나와서 하 여 목수에게까지 방해하였다"로 되어 있다.

101 섬촌교회를 설립할 당시 갈등과 충돌은 제2회 경안노회록(1922. 6. 14, 23~24쪽), 제12회 조선예수교장로회총회록(1923, 133~134쪽), 『東亞日報』(1922년 7월 16일), 『朝鮮예수敎 長老會史記』下卷, 378~379쪽에 기록되어 있다.

102 경안노회, 「제4회 경안노회록」(1923. 6. 13), 62쪽.

103 경안노회, 「제12회 경안노회록」(1927. 6. 16), 228쪽.

104 경안노회, 「제35회 경안노회록」(1940. 12. 17), 96쪽.

105 이원, 이중민(이중무의 형)의 손자 구술(2021. 7. 12).

106 진성 이씨 의인파 족보 참고.

107 김희곤, 『안동 사람들의 항일 투쟁』, 지식산업사, 2007, 356쪽.

108 「민립대 발기인 또 새로 네 곳에서」, 『조선일보』 1923년 3월 11일자.

109 김희곤, 『안동 사람들의 항일 투쟁』, 지식산업사, 2007, 420쪽.

110 이원식의 삼남 이동형의 구술.

111 국가기록원 판결문, CJA0001565.

112 金乙東, 『安東版獨立史』, 명문사, 1985, 318쪽.

113 金乙東, 위의 책, 300~301쪽.

114 『剡村敎會堂設立日記』, 한국국학진흥원 소장.

115 金乙東, 위의 책, 301쪽.

116 정진영, 앞의 논문, 217~218쪽 재인용.

117 정진영, 위의 논문, 229쪽.

118 정진영, 위의 논문, 248쪽.

119 「陶山書院 撤廢運動決議」, 『朝鮮日報』 1925년 11월 3일자.

120 위의 신문.

121 「夜學을 妨害하는 兩班」, 『東亞日報』 1922년 8월 31일자.

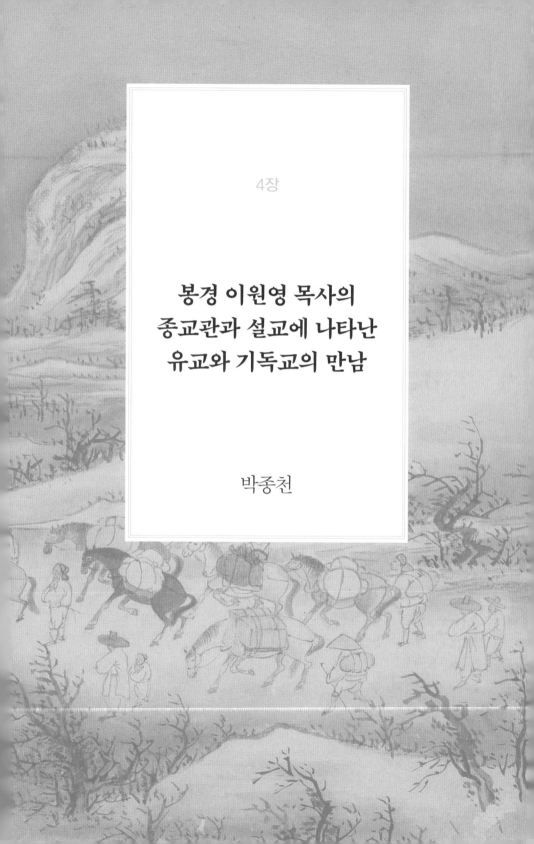

4장

봉경 이원영 목사의
종교관과 설교에 나타난
유교와 기독교의 만남

박종천

이 글은 박종천, 「봉경 이원영 목사의 종교관과 설교에 나타난 유교와 기독교의 만남」, 『국학연구』 47(한국국학진흥원, 2022)을 대폭 증보한 것이다.

머리말 : 이원영의 선비기독교

봉경鳳卿 이원영李源永(1886~1958)은 안동 지역에서 한국 기독교를 지도했던 대표적인 목회자다. 그는 퇴계退溪 이황李滉(1501~1570)의 14세손으로서 10대까지 가학家學인 퇴계학을 중심으로 전통적인 유교적 교육을 받고 자라났으나, 20대 이후 혁신유림의 신식학교에서 근대 학문과 서양 문물을 접하고 나서, 30대에 3·1운동에 참여하여 옥고를 치르면서 기독교 신앙을 수용하였으며, 40대에는 평양의 장로교 신학교를 졸업한 뒤에 평생 목사로서 안동 지역 기독교를 이끌었다.[1]

특히 일제강점기에는 대다수 기독교 지도자들이 신사참배를 비롯하여 신앙적 타락의 양상을 드러내고 상당수 사회 지도자들이 일제에 부역하는 행태로 민족을 저버리는 변절을 감행하였으나, 이원영은 사회적으로 외면받고 고립되는 상황에도 굴하지 않고 철저하게 종교적 신념과 민족적 지조를 지켰다. 이처럼 순절한 신앙과 선비적 지조는 해방 후 안동 지역 기독교 재건의 정신적 바탕이자 사회적 주춧돌로서 교회신앙, 농촌생활, 사회교육 활동에서 굳건한 토대가 되었다.

이러한 인생 역정은 일견 유교에서 벗어나서 기독교로 바뀐 전면적 회심으로 이해할 수도 있지만, 유교적 바탕 위에서 기독교를 수용하거나 기독교적 관점에서 유교를 재전유했다는 의미에서 한국적인 '선비기독교' 혹은 '유교적 기독교'의 실현으로 해석할 수도 있다.[2]

이 글에서는 이런 점에 주목하여 이원영을 통해 문화적 에토스 차원에서 퇴계학을 근간으로 한 유교 전통과 서구에서 유입된 보수 기독교가 어우러져서 현재 한국 기독교의 주류인 보수 기독교 신앙에 충실하면서도 한국 유교의 문화적 에토스를 개성적으로 구현하는 선비기독교의 특징적 양상을 모색할 것이다. 이를 위해 이원영 목사가 남긴 노트와 설교집을 중심으로 하여 그가 처했던 사회적 상황과 신학적 배경을 퇴계 선생의 사회적 상황과 성리학적 배경과 비교하여 검토하고, 양자가 지녔던 사상적 특징과 실천적 활동의 양상을 비교 검토하려고 한다.

먼저, 양자가 문화적 에토스의 차원에서 어떻게 상호 조응하는지를 규명할 것이다. 이원영 목사는 퇴계학의 문화적 에토스를 지닌 채 보수 기독교 신앙을 수용하고 실천한 선비기독교의 전형을 보여 준다. 그는 일본 제국주의와 타협하지 않고 사회적으로 외면당하면서도 신앙적 지조를 고고하게 지키면서도, 당시에 제국주의 일본에 타협하거나 협조했던 대다수 기독교인들을 정죄하려고 했던 고신 측을 비롯한 비타협적 보수 신앙인들과는 달리 사랑과 포용으로 너그럽게 수용하는 넉넉한 인품을 보여 주었다.

이러한 양상은 불의不義가 득세한 사화기士禍期에 불의와 타협하지 않기 위해 사환仕宦 생활을 그만두고 낙향하여 교육에 힘썼던 이황의 사회적 처세와 더불어 그 성리학적 기반인 이기불상잡理氣不相雜의 이론적 경향을 일정하게 계승하되 기독교적으로 재전유한 것으로 보인다. 이러한 에토스를 가학의 차원에서 계승한 이원영 목사는 일제강점기의 어두운 상황 속에서도 결코 불의와 타협하지 않는 불굴의 신앙 자세와 더불어 기독교 신앙의 핵심적 원리를 보수적으로 지키려는 양상을 보여 주었다.

넉넉한 인품의 포용적 태도는 해속駭俗의 우려를 불식시키면서 교속矯俗의 실천을 추진했던 조선시대 이황과 그 후계자들의 온건한 유교화 과정, 즉 사회문화의 바람직한 교화를 추구하되 급진적 추진으로 인한 폐해를 경계하여 속도를 적절하게 조절할 줄 아는 양상과 일정하게 상통한다. 이러한 양상은 젊은 이이李珥에게 조급한 심신수양과 사회개혁을 추진할 때의 위험성을 경계했던 이황의 부드럽고 포용적인 실천적 태도에서도 분명하게 드러난다.[3]

요컨대, 이원영의 삶은 성경을 중시하는 성경기독교, 불의와 타협하지 않는 선비기독교, 경건하고 겸손한 신앙 자세와 포용적 사랑의 넉넉한 인격 등을 중시하는 한국 장로교의 중요한 자산이 되었는데, 이러한 문화적 에토스는 경학經學에 충실하고 경敬을 근간으로 의義를 실천하되, 철저하고 경직된 의義의 강조보다는 넉넉하고 부드러운 인仁을 중심으로 지속적이고 온건한 수양을 선보였던 이황의 유교적 전통을 기독교적으로 계승하고 재전유하면서 이룩된 것이다.

실제로 이원영 목사는 평생 유교 경전을 공부하고 경敬의 자세로 수양하는 선비처럼 성경을 바탕으로 경건한 신앙생활을 지속했으며, 불의不義에 꺾이지 않고 반듯하고 올곧은 지조로 일관하는 선비처럼 신사참배를 비롯한 일제日帝의 불의不義한 요구에 조금도 타협하지 않는 순교적 신앙과 지조를 철저하게 지켰을 뿐만 아니라 해방 후에는 오히려 일제 협력자들을 넉넉한 사랑으로 포용하는 한편, 일제의 신사참배를 거부하여 감옥에 갇혔던 출옥 성도들이 신사참배의 허물이 있는 교회를 의義의 기준으로 정죄하고 흠 없는 순수한 교회를 분리하려고 하는 움직임에 대해서는 '유대적 율법주의'의 문제점이 있다고 경계했다.[4]

이와 같은 해석의 타당성을 확인하려면 안동 지역 기독교를 대표하는 이원영 목사의 종교관과 설교 자료에 나타난 유교와 기독교의 만남을 검토해야 한다. 실제로 그는 일제강점기 때 기독교 신앙과 민족적 지조를 철저하게 지킨 성경기독교와 선비기독교의 모범을 선보였으며, 퇴계 이황이 선보였던 기氣에 물들지 않는 이理의 순수한 추구와 경敬의 유교적 수양을 경건한 보수적 신앙과 기독교적 영성 훈련으로 재전유함으로써 한국 장로교를 중심으로 한국 기독교 주류의 문화적 에토스를 정초했다. 또한 비교종교학을 통해서 보편적 종교성을 전제한 토대 위에서 '덕德'과 '성聖'의 차이를 각각 유교적 도덕과 기독교적 신앙으로 설명하였으며, 이를 통해 기독교 중심으로 유교를 포용할 수 있는 가능성을 보여 주었다. 나아가 유교의 칠정七情을 성경의 선악과로 해석하면서 사단四端을 '하나님의 형상Imago Dei'으로 이해할 수 있는 가능성을 열었다. 육적 욕망과 영적 신앙을 분명하게 구분하는 이원영의 태도는 이理로부터 비롯되는 사단四端을 기氣와 연관된 칠정

七情과 분명하게 구분했던 이황의 사단칠정론을 기독교적으로 일정하게 재전유한 것으로 보인다.

이 글에서는 위와 같은 사실을 규명함으로써 조선시대 퇴계의 유교 사상과 수양론적 실천을 근대 한국 기독교에서 계승하고 재전유한 양상을 밝히고, 문화적 에토스의 차원에서 안동을 중심으로 경북 지역 기독교, 나아가 한국 교회의 중요한 특징으로 정착한 경건한 선비기독교 혹은 유교적 기독교에 대한 이해에 기여하고자 한다.[5] 특히 기존의 선행연구들이 영남 기독교의 수용 과정과 유학적 배경을 지적한 토대 위에서 사상적 특성을 간략하게 설명한 반면, 이 연구에서는 선행연구의 결론에서 시작하되, 이원영 목사가 남긴 필기 자료와 설교 자료를 구체적으로 분석하고 그 토대 위에서 선행연구에서는 연구되지 않은 이원영 목사와 일제강점기 한국 개신교의 종교관을 도출하고, 이원영 목사가 유교적 전통을 일정하게 계승하면서도 그것을 기독교적으로 재전유한 양상을 집중적으로 검토하려고 한다.

일제강점기 이원영의 종교관

1. 성경기독교의 문화적 에토스 : 유교의 강학회에서 기독교의 사경회로

이원영의 목회에서 나타난 일관된 기조는 성경기독교였다. 성경기독교의 모태가 되는 사경회查經會는 유교의 강학회講學會 전통을 문화적 에토스로 계승하면서도 기독교적으로 재전유 했는데, 한국 기독교의 성장에 기여했을 뿐만 아니라 독특한 개성으로 정착했다. 조선시대 유교에서 근대 기독교로 바뀌기는 했으나, 양자는 모두 경전 공부에 열성적이라는 점에서 '책의 종교' 또는 '공부의 종교'라는 문화적 에 토스를 공유하면서 한국 문화에 기여했다.

실제로 근대 한국 기독교의 초기 성장과 발전은 성경을 집중적이고 정기적이며 지속적으로 공부하는 사경회의 성공에 힘입은 바가 크며, 사경회에 교사와 학생으로 참여한 이들이 목사와 장로를 비롯한 교회 지도자로 성장하면서 사경회는 교회의 성장과 지도자 배출의 산실로 자리 잡았다.[6] 사경회는 1880년대 개신교가 조선에 유입되면서 시작 되었으나, 1890년대 중반 이후, 특히 1907년 평양대부흥운동 이후에 본격적으로 활성화되었으며, 1920년대 이후 식민지 조선인들의 교육 열을 이끌었던 배경이 되었다.[7]

이황을 비롯한 조선의 유학자들이 서당이나 서원 등에서 유교 경전 을 학습하고 가르쳤듯이, 이원영을 비롯한 근대 한국의 기독교인들 은 주일학교에서 성경을 공부했다. 조선시대 선비들은 유교 경전과 성 리학의 잠명箴銘을 열심히 학습했을 뿐만 아니라 일상생활에서 충분 히 실천할 수 있을 만큼 내면화하기 위해서 주기적으로 꾸준히 독송 讀誦하는 강학회의 전통을 지속했다.[8] 이러한 전통은 기독교가 조선에 전래되었을 때 성경 중심의 경건한 기독교 문화를 정초하는 데 일정한 영향을 미쳤다. 실제로 근대의 영남지역은 권서勸書들이 보급하던 성 경의 쪽복음이 모자랄 만큼 성경에 대한 관심이 지대했고, 이러한 양 상은 사경회査經會나 주일학교 강습 등을 통해서 일정하게 제도화되면 서 성경기독교의 토대가 되었다.[9]

이렇듯 유교 경전을 열심히 공부하고 독송하던 유교의 문화적 에토스가 성경을 열심히 공부하는 사경회 전통으로 재전유될 만큼, 근대 한국의 기독교는 유교적 기독교로서 '성경기독교'의 특성이 뚜렷하다. 경건한 성경기독교의 전통은 서양에서 유입된 성경기독교를 순수하게 계승하려고 했고 한국 기독교의 중심이 되었는데, 이는 영남의 퇴계학이 이황 이래로 순정한 성리학을 추구했던 조선 유학과 유교 문화의 중심으로 인정받은 것과 상통한다. 양자는 모두 외래 종교의 근본적 이상을 순수하고 철저하게 수용한다는 점에서 종교적 보수주의의 전형이라고 할 수 있다.

이러한 경향으로 인해 순수한 종교적 이상에 대한 진지하고 경건한 태도가 특정한 교파나 교단을 막론하고 한국 유교와 기독교의 주류를 형성하게 되었다. 이는 한국의 종교 문화의 비주류를 형성하는 또 다른 흐름과 분명하게 구별된다. 첫째, 조선시대에 유교 전통이 약했던 평양과 원산을 중심으로 신유神癒의 기적과 종말론적 예언 및 각종 종교적 체험을 강조하는 흐름이 무속이나 선도 등의 영향을 재전유하면서 전국적으로 확산되어 부흥사 중심의 열광주의적 종교 문화를 형성한 것과는 달리, 이황 이후 전통적으로 경전 공부와 경敬을 중심으로 한 영남 유교 문화는 성경 중심의 경건한 기독교 문화를 정초했다. 둘째, 서구의 진보적 신학을 수용하거나 기독교를 현대적으로 재구성하려는 일부 문화, 신학 혹은 한국적 전통의 접목을 강조하는 토착화 신학과는 달리, 영남의 기독교는 새로운 신학의 창출보다는 보수 기독교 신학을 충실하게 수용한다는 점에서 문화적 에토스 차원에서 순수하게 순정 주기학을 추구하며 한국 유학의 본산이 된 퇴계학의 유교적 면모를 기독교적으로 재전유하여 계승했다.

2. 이원영 종교관의 정립 과정과 특징

이원영의 종교관은 『주일학교강습』과 『종교비교宗教比較 지혜문智慧文 천문天文 종교교리연구宗教教理研究』 등의 필기 자료에 잘 나타난다. 이 기록들은 이원영이 주로 1924년 안동 지역 주일학교 강습과 1926~1930년 평양장로회신학교 교육과정에서 배운 내용을 정리하고 자신의 생각을 일부 가미한 자료로, 이원영의 독자적인 사상이나 신학이라기보다는 한국 초기 장로교의 주류 종교관을 수용하고 내면화해서 목회에도 실제로 활용했다는 점에서 한국 교회의 주류 종교관

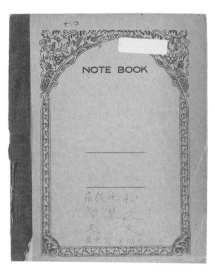

『주일학교강습』 표지(좌), 『종교비교 지혜문 천문 종교교리연구』 표지(우)

을 보여 주는 자료적 가치를 지니고 있다.

이 자료들이 기록된 역사적 맥락은 다음과 같다.[10]

이원영은 1921년 11월 1일부터 8일까지 제1회 조선주일학교대회에 참가해서 참회증서를 받았다. 1922년 1월에는 경안노회가 제1회 정기 노회를 열어서 주일학교 진흥 방침을 연구하고 추진하기로 결의했고, 1922년 안동군 도산면에 섬촌교회를 설립하고 예배당을 신축했는데, 이때 이원영은 신구약 성경 완독을 기념한 통독증서를 발급받았다.

이어서 1923년 3월에는 평양의 대한예수교장로회신학교에서 1개 월간 교사 양성을 위한 강습회를 개최했는데, 경안노회는 강병주가 노 회 대표로 파송되었으며, 아동심리학(강사 곽안련), 주일학교 인도법(강 사 허대전), 종교교육학 및 이야기(강사 탐손) 등을 배웠다. 한편, 1923년 2월에는 경안노회 자체 주일학교 강습회를 진행하면서, 아르멘트라우 트Armentrout 목사를 초청하여 주일학교 교사 100명이 일주일의 강습 기간 동안 아동심리학과 주일학교 교수법 교육 등을 강습했으며, 강병 주도 평양강습회에서 배운 것을 전달하였다. 1923년 12월 말에는 2주 간 길선주 목사를 초청하여 55개 성경공부반을 구성하고 사경회를 개 최하였다. 1924년 봄에는 경안노회에서 탐손과 방위량과 강병주 목사 가 함께 법상동교회(현재 안동교회)에서 일주일 동안 개최된 모임에서 강의했으며, 해마다 주일학교 권장위원을 선출한 후 한 달 동안 평양 에서 개최되는 강습회에 참석토록 하였다. 이처럼 거듭되는 강습회의 개최는 1926년 9월에 경안노회 주일학교협의회로 주일학교운동의 열 매를 맺었다.

한편, 1925년 12월에 인누전기념성경학교 제1회로 졸업한 이인영은 1925년 6월 27일 성경 통신과 신약 과정을 졸업했으며, 1926년 3월에는 평양 조선예수교장로회신학교에 입학하여 본격적인 신학 공부를 하게 되었다.

1) 『주일학교강습』의 「죵교비교 공부긔」

이원영의 종교관은 1920년대 전반에 주일학교 강습회에서 비교종교론을 공부하면서 나타나기 시작했다. 이원영의 종교관은 다양한 주일학교 강습회, 사경회, 성경학교를 거쳐 신학교 과정에 이르기까지 지속적으로 형성되어 왔다. 종교관을 다룬 첫 번째 기록인 『주일학교강습』의 「죵교비교 공부긔」는, 그다음에 기록된 「주일학교강습회공부」가 '1924년 5월 19일 안동'이라고 기록된 것으로 볼 때, 안동에서 열린 주일학교강습회에서 배운 내용을 필기하면서 본인의 생각을 일부 추가한 것으로 보인다.[11]

"한 종교만 아는 사람은 아무 종교도 모르는 것이다"라고 했던 현대 종교학의 아버지 막스 뮐러F. Max Müller(1823~1900)의 명제처럼, 이원영은 기독교를 넘어서서 타 종교를 포괄하는 보편적인 범주의 종교에 대한 인식을 비교라는 방식으로 습득했다. 특히 안동 지역 교회 주일학교에서 열린 강습을 통해 유형론적 차원에서 종교의 분류와 전통 및 특성을 비교하는 한편, 그것을 통해 신관과 죄관처럼 기독교적 기준을 중심으로 타 종교에 대한 종교적 인식을 형성하였다.

이 과정에서 인간을 '종교적 동물'로서 종교학적으로 이해하면서도 기독교 선교를 위해 비교종교론적 인식을 정초하는 한편, 기독교적 신관을 근간으로 삼는 신학적 접근과 함께 종교의 사회윤리적 기능까지

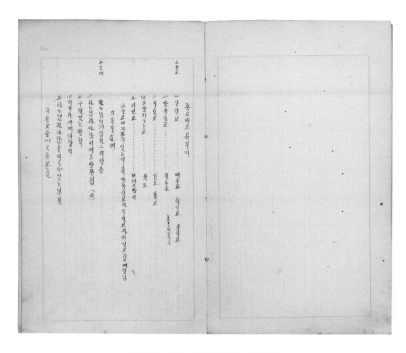

『주일학교강습』의 「종교비교 공부긔」

포괄하는 양상을 함께 보여 주었다. 이러한 양상은 이원영 목사뿐만 아니라 일제강점기 한국 기독교, 특히 영남 지역 장로교 목회자 혹은 신자들의 대표적 종교관을 잘 보여 준다는 점에서 주목할 만하다.

먼저, 『주일학교강습』의 「종교비교 공부긔」에서는 종교의 유형을 신선교, 만유신교, 무신교, 조상 위하는 교, 귀신교의 5가지로 분류했다. 이러한 분류는 기독교, 불교, 이슬람 등 개별 종교 전통별로 분류하는 방식을 넘어서서 일종의 유형론적 비교종교학을 선보이고 있다. 특히 예수교Christianity, 회회교Islam, 유대교Judaism 등 흔히 아브라함계

종교 분류	종교 전통	비고
一 신선교	예수교, 회회교, 유대교	
二 만유신교	힌두교	八万四十万번 난다 함
三 무신교	신도, 불교	
四 조상 위하는 교	유도	
五 귀신교	여러 오랑캐	다신교 여러 가지 있는데 만유신교와 무신교와 귀신교 중에 생김

종교라고도 불리는 중근동 지역의 유일신교唯一神敎, monotheism 전통
들을 '신선교神仙敎'로 분류했다는 점이 특이하다. 또한 "다신교 여러
가지 있는데 만유신교와 무신교와 귀신교 중에 생김"이라는 기록으로
볼 때, 유일신교에 대비되는 다신교多神敎, polytheism의 범주를 '만유
신교萬有神敎', '무신교無神敎', '귀신교鬼神敎' 등의 하위 범주로 세분하
였음을 확인할 수 있다. 힌두교Hindusim를 '만유신교'로 분류한 것은,
"팔만사십만八万四十万번 난다 함"이라는 기록으로 볼 때, 무신교나 귀
신교와는 달리 윤회론과 연계된 다신교적 측면을 강조하는 동시에 범
신론汎神論, pantheism이나 만유재신론萬有在神論, panentheism적 성격
을 아우르는 관점의 반영으로 보인다. 신도神道와 불교佛敎를 '무신교,
Athism'로 분류한 것은 초월적 인격신을 부정하는 불교의 특성과 다신
론이면서도 최고신을 인간인 천황天皇의 선조로 설정하는 일본의 신
도가 유일신교에서 주장하는 초월적이고 절대적인 유일신을 부정한

다는 것을 지목한 개념이며, 귀신교는 귀신을 섬기는 다양한 샤머니즘Shamanism을 설명하는 범주로 보인다.

이에 비해 '유교'를 '조상 위하는 교'로 분류한 것은 유교를 조상숭배ancestor worship와 효孝의 종교로 설명하는 한편, '교敎'라고 표현한 다른 종교와 달리 '유도儒道'로 표현함으로써 유교가 기독교와 종교적 신념의 충돌하는 종교가 아니라 조상에 대한 효의 문화로 인식하려는 인식의 반영일 가능성이 높다. 실제로 이원영은 「종교비교 공부긔」에서 유교의 상제신앙이 초월적 절대자의 가능성을 갖고 있다는 점을 지적함으로써 유교에서 기독교로 자연스럽게 전환할 수 있는 가능성을 암시하였다.

또한, 「종교비교 공부긔」는 하나님의 계심과 그의 성품, 하나님과 사람이 서로 상관됨(죄), 구원 얻는 방책, 개인과 세계의 장래, 하나님과 사람을 대하여 있는 본분 등 5종의 의논할 문제를 제시한 다음에, 종교적 동물인 인간의 종교성, 하나님을 대하여 가르친 교훈, 죄를 대하여 가르치는 교훈, 구원론, 개인과 세계의 장래론, 본분론, 비교, 다른 교와 예수교의 관계, 결말 등을 서술했다. 이원영은 각 종교를 비교할 다섯 가지 문제를 제기한 뒤에 인간의 특징을 '종교적 동물Homo Religiosus'로 정의했다. 「종교비교 공부긔」에 따르면, 인간의 종교성에서 신을 초인적superhuman, 초월적transcendental 권능power으로 정의한 뒤에 종교가 초월적 권능의 신과 인간의 관계이고, 그러한 관계, 즉 종교의 기반 위에서 인간의 도덕 윤리가 정립됨을 설명했다. 또한 신인 관계에서 어긋나는 것을 죄로 설명했는데, 유대교의 제사를 의식하여 유교의 제사를 초월적 신과 일상의 인간의 관계를 저해하는 죄의 문제를 해결하는 의례적 증거로 삼았다는 점이 특이하다. 나아가 신관, 종교관, 윤리관, 죄관, 후세 생의 심판 상벌론 등을 종교의 보편적 요소로 적시했다.

사람은 종교 하는 동물이라.
人의 종교성

一. 사람 위에 힘 더 많은 권능이 있음.

二. 사람과 위에 있는 권능 상관된 것을 변할 수가 없음.

三. 그 상관된 일을 인하야 사람이 하여야 될 일도 있고 하지 말어야 될 일도 있음.

四. 사람과 위에 있는 권능 사이에 꺼리는 것이 있음(죄). 제사 지내는 것이 증거 됨.

五. 이 세상에서 행한 결과 후세 생애 가서 상벌을 받음.

이상 다섯 가지 같은 교훈에 모두 종교 중에 다 있는 고로 참 이치인 줄 짐작할 수 있음.

한편, 「종교비교 공부긔」에서는 기독교와 유교를 다음과 같이 비교했다. 신론에서는 '하나님 없다 하지 아니하나 어떠하신지 별로 말하지 아니하였느니라'라고 하여, 유교가 상제 신앙이 있음을 인정하면서도 성리학에서 상제上帝=천天=이理=성性으로 연결되는 총체성을 강조하면서 창조주이자 주재자인 초월적 인격적 신관이 상당히 약화된 측

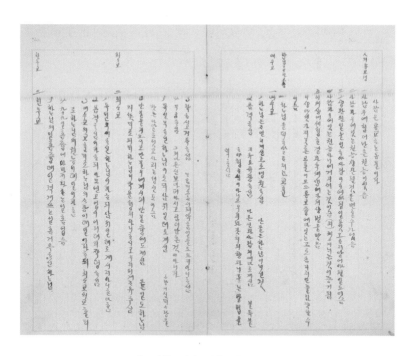

『주일학교강습』의 「人의 종교성」

면을 적시했다. 천인관계=신인 관계론에서는 유교가 맹자를 따라 성
선설을 견지하면서 죄론이 없음을 비평했다. 특히 신론과 신인 관계의
차이로 인해 '하나님을 자세히 모르는 고로 예수교와 같이 죄를 생각
할 수가 없음'이라고 기록했다. 구원론에서도 유교는 구원을 별로 생
각하지 않는다는 점을 적시했는데, 이는 유교의 천론-본성론과 기독
교의 신론-죄론의 차이에서 비롯되는 자연스러운 논리적 귀결이기도
하다. 개인과 세계의 장래론에서 영혼불멸, 심판, 대속, 부활 등을 제시
한 기독교와 달리 유교에는 이런 요소가 없어서 "장래를 생각하지 아
니함"이라고 평가했다. 본분론에서는 유교가 하나님을 사랑할 줄 모른

〈표 2〉『주일학교강습』「종교비교 공부거」의 예수교와 유교 비교

다섯 가지 문제/제목	예수교	유교
1. 하나님의 계심과 그의 성품 / 하나님을 대하여 가르친 교훈	1. 하나님은 자연히 계신 고로 영원 하심. 만물은 하나님이 지으신 것. 2. 품격하심. 자유로 주장하심. 다른 신과 사람 외에 따로 계심. 3. 착하시고 거룩하심. 마음대로 하 시되 악한 일을 도모치 아니하심. 4. 무궁하심. 그저 다른 신보다 더 아시고 힘 더 많은 것이 아니라. 5. 독일무하신 하나님이로되 삼위 일체로 계심. 6. 만물을 지으시고 만물 위에 계시 되 만물 중에도 계심. 모든 일도 하나님의 뜻대로 되되, 하나님이 악을 행치 아니하시고 우리에게 자유 주심.	하나님 없다 하지 아니하나 어떠하 신지 별로 말하지 아니하였느니라. (선교포함)
2. 하나님과 사람이 서로 상관됨(죄) / 죄를 대하여 가르치는 교훈	1. 모든 불법이나 불의한 것(하나님의 법) 2. 행하는 것뿐 아니라 생각과 정의 잘못됨. 3. 죄가 중함. 자기가 후회하고 제사 도 죄를 없애지 못함. 4. 죄의 결과 여기서 받기를 시작하 되 후세상에서 무섭게 당함. 5. 죄의 근원 자기로 하나님의 명령 을 어김.	하나님을 자세히 모르는 고로 예수 교와 같이 죄를 생각할 수가 없음.
3. 구원 얻는 방책 / 구원론	1. 율법을 행함으로써 의롭다 하심 을 얻지 못함. 2. 죄의 종이 되어서 자기를 구원치 못함. 3. 사람이 할 수 없는 것을 하나님께 서 행하심. (1) 도성인신, (2) 죄를 대속하심으로 죽으심, (3) 부활하 심, (4) 예수 모든 권능 얻으심. 4. 구원 얻는 방책은 있음. 다른 구 원과 다른 방책은 없음.	구원을 별로 생각지 아니함.

다섯 가지 문제/제목	예수교	유교
4. 개인과 세계의 장래 / 개인과 세계의 장래론	1. 사람의 영혼 영원하고 따로 있음. 2. 마지막 부활 때 다 행한 대로 심판 받음. 3. 믿는 자는 부활한 예수와 함께 있음. 안 믿는 자 부활 전에 다 고생 중에 있음. 4. 심판날에 믿는 자 천당 가는 연고는 예수의 대속하심을 의지하는 것뿐이로다.	장래를 생각하지 아니함.
5. 본분론	1. 크고 첫째 되는 계명과 둘째 계명 마7:12 2. 마음으로만 계명 범할 수도 있음. 3. 원죄를 주의하고 규례를 덜 생각함. 다른 교 각각 좋은 계명 많이 있음.	1. 크고 첫째 되는 계명을 모름. 2. 여자를 조금 천히 여김. 이혼한 연고 일곱 가지니라. 아낙 없는 환부는 장가 가야 되고 과부는 다시 시집 가면 정조를 지키지 못한다 함.
6. 비교	1. 다른 교 가운데 악한 자라도 그 교를 잘하는 자 있음. 2. 다른 교는 여자를 천히 여김. 3. 예수교 목적은 나를 대속하신 구주를 기쁘게 하는 것이오, 다른 종교는 편리주의를 쓰느니라. 4. 다른 교는 도덕적 관념을 이루지 못함.	하나님 대하여 할 일: 불교와 유교는 모르고 회회교와 힌두교는 옳게 말하지 아니함.
7. 다른 교와 예수교 관계		인류 지키라 하되 하나님과 상관된 것같이 치지 아니함.
결말	그런 고로 우리가 온 세상 사람에게 힘써 복음 전파할지니라.	

다고 지적하는 한편, 유교의 가부장적 남성우월주의로 인한 남녀 차별 문제를 강하게 비판했으며, 특히 여성의 인권을 부당하게 억압하고 차별하는 사례로서 여성을 천시하여 생긴 칠거지악七去之惡의 이혼 사유의 디불이 깊고 이념에 따라 과부의 재가를 막는 문제점을 비평했다.

이렇듯 「종교비교 공부긔」에서는 비교의 시각에서 기독교의 장점으로 남녀평등과 여권 존중을 들고 다른 종교에서는 남성우월주의와 여권 침해의 문제점이 있다고 비판하는 한편, 불교와 유교는 초월적 인격신이 없고 무신론적 경향이 있으며, 회회교와 힌두교 등의 유신론 전통에서는 초월적 인격신에 대한 관념은 있으나 기독교적 신관처럼 옳게 설명하지 못하는 한계가 있다고 역설했다. 나아가 타 종교는 구세주의 구원과 초월적 인격신과 구원과 연관된 도덕적 관념의 한계가 있다고 주장했다.

〈비교〉

1. 다른 교 가운데 악한 자라도 그 교를 잘하는 자 있음.

2. 다른 교는 여자를 천히 여김.

3. 하나님 대하여 할 일 : 불교와 유교는 모르고 회회교와 힌두교는 옳게 말하지 아니함.

4. 예수교 목적은 나를 대속하신 구주를 기쁘게 하는 것이오, 다른 종교는 편리주의를 쓰느니라.

5. 다른 교는 도덕적 관념을 이루지 못함.

특히 '다른 교와 예수교의 관계'에서는 다른 종교에는 구원이 없다는 관점에서 기독교의 신관과 다른 종교의 차별점을 분명하게 부각시켰다. 회회교에 대해서는 기독교처럼 유일신관이긴 하지만 삼위일체론이 없다는 것을 지목했고, 힌두교에 대해서는 만유재신론 혹은 범신론적 문제점을 지적했으며, 불교에 대해서는 유일신관 부재를 비판했고, 유교에 대해서는 인류의 특징이 있으나 인류와 하나님의 상관성을 인정하지 않는 단점을 비평했다. 유교에 대한 이해와 비판은 인류 도덕이 신인 관계의 종교 위에서 이루어진다는 종교관에 입각한 것이며, 유교를 포함한 다른 종교는 올바른 신관과 신인 관계론에 입각하지 못하여 온전한 구원관을 지니지 못했음을 역설했다.

一. 혹이 말하기를 모든 종교가 발전하여 모든 이치를 연구한다 하나, 세계를 보면 차차 더 어두워지는 것이니라.

二. 성경 중에 다른 교를 말할 때에 모두 악을 한다고 함. 롬1:18-25

三. 각 교 가운데 좋은 것도 있고 안 된 것도 있음.

  1. 회회교 : 하나님 한 분만 계시되 삼위일체 없다고 함.

  2. 힌두교 : 하나님 만물 중에 계신다고 하되 품격 없다고 함.

  3. 불교 : 이 세상 헛된 것이라 하되 하나님 명령 어긴 연고로 만물 저주 당한 줄 모름.

  4. <u>유교 : 인류 지키라 하되 하나님과 상관된 것같이 치지 아니함.</u>

  5. 소부분으로 보면 옳은 것이 있으나 전체 보면 예수교와 반대됨.

    一) 예수교 : 품격 있는 하나님이 계시는데 우리가 하나님을 대하여 책임 있음.

      힌두교 : 하나님의 품격이 없다고 책임이 없음.

    二) 예수교 : 우리 죄를 대속하시기 위하여 도성인신이라 함.

      회회교 : 대속하는 이치도 없고 도성인신함도 없다 함.

    三) 예수교 : 하나님이 계시고 우리가 죄를 인하여 해를 당한 것이라 함.

      불교 : 하나님은 없고 무엇이든지 존재함을 해롭다고 함

6. 다른 교를 함으로 구원 얻을 수가 있느뇨?

7. 다른 교에 구원 없는 바, 즉 예수교와 반대됨.

8. <u>다른 교를 하는 사람 중에 덕 있는 사람은 있으나 거룩한 사람은 없음.</u>

결말 그런 고로 우리가 온 세상 사람에게 힘써 복음 전파할지니라.

결국 다른 종교인들에 대해서 '덕 있는 사람[德人]'은 인정하지만 '거룩한 사람[聖人]'은 인정하지 않았다. 거룩한 사람은 기독교에서만 가능하다는 점에서 '덕德'과 '성聖'의 위계적 차별성에 근거해서 도덕에 대한 종교의 우위를 천명했던 것이다. 특히 유교의 인륜이 기독교의 하나님 신앙으로 연결되지 않은 한계를 지적하는 것은 역설적으로 유교와 기독교가 종교적으로 대립하고 충돌하기보다는 유교가 도덕에 기독교의 종교로 포섭될 수 있는 가능성을 열어 준다는 점에서 유교의 기독교적 계승 및 재전유의 양상을 잘 보여 준다. 따라서 이원영의 종교관에서 기독교는 인륜의 수평적 관계인 유교의 도덕을 일정하게 존중하고 계승하면서도 그것의 한계를 넘어서서 신인 관계의 수직적 지평의 종교로 도약하는 재전유의 신앙이었던 것이다.

2) 『종교비교 지혜문 천문 종교교리연구』

1920년대 전반에 『주일학교강습』의 「종교비교 공부긔」에서 시작된 종교관의 정립은 1920년대 후반 평양의 조선예수교장로회신학교 수업을 통해 더욱 확장되고 체계화되었다. 이원영은 1926년 3월부터 1930년 3월까지 신학교에 재학 중에 설교 준비와 주일학교의 종교교육에 대단한 열정을 갖고 비교종교학, 종교심리학, 종교교육학 등 관련 과목을 수강하여 정리하고 스스로 보충하여 주일학교 강습과 교육에 적극 활용했다.

당시 평양장로회신학교 교육과정[12] 중에서 1923년 이후 커리큘럼에는 3학년 과정에 '비기독교종교' 과목이 1주당 1시간씩 포함되어 총 14시간의 강의가 개설되었고, 1학년 과정에 '종교심리학'이 2시간씩 총 28시간 동안 개설되었으며,[13] 1928년의 평양장로회신학교 교과과정에서는 3년 과정 가운데 조직신학 중 '타종교학'이 3학년 2학기에 1주당 1시간씩 배정되었고, 실천신학 중 '(종교)교육학'이 2학년 3학기에 1주당 2시간씩 안배되었다.[14] 이원영은 3학년인 1928년에 '타종교학' 과목에서 배우면서 비교종교학 내용을 정리하고 지속적으로 보완하여『종교비교 지혜문 천문 종교교리연구』의「종교비교」[15]를 기록한 것으로 추정된다.

「종교비교」는 평양장로회신학교의 실천신학 담당 교수였던 곽안련郭安蓮, C. A. Clark (1878~1961)의 '타종교학' 강의 내용을 반영한 것으로 보인다. 곽안련은 1920년 안식년에 미국 시카고대학교에서 개설된 비교종교학 강좌들을 수강했으며,[16] 귀국 후 1922년부터 평양장로회신학교 교수로 봉직하면서 비교종교학에 해당하는 '비기독교종교'와 '타종교학' 등과 더불어 종교(기독교)교육 분야로 일반심리학, 아동심리학, 교육학, 종교교육의 편제, 종교심리학, 교회의 주일학교 교역 등을 강의했다. 이원영이 평양장로회신학교 입학 전에 주일학교에서 필기한『주일학교강습』「종교비교 공부긔」와 평양장로회신학교 재학 중에 작성을 시작한『종교비교 지혜문 천문 종교교리연구』와『주일학교교육 etc』등은 모두 곽안련의 강의를 중심으로 평양장로회신학교

『종교비교 지혜문 천문 종교교리연구』의 「종교비교」

의 교육 내용이 반영된 것이며, 1930년대에 작성된 『사경회 교사강습(1930代)』은 신학교 졸업 후 목회과정에서 활용한 것으로 보인다.[17] 이러한 필기 자료 중에서 『주일학교 강습』 「종교비교 공부긔」와 『종교비교 지혜문 천문 종교교리연구』 등에는 곽안련이 1920년 시카고대학교에서 배운 내용이 일정하게 반영되어 있으며, 『종교비교 지혜문 천문 종교교리연구』에 나오는 한국 종교 관련 설명은 곽안련이 1910년대부터 1920년대까지 한국 종교 관련 자료들을 수집하고 조사한 내용이 일정하게 반영된 것으로 추정된다.[18]

신론, 죄론, 구원론, 내세론, 본분론 등 조직신학적 주제들을 중심

〈표 3〉「종교비교」에 나타난 종교 분류

宗教名稱	(영어 표기)	지역
1. 基督敎	Christianity	西亞
2. 猶太敎	Judaism	
3. 回回敎 이슬람	Islam Mohammedism	
4. 波斯敎	Zoroastrianism	
5. 儒敎	Confuciansim	東亞
6. 佛敎	Buddhism	
7. 仙or 道敎	Taoism	
8. 神敎(신도神道)	Shintoism	
9. 印度敎(힌두교)	Hinduism	南亞
10. 짜인敎(자이나교)	Jainism	
11. 식敎(시크교)	Schikism	
12. 拜物敎(페티시즘)	Fetichism(Fetishism)	亞弗

으로 각 주제별로 5~6종의 타 종교와 기독교에 대한 유형론적 비교
를 전개한 「종교비교 공부기」와는 달리, 「종교비교」는 12종의 다양
한 세계 종교 전통별로 교조, 연대, 경전, 신론, 인생관, 죄론, 도덕론,
구원론, 내세관, 각 종교별 장단점 등을 본격적으로 비교 분석하는 논
의들을 심화하여 다루었다. 이는 주일학교 강습과 신학교 교육의 차
이를 반영한다. 또한 종교 전통별로 각각의 영어 표기와 지역적 구분
까지 곁들였는데 기독교, 유대교, 회회교(이슬람), 페시교(조로아스터

교)처럼 서아시아 중근동 지역의 유일신교 전통과 대비하여, 유교, 불교, 선仙 또는 도교道教, 신교神教(신도神道) 등을 동아시아 다신교 혹은 비인격적 원리를 표방하는 중국 문화권 종교들과 힌두교, 자이나교, 시크교처럼 인도 중심의 남아시아 종교 힌두문화권 종교들을 지역적으로 구분하고, 배물교拜物教(페티시즘)까지 포함한 점이 특이하다.

이원영이 기록한 『종교비교 지혜문 천문 종교교리연구』에서는 12종의 다양한 세계 종교들의 교조, 연대, 경전, 신론, 인생관, 죄론, 도덕론, 구원론, 내세관, 각 종교별 장점과 단점을 열거하였다. 이는 사람의 종교성을 전제로 삼아 신론, 죄론, 구원론, 부활/심판론, 본분론 5가지 영역을 다루고 비교했던 주일학교 강습보다 훨씬 심화된 내용이다.

특히 다른 종교들에 대한 설명과는 달리, 유교 항목에는 특별히 기독교와 비교하는 대목이 나와서 눈여겨 볼 만하다. 이원영은 유일신교와 다신교, 성악설과 성선설이 기독교와 유교의 차이점이라면, 사랑과 황금률 등의 윤리적 측면에서는 공통성을 강조했으며, 이원영은 완고하고 소극적인 유교에 비해 기독교가 진보적이고 적극적이라고 비교했다. 또한 유교가 도덕, 가정, 교육 등을 중시하는 특징을 장점으로 본 반면, 황제만 신께 제사하는 점, 다신교적 측면, 여성 경시 등을 단점으로 보았다.

먼저, 신론에서는 삼위일체trinity의 유일신monotheism을 역설하는 기독교가 힌두교를 비롯한 다른 다신론polytheism적 종교들과 분명하게 구별되는 점을 강조했다. 인생관에서는 "모든 인간은 죄를 지었다All men have sin"고 보는 기독교와 달리 유교는 "모든 인간은 선하게 태어났다All men are born good"는 성선설性善說을 기록했으며, 도

『종교비교 지혜문 천문 종교교리연구』의 기독교와 유교 비교

덕ethics에서는 "네 이웃을 내 몸처럼 사랑하라[愛人爲己]"는 기독교에 비하여 "내가 하고 싶지 않은 것을 남에게 베풀지 마라[己所不欲, 勿施於人]"라는 내용을 적었다.

내세론에서는 천당과 지옥으로 나뉘는 기독교에 비해 유교에서는 "삶도 알지 못하거늘 어찌 죽음을 알겠는가[未知生, 焉知死]"라고 한 공자의 말을 인용하여 내세관이 없는 현세적 불가지론의 측면을 지적했다. 나아가 내세관이 없고 현세적인 유교가 조상 제사는 하면서도 하나님을 경건하게 섬길 줄 모르는 한계를 드러내는 반면, 기독교는 하나님을 경건하게 섬기는 신앙이 있다고 보았다. 구원론에서는 예수를

통한 기독교의 구원과 달리 유교에서는 선행을 하는 것을 주목했다. 이에 따라 예수의 죽음을 통한 인간 죄의 대속代贖이 가능한 기독교와 달리 유교는 대속의 교리가 없다는 점도 강조하였다.

요컨대, 이원영은 주일학교 강습 단계에서 유형론적 비교종교학 관점에서 세계 종교를 파악하여 종교관을 형성했고, 신학교에서는 지역별, 전통별 세계 종교를 분류하고 그 특성을 면밀하게 검토했으며, 조선의 잡교雜教로 한국의 근대 민족 종교를 중심으로 자생 신종교에 대한 관심을 정리하기도 했다. 일제강점기 당시 조선의 종교 인구의 압도적 다수를 점했던 한국의 자생 신종교에 대한 관심을 일정하게 유지하고 있다는 점은 주목할 만하다.

실제로 「종교비교」는 15종의 한국 자생 신종교를 '아국我國의 잡교雜教'라는 범주로 명칭과 설립자를 다루었다. 다만 16, 17, 18 등의 번호를 쓰면서도 내용을 비워둔 것으로 볼 때, 보천교, 관공신앙, 태평교, 단군교, 천도교 등을 다루었던 곽안련의 한국 자생 신종교 강의 내용[19]을 기반으로 하되 이원영이 추가하여 증보하는 과정이 있었던 것으로 보인다. 그 기록은 다음과 같다.

我國의 雜教 名稱 及 設立者

1. 天道教 : 崔濟愚

2. 敬天教 : 鄭光德

3. 侍天教 : 李容九 – 金演局

4. 濟和教

5. 靑林教 : 金相昊

我國의 雜教 名稱 及 設立者
1 天道教　崔△△
2 奇天教　郭△德
3 侍天教　韓△(金△△)
4 濟△教
5 吉林教　金△△△△
6 太華教
7 普天教　姜一淳
8 无極道　趙哲濟
9 欽致教
10 白白教
11 濟世教　韓秉洙
12 太極教　呂永祚

我國의 雜教 及 設立者
13 檀君教
14 大倧教　檀君之名　羅△△
15 大宗教
16
17
18

我國의 雜敎 名稱 及 設立者

6. 太華敎

7. 普天敎：姜一淳

8. 無極道：趙哲濟

9. 欽致敎

10. 白白敎

11. 濟世敎：韓秉洙

12. 太極敎：呂永祚

13. 檀君敎

14. 大倧敎 檀君敎名 羅喆

15. 大宗敎

16.

17.

18.

그런데 '아국의 잡교'의 범주에는 천리교天理敎 등 외래 신종교는 배제하고 오직 근대 한국 자생 신종교만 기록했으며, 일부 종교에 대해서는 설립자가 교조敎祖가 아니라 당대의 교주敎主를 적은 경우도 보인다. 예컨대, 동학東學에서 파생된 청림교의 교조는 남정南正인데 이원영은 당시의 교주인 김상설金相卨을 설립자로 기록했다. 15종까지 기록된 잡교로는 주로 동학 계열의 천도교, 경천교, 시천교, 청림교, 제세교 등과 증산교 계열의 제화교, 보천교, 무극도, 흠치교, 백백교 등의 두 가지 계열을 집중적으로 기록했으며, 단군신앙 계열을 정훈모鄭薰謨(1868~1943)의 단군교와 나철羅喆(1863~1916)의 대종교大倧敎로 구분하는 한편, 유교 계통의 신종교인 태극교와 19세기의 이운규李雲圭로부터 비롯된 남학南學 대종교大宗敎까지도 포괄했다.[20] 이원영은 최제우崔濟愚(1824~1864)의 동학東學 계열 신종교들과 강일순姜一淳으로부터 파생된 다양한 증산교 계열 신종교 및 단군교에서 분파된 단군교와 대종교 등 서로 연원이 다른 다양한 계통의 한국의 자생 신종교를 상당히 상세하게 파악하고 있었다.

한국의 근대 민족 종교 혹은 자생 신종교에 대한 이원영의 관심은 일제강점기에 무시할 수 없이 압도적인 교세를 선보였던 한국 자생 신종교들이 중요한 선교적 관심 대상이었음을 잘 보여 준다. 실제로 1930년대 초반 조선총독부 통계에 따르면, 증산교에서 파생한 보천교가 600만 명에 달하는 반면, 1939년 통계에서 조선의 전체 기독교인은 508,944명이었으며, 그중에 천주교가 114,817명, 장로교가 286,384명이었다.[21] 따라서 일제강점기 종교 인구 분포에서 보천교를 비롯한 한국의 자생 신종교는 전체 개신교인보다 10배 이상 규모가 더 컸다.

당시 자생 신종교들은 민족독립운동과 연계되면서 사회적 영향력이 상당했다. 실제로 1919년 3·1운동 이후 조선총독부는 당시 백성들의 전폭적인 관심을 받으면서 민족독립운동에 자금을 대던 보천교를 대대적으로 단속하고 검거했는데, 안동 지역에서는 1920년 겨울 청송군 일본경찰서에서 「정치에 관한 범죄처벌의 건」 위반 혐의로 이들 교도 3천여 명이 체포되었고, 고문치사된 자 수십 명, 기소된 자 700여 명이 있었으며, 고등법원까지 가서 최저 9개월 최고 2년 6개월 징역형을 받은 자가 129명에 이르렀다. 또한 경북 안동재판소에서는 보천교도에 대한 특별한 처벌 규정으로 방주 6년 징역, 6임은 4년, 12임은 2년, 8임은 1년 징역, 15임은 구류, 벌금, 방면 등을 마련했다. 나아가 태을교도에 대한 검거 열풍일 일어났던 1921년 4월 7일에는 안동에서 300명 이상이 검거되기도 했다.[22] 이렇듯 1920년 겨울부터 1922년 봄까지 보천교의 최대 수난기가 되었다. 1919년 3·1운동 직후 '독립운동관련판결문'에 나타난 안동 보천교의 독립운동은 〈표 4〉와 같다.[23]

한국의 자생 신종교에 대한 관심은 민족독립운동의 사회적 흐름은 물론 이원영 목사 개인사와도 연관된다. 이원영 목사의 동생 이원세

<표 4> 1919년 3·1운동 직후 '독립운동관련판결문'에 나타난
안동 보천교의 독립운동

활동 시기 및 지역	사건명 (주소와 판결 시기, 판결 기관)	관련 인물의 판결 정보 (나이 / 주소 / 죄명 / 주문)
1919~1920.7 경북 청송, 안동	경북 안동의 손재봉孫在鳳 외 25인 판결문(1921. 4. 22. 대구지방법원 안동지청)	손재봉(38세, 경북 안동, 제령 제7호 위반, 징역 4년) 외 25명 / 경북 청송 11명, 경북 안동 10명 / 제령 제7호 위반 / 징역 1년은 17명, 징역 2년은 8명, 징역 4년은 1명
1920 경북 청송, 안동, 김천 등	경북 안동의 손재봉 외 49인 판결문(1921. 11. 26. 대구복심법원)	손재봉(38세, 경북 안동, 제령 제7호 위반, 원판결 취소 면소) 외 49명 / 경북 청송 12명, 경북 안동 8명, 경북 군위 8명, 경북 영덕 8명, 경북 영양 8명, 경북 김천 3명, 경북 달성 1명, 경북 경주 1명, 경북 의성 1명 / 제령 제7호 위반 / 공소기각 또는 원판결 취소 면소는 50명
1920 경북 안동	경북 영덕의 권영기權寧畿 외 17인 판결문(1921. 5. 16. 대구지방법원 안동지청)	권영기(24세, 경북 영덕, 제령 제7호 위반, 징역 2년) 외 17명 / 경북 영덕 12명, 경북 안동 2명, 경북 영양 2명, 경북 의성 1명, 경북 청송 1명 / 제령 제7호 위반 / 징역 1년은 17명, 징역 2년은 1명
1920 경북 안동, 의성, 청송 등	경북 청송의 박주한朴住翰 외 26인 판결문(1921. 6. 22. 대구지방법원 안동지청)	박주한(29세, 경북 청송, 제령 제7호 위반, 징역 1년) 외 26명 / 경북 안동 14명, 경북 성주 6명, 경북 군위 4명, 경북 청송 2명, 경북 영덕 1명 / 제령 제7호 위반 / 무죄는 5명, 징역 1년은 17명, 징역 2년은 5명
1919 경북 안동, 의성, 청송 등	경북 청송의 박주한 외 54인 판결문(1921. 11. 26. 대구지방법원 안동지청)	박주한(29세, 경북 청송, 제령 제7호 위반, 원판결 취소 면소) 외 54명 / 경북 안동 21명, 경북 의성 10명, 경북 청송 7명, 경북 문경 7명, 경북 군위 6명, 경북 영양 3명, 경북 영덕 1명 / 제령 제7호 위반 / 공소기각·면소 무죄는 27명, 징역 1년은 7명, 징역 2년은 21명
1920 경북 안동	경북 안동의 권영재權寧宰 외 1인 판결문(1921. 7. 2. 대구지방법원 안동지청)	권영재(34세, 경북 안동, 제령 제7호 위반, 징역 2년) 외 1명 / 제령 제7호 위반 / 징역 1년 집행유예 3년은 1명, 징역 2년은 1명

활동 시기 및 지역	사건명 (주소와 판결 시기, 판결 기관)	관련 인물의 판결 정보 (나이 / 주소 / 죄명 / 주문)
1919~1920 경북 안동, 영양	경북 영양의 안규석安圭錫 외 13인 판결문(1921.7.4, 대구지방법원 안동지청)	안규석(19세, 경북 영양, 제령 제7호 위반, 면소) 외 13명 / 경북 영양 2명, 경북 의성 1명 / 제령 제7호 위반 / 면소 3명, 징역 1년 1명
1920 경북 안동, 청송	경북 청송의 조용원趙鏞元 외 25인 판결문(1921.7.11, 대구지방법원 안동지청)	조용원(23세, 경북 청송, 제령 제7호 위반, 징역 1년) 외 25명 / 경북 안동 23명, 경북 청송 3명 / 제령 제7호 위반 / 무죄는 4명, 징역 1년 집행유예 3년은 12명, 징역 1년은 8명, 징역 2년은 2명

李源世(1888~1956)는 1919년 3·1운동에 참여했을 때 원촌遠村에서 "보천교증산강일순교주흠치교普天敎甑山姜一淳敎主吽哆敎 계몽啓蒙 신도信徒"로서 가택 수색을 당한 적이 있었다. 이원세 장로는 1936년 기독교에 입교했고, 1937년 섬촌교회에서 세례를 받았으며, 1939년에는 안동교회에서 신사참배 거부로 입건되었다.[24] 따라서 한국 자생 신종교에 대한 이원영의 관심은 개인적 차원에서 보면 보천교 신자였던 동생에 대한 전도와 연관해서도 중요했던 것으로 보인다.

3) 일제강점기 한국 기독교의 종교 인식과 이원영의 종교관 비교

이원영은 1924년 주일학교의 강습 시기부터 1926~1930년 평양장로회신학교 시기까지 평양장로회신학교에서 가르친 곽안련 교수가 시카고대학교에서 비교종교학을 공부하고 와서 강의한 내용을 흡수하면서 전도 혹은 선교를 위해 인간을 '종교적 동물'로 파악한 토대 위에서 각 종교의 다양한 측면을 비교하는 유형론적 비교종교학적 관점을 충실하게 배웠으며, 이를 기반으로 삼아 유일신교인 기독교적 신관을 근간으로 신학적 접근과 종교의 사회윤리적 기능까지 포괄하는 종교론을 선보였다. 이러한 양상은 그것이 일제강점기 한국 개신교, 특히 영남 지역 장로교 목회자 혹은 신자들의 종교관의 대표적 인식의 한 단면을 보여 주는 것이기 때문에 중요하다.

곽안련의 영향을 받은 이원영의 비교종교론 공부 기록은 비슷한 시기에 나온 기독교 신학자들의 비교종교학 혹은 세계 종교사 저술과 비교할 만하다. 먼저, 이원영의 비교종교론은 기독교 신학의 주관적이고 규범적인 관점의 비교가 아니라 비교적 객관적이고 서술적인 관점을 유지했다. 이는 성서비평학이나 진보신학을 배척했던 한국 장로교 보수신학의 대표격인 죽산竹山 박형룡朴亨龍(1897~1978)의『비교종교학』이나 성서비평학이나 과학적 현대 학문에 호의적이었던 편운片雲 채필근蔡弼近(1885~1973)의『비교종교론』도 일정하게 수용하는 방식이었다.

실제로 개별 종교에 대한 서술보다는 가치중립적인 종교학과 그에 비하여 종교 간 우열 판단의 변증적 학문으로서 비교종교학을 강조하며 종교학이론을 중심으로 종교에 대해 설명했던 채필근에 비해, 박형룡은 미개인의 종교, 고대 애굽 종교, 조로아스터교, 브라만교 혹은 힌두교, 불교, 자이나교, 시크교, 유교, 도교, 신도神道교, 천도교, 그리스의 종교, 로마의 종교, 놀스(고대 스칸디나비아)인의 종교, 회회교, 유대교 등 세계 종교와 개별 종교에 대한 서술보다 90퍼센트 정도에 이를 정도로 강화하였으며, 각 종교별 장점과 단점을 지적하는 한편, 마지막 참종교에 대한 설명을 통해 신관, 도덕관, 죄악관, 내세관, 실용성, 보편성을 기준으로 삼아 기독교의 우월성을 강변하였다.[25]

이원영의 비교종교론에서 각 종교별로 신론, 죄론, 구원론, 부활/심판론, 본분론 혹은 교조, 연대, 경전, 신론, 인생관, 죄론, 도덕론, 구원론, 내세관 등을 비교하거나 각 종교별 장점과 단점을 열거하고 기독교의 우월성을 논증함으로써 타 종교인에 대한 전도나 선교를 돕는다는 점에서 박형룡이 선보였던 기독교 중심의 비교종교학과 방식과 양상이 일맥상통한다고 평가할 수 있다.

이들보다 앞서 감리교 토착화 신학의 문을 연 탁사濯斯 최병헌崔炳憲(1858~1927)은 이슬람교[回回敎], 유교[孔子敎], 힌두교[印度敎], 불교를 비교하면서 기독교의 우월성을 주장한 「사교고략四敎考略」을 완성하고, 이것을 확대하여 『만종일련』을 출판하였는데, 『만종일련』에서는 종교의 기준으로 기독교 모델을 중심으로 유신론, 내세론, 신앙관 등을 제시하였으며, 천주교·그리스정교·개신교 등의 기독교와 더불어 유교, 불교, 선교仙敎, 힌두교, 이슬람교, 유대교, 라마교, 이집트종교, 그리스종교, 백련교白蓮敎, 신교神敎, 천리교天理敎 등과 같이 세계 종교를 소개하고 태극교, 대종교大倧敎, 태을교太乙敎, 경천교敬天敎, 청림교, 제우교濟愚敎처럼 국내 자생 신종교까지 포괄하였는데, 이 역시 선교를 위한 비교종교학이라고 할 수 있다.[26]

이에 비해 장로교의 채필근은 객관적인 현대 종교학의 이론적 관점을 소개하면서도 기독교신학의 관점을 근간으로 동양 유교에 대한 일정한 존중을 드러내는 방식으로 『비교종교론比較宗敎論』을 집필했으며, 큰 종교와 작은 종교로 구분한 다음에 큰 종교로는 유교, 도교, 브라만교와 힌두교(시크교 포함), 불교, 조로아스터교, 유대교, 그리스도교, 이슬람교를 설명하고, 작은 종교로는 셔먼교薩滿敎, 신도, 자이나

교, 마니교, 바하이교, 모르몬교, 단군교檀君敎, 대종교大倧敎, 천도교와 시천교 등을 구분했다.[27]

이원영의 비교종교론은 천도교나 대종교 등에 집중했던 박형룡, 채필근, 최병헌에 비해 동학, 단군신앙, 증산교, 남학 등 다양한 연원에서 파생된 한국 자생 신종교를 훨씬 더 많이 포괄적으로 다루었다. 그러나 한국 연원이 아닌 다양한 신종교, 예컨대 천리교를 비롯해서 일본에서 유입된 일본계 신종교나 바하이교를 비롯한 인도계 신종교, 모르몬교처럼 서구 계통의 신종교 등은 전혀 포함시키지 않았다. 이는 서양이나 인도에서 비롯된 신종교들을 포함시켰던 채필근과 분명하게 차이가 나는 부분이다.

이원영의 설교에 나타난 한국 유교의 기독교적 재전유 양상

1. 유교적 수양에서 기독교적 영성 훈련으로

이원영은 순수한 이理의 추구와 경건[敬]한 실천을 강조하는 퇴계학의 유교적 수양을 기독교의 경건한 영성 훈련으로 적절하게 재전유했다. 평안도를 중심으로 전국적으로 확산되었던 신유神癒의 기적과 종말론적 예언 및 각종 신비 체험들이 부흥사 중심의 기독교의 열광주의적 문화를 일정하게 형성한 것과는 달리, 철저하게 경전을 독송讀誦하는 영남 유교 문화는 성경 중심의 경건한 기독교 문화를 정초했다. 실제로 영남 지역은 쪽복음이 모자랄 정도로 성경에 대한 관심이 지대했

고 사경회査經會나 주일학교 강습 등을 통해서 성경 기독교의 면모를 강하게 드러냈다.[28]

또한 이황의 이기불상잡理氣不相雜적 성리학은 현실적 기氣의 현상적 변화나 적응보다 순수한 이理의 근본 이치를 탐구하고 그것을 경건하게 실천하는 기풍으로 실현되었는데, 이원영은 이러한 문화적 에토스를 기독교 교리의 근본인 성경에 대한 충실한 체득과 경건의 영성 훈련으로 재전유함으로써 성경에 철저한 영성과 경건한 생활을 추구하는 성경 기독교와 선비 기독교의 전통을 정립했다. 퇴계학의 문화적 에토스를 재전유한 이원영의 신앙과 실천은 영남 지역을 중심으로 한국 기독교의 주류를 이루는 장로교의 보수적인 신학과 경건한 신앙에서 비롯된 성경 기독교와 선비 기독교의 에토스를 구성했다.

이런 맥락에서 이원영은 주로 기독론, 교회론, 신앙에 대한 가치관과 교육에 대해 집중적으로 설교했다. 특히 유교 전통의 제사 문화에 젖어 있는 교인들에게 하나님께 드리는 제사, 곧 예배(산제사 롬 12:1-2)를 선포하고, 유교 문화 전통이 깊은 장소에서 기독교의 정체성을 천명하며, 구원받는 교회의 경건 훈련에 집중했다.[29]

실제로 일제강점기 1930년대에 집중적으로 이루어진 원고 설교 20편은 대체로 유교의 수양에 상응하는 기독교의 성경적 영성과 경건한 실천에 대하여 '영적 위생 관리' 혹은 '영적 이전 등기', '생활상(영계) 혁명', '새 영생의 길' 등으로 설명하였다.[30] 이들 설교에서는 전반적으로 육肉적 욕망에서 영靈적 신앙으로, 마귀에서 하나님으로, 악과 불의에서 선과 의로, 세속적 생활에서 신령한 생활로 전환할 것을 주장하는 양상이 두드러지는데, 그 전환의 토대로서 성경을 누누이 강조했다. 실제로 '영적 이전 등기'(골 1:13)에 대한 설교는 1931년, 1932년, 1952년에 걸쳐서 중앙교회, 안기교회, 서부교회에서 여러 번 반복할 만큼 중요한 주제였다.[31]

첫째, 이원영은 '마귀의 소유'에서 '하나님의 소유'로 심리心理, 행위, 생활을 '복福 이전 등기' 해야 한다고 반복적으로 역설했다.[32] 먼저, 심리적 차원에서는 마귀를 좇아 불의의 종자를 심고 악한 행실로 길러서 사망의 열매를 추수하는 양상에서 벗어나서 하나님 앞으로 복을 이전하여 의의 종자를 심고 착한 행실로 길러 영생의 열매를 추수해야 한다고 역설했다.[33] 다음으로 행위적 차원에서는 "마귀가 인간의 행위를 악한 풍습, 악한 습관으로 물들여가지고 기생방, 도박장에 행상 판매로 돌아다니면서 패가망신의 두 짐을 한 어깨에 매어 주기도 하며 혹은 썩어 가는 규례와 예문禮文으로 굴레를 씌워가지고 이 집 장사, 저 집 제사에 몰려다니면서 술통에 만취되고 담배 골초에 세월을 허송하게 했으나", "풍속과 습관에 염색된 것을 여호와의 계명으로 정결케 세탁하고 규례와 예문에 사로잡혔던 것을 성신의 법으로 해량解凉하자"고 주장했다.[34]

또한 이러한 풍속상 행위의 대표적 사례로서 혼례 시 금전적 낭비와 장례상 재력 허비를 마귀의 간계에 유혹된 예문상 문제 행위로 설명했다.[35] 생활적 차원에서는 "육신에 대하여는 떡 덩이로 꾀고(유혹) 처지에 대하여는 영광으로 유혹하고 사상적으로는 지식으로 유혹하여 우리의 생활(삶) 전체를 자기의 완전한 소유로 삼았다"고 진단한 인식의 토대 위에서 "영의 생활로 전환하자"고 강조하는 한편, "성경은 우리의 생명의 떡 덩이요 그리스도는 우리의 영생의 영광이요 여호와는 우리의 근본 지식이라, 이러한 영적 생활로 육에 대하여 십자가를 진 자는 하나님 앞으로 복 등기를 증명하는 것"이라고 설명했다.[36]

이러한 설교는 "이욕利慾이나 교만이나 간사나 음란이나 여러 가지 죄악들"[37]로 구속되는 사적 이욕으로부터 벗어나서 공적 천리天理를 구현하는 '존천리거인욕存天理去人慾'의 성리학적 지향성과 일정하게 조응할 뿐만 아니라 불순한 현실적 욕망이 심리, 행위, 생활을 물들이지 않는 순수한 이理를 철저하게 지향하고 경건하게 구현한다는 점에서 퇴계 성리학을 순수한 영성의 경건한 실천으로 재전유하되 육적 생활의 사망에서 영적 생활의 생명으로 거듭나는 기독교적 관점을 잘 보여 준다.

또한 예수와 하나님을 생명의 영광과 근본 지식으로 보면서 성경을 영성의 생명을 담은 교훈으로 거듭해서 강조했다. 특히 이원영은 "옛부터 성현의 교훈은 도덕적 수양에 적당한 것도 있으나 생명이 있는 것은 없습니다. 오직 예수의 교훈은 생명이 있습니다. 그러므로 영원한 생명의 양식이라고 합니다"라고 하여 유교의 도덕적 수양이 유익한 교훈이라는 점을 인정하면서도, 보혜사 성신의 인도로 죄악의 부패성에서 벗어나서 영원한 생명의 양식이 되는 예수의 교훈과의 차이점을 부각시켰다(요 14: 26).[38]

둘째, 이원영은 '교회가 특별히 요구하는 인물(마 2:1-12)'에 대한 설교에서도 성경과 경건한 자세를 강조하면서 수양의 범위를 성경 지식, 신앙 담력, 봉사 정신으로 확대했다. 그는 교회에서 요구하는 인물상으로 성경상 지식에 수양 있는 인물, 신앙상 담력에 수양 있는 인물, 봉사정신에 수양이 있는 인물을 제시했는데, 성경 지식, 신앙 담력, 봉사

정신 등에서 수양을 요구하는 것은 각각 선비들의 경건[敬]한 수양과 성실한 경전 공부, 투철한 의리[義]의 관철 자세, '사인사천事人事天'의 봉공奉公 정신 등에 견줄 수 있다. 물론 성性=이理를 경건하게 수양하고 실천하는 이황의 태도와 인격적 신을 섬기는 이원영의 자세의 차이는 무시할 수 없다.

셋째, 이원영은 "죄악의 암흑 중 생활을 벗어나서 생명의 광명한 생활을 하자"고 주장하면서 '신령한 생활의 개선(롬 6:12-14)'을 주창하였다.[39] 특히 "생활개선의 시작은 중생과 반정"이고, '생활개선의 유지는 성경과 전도'라고 설명했는데, 생활개선이 '성신의 변화'를 받아 "죄악의 옛 생활을 버리고 생명의 새 생활로 나가는" '중생重生'과 "악마의 사망의 길에서 생명의 길로 바로 돌이켜 나가는" '반정反正'에서 시작된다는 설명은 기독교적 중생 개념과 유교적 반정 개념이 유기적으로 연결된 신학적 해석이며,[40] "양성할 근본 재료는 성경입니다. 성경은 그 속에 생명이 있는 말씀으로 신령한 양식 되신 영적 생활을 양성합니다. 영적 생활을 양성할 재료는 결단코 다른 것이 없습니다"라고 하여 생활개선의 유지를 위한 근간으로서 성경과 전도를 강조한 것은 경전을 토대로 경건하게 '수기치인修己治人' 하던 유교적 방식을 기독교적 관점에서 재전유한 것으로 해석할 수 있다.

2. 퇴계의 '칠정' 이해와 이원영의 '금일의 영성'

이원영은 1935년 5월 15일 안기교회에서 한 '금일의 영성'(고후 11:1-3)이라는 제목의 설교에서 옛날 영성과 금일의 영성, 처음 영성과 둘째 영성을 대조했다. 『고린도전서』 14장 42-47절에서 사도 바울이

죽은 자의 부활을 '썩을 것으로 심고 썩지 아니할 것으로 다시 살아나는 것'으로 설명하면서, 욕된 것에서 영광스러운 것으로, 약한 것에서 강한 것으로, 육의 몸에서 영의 몸으로, 흙에 속한 육의 첫 사람에서 하늘에서 난 신령한 둘째 사람으로 부활하는 것으로 부연했듯이, 이원영은 아담과 예수를 '산 영혼'과 '살려 주시는 신'으로 설명하면서, 처음 영성이 남편의 '뼈'에서 시작되어 죄 없는 데서 '죄'로 들어간 반면, 둘째 영성은 신랑의 '신'에서 시작되어 죄에서 '죄 없이' 하는 데로 나가는 것이라고 대비하였으며, 두 가지 영성의 차이를 '죄'의 전염과 '생명'의 전염으로 철저하게 구분했다.[41]

이렇듯 두 가지 상반된 영성을 뼈와 신, 땅과 하늘, 육과 영, 죄와 생명 등으로 철저하게 대립시키면서 전자에서 후자로 거듭나는 부활의 영성을 강조한 것은 이황의 성리학을 연상시킨다. 육의 몸에서 죄로 전염되는 옛날의 첫째 영성과 영의 몸에서 생명으로 살아나는 금일의 둘째 영성을 철저하게 구분하는 양상은 분명히 기氣가 발동하여 순선純善하지 못한 칠정七情을 이理로부터 비롯되어 순선한 사단四端과 철저하게 구별하는 '이기불상잡理氣不相雜'적 관점과 일정하게 상통한다. 이는 성리학 중에서도 칠정과 사단, 리과 기의 연관성을 강조하는 이이李珥(1536~1584)의 '이기불상리理氣不相離'적 관점과 분명하게 다르다.

그런데 이원영은 순선하지 못한 '칠정'을 뱀의 소산물로서 영성 범죄 이후에 생긴 것이라고 독특하게 설명했다. "동양의 아성 맹자가 사람의 칠정을 말하였으니 칠정은 영성 범죄 이후에 생긴 것입니다. 그러므로 칠정은 뱀의 소산물입니다. 범죄 이전에야 희노애락구의 중이 있을 까닭이 왜 있겠습니까? (…) 입고 먹고 살아야겠고 더 잘 입고, 더 잘 먹고, 더 잘 살아야겠다며, 하나님의 법을 지키지 못할 때는, 즉 모두 선악과입니다."[42] 그는 칠정을 하나님의 법을 지키는가 그렇지 못하고 사적 욕망을 실현시키는가에 따라 선악이 나뉘는 '선악과'로 설명했다. 비록 사단에 대한 별도의 언급은 없지만, 칠정을 뱀의 소산물인 선악과로 설명하는 이원영의 해석은 사단四端을 칠정과 연계되는 선악과의 영적 범죄 이전에 하나님의 법에 따라 순선한 하나님의 형상Imago Dei으로 해석할 수 있는 가능성을 품고 있으며, 이理로부터 비롯되는 사단을 기와 연관된 칠정과 분명하게 구분했던 퇴계의 사단칠정론의 영향을 기독교적으로 일정하게 재전유한 것으로 보인다. 그러므로 선악과를 먹고 고통으로 쫓겨난 첫째 영성의 범죄에서 벗어나서 십자가의 과실, 그리스도의 피와 살을 먹은 둘째 영성으로 거듭나야 함을 강조한 이원영의 설교[43]는 칠정으로부터 사단으로 관심을 집중하는 이황의 성리학과 상통한다고 할 수 있다.

3. 영적 위생 문제(고후 6:14-7:1) : 회개, 기도, 예배의 기독교적 수양론

이원영은 영혼의 위생 관리를 위해 영적 청결인 '회개', 영적 운동인 '기도', 영적 수양인 '예배'를 역설했다.[44] 회개, 기도, 예배를 영적인 청결, 운동, 수양으로 설명한 것은 개과천선改過遷善의 유교적 수신修身을 영적 차원으로 재전유한 기독교적 수양론이라고 할 수 있다.

첫째, 영적 위생 관리의 첫 번째 단계인 영적 청결에 소제掃除와 수보修補가 있는데, 이는 이황이 역설했던 개과천선의 유교적 수신에 상응한다. 이원영은 예수가 예루살렘 성전에서 소와 양과 비둘기를 팔거나 돈을 바꾸는 자들을 채찍으로 쫓아내면서 하나님께 기도하는 집을 강도의 굴혈로 만들었다고 책망했던 성전 청결 사건을 본받아서, 질병의 예방을 위해 소제하는 것처럼 영적 질병의 예방을 위해 마음속에 지옥을 만드는 더러운 것들을 회개를 통해 소제할 것을 역설했다. 또한 불한당을 만나 위험에 빠진 사람을 고쳐 주고 보호한 선한 사마리아인 같은 예수의 모범을 따라 "마음에나 말에나 행실에서 떨어지고 깨어진 것 같은 악한 생각, 더러운 말, 나쁜 행실을 수보"해서 술, 화투, 금전 등에 의해 휘둘리는 결함을 회개해서 수보를 완전하게 해야 한다고 강조했다. 이는『성학십도聖學十圖』중「백록동규도白鹿洞規圖」의 '독행篤行' 중 수신지요修身之要에 '개과천선'을 넣고[45] 경敬의 자세로 개과천선을 실천할 것을 역설했던 이황의 태도와 상통한다.[46]

둘째, 이원영은 영혼을 튼튼하게 하는 운동으로 기도를 주목했다. 그는 "제물을 드리려고 할 때 너의 형제가 원망하는 것이 생각나거든 먼저 가서 화목하고 그 후에 예물을 드리라"(마 5:23-24)는 가르침에 따라 영적 운동인 기도에 앞서 "관습으로나 날로 행하는 것으로나 양심에 거리끼는 것 모두 성경에 어긋나는 죄를 힘써서 버려야 한다"고 강조했다. 이원영이 사회적 관습과 개인적 행실 모두 양심에 거리끼는 것이 없도록 하는 것을 강조한 점은 본성의 도리에 충실하게 따르면서도 자율적으로 꾸준하게 개인적 수양과 사회적 관습을 바로잡는 교속矯俗을 추진했던 이황의 점진적이고 자율적인 예속화禮俗化 노력과 일정하게 상통한다.[47]

실제로 이원영은 영적 운동의 방향에서는 예수 신앙을 푯대로 삼아서 천도교, 불교, 세속적 방식 등에 관심을 기울이면서 방향성은 상실하는 위험성을 철저하게 경계하는 한편, 게으름을 방지하고 일정한 방향으로 열심히 노력할 것을 주장했다. 이는 게으름과 불철저함에서 벗어나서 순수한 이理에 충실하되 조급하고 급진적인 태도 대신 신중하고 점진적이며 온건한 수양을 견지했던 이황의 자세를 계승하고 재전유하여 온건한 보수주의와 경건주의적 경향을 강화한 것이다. 이황은 실천적 의도를 앞세우면서 지나치게 조급하게 수양의 효과를 이루려는 이이의 자세가 도리어 심기心氣의 병을 조장한다고 지적하면서 억지로 수양하지 말고 평안하고 여유있게 접근해서 이理가 저절로 드러나게 하여 조존操存과 성찰省察을 이루는 점진적이고 온건한 수양론을 역설했다. 이이가 개별적이고 현실적인 기氣의 현상적 개선을 주장한 반면, 이황은 근본적이고 보편적 이치[理]에 편안하게 머무는 수양을 강조했던 것이다.

"심기心氣의 병은 바로 이치를 살피는 데 투철하지 못하여, 이치에 맞지 않는 말만을 꼬치꼬치 캐면서 무리하게 찾으며 마음을 잡는 방법에 어두워 싹을 뽑아 올려 성장을 돕느라 자기도 모르게 마음을 괴롭히고 정력을 극도로 소모하여 이에 이르게 된 것입니다. 이것은 또 학문을 처음 하는 사람들의 공통된 병통이니, 회옹晦翁 선생이라도 처음에는 이런 병통이 없지 않았던 것입니다. (⋯) 이치를 궁구하는 것은 일상생활의 평이하고 명백한 곳에 나아가 간파하고 익히며, 이미 아는 바에 대해서는 편안하고 여유 있는 마음으로 음미해야 합니다. 오직 착심着心한 것도 아니고 착심하지 않은 것도 아닌 사이에 두고 잊지 말도록 하여야 합니다. 그리하여 쌓기를 오래하면 저절로 이해되어 얻는 것이 있을 것이니, 너무 집착하거나 얽매여서 빨리 효과를 보려 해서는 더욱 안 됩니다. 보내준 편지에, 함양하고 몸소 살피는 것[體察]은 우리 유가儒家의 종지宗旨이며, 천리天理와 인사人事가 본래 두 가지가 아니라고 한 것은 좋습니다. 다만 '깨닫는다[悟]'는 한마디를 극력 주장해서 말하였으니, 이것은 총령蔥嶺에서 가져온 돈오頓悟·초월超越을 말하는 불가佛家의 방법이고, 우리 유가의 종지에 이런 것이 있다는 말은 듣지 못하였습니다. 그러기에 전에 말한 무리하게 찾아서 조장하는 병이 아마도 여전히 남아 있음을 면하지 못한 것 같습니다."[48]

셋째, 영적 수양으로서 예배를 강조하면서 수양의 장소로서 예배당을 중시하고 수양의 재료인 성경을 주목했다. 이원영은 예배당을 '세상과 구별된 신령한 장소'이자 '천당의 그림자'라고 강조하면서, '정당치 못한 금전 문제나 서로 시기하고 분쟁하는 더럽고 악한 입술을 가지고는 들어갈 수 없는' 신령한 장소라고 설명했다. 이는 세상과 예배당을 분명하게 구분하고 성별된 신령한 장소인 예배당에 들어가려면 도덕적으로 올바른 삶의 수양을 온전히 해야 함을 뜻한다. 비록 하나님과 조상, 예배당과 가묘로 의례의 대상과 장소가 차이는 있지만, 성스러운 장소에 걸맞은 거룩한 행실을 위해 성화聖化의 수양을 강조하는 것은 마치 조선시대 선비들이 일상생활의 중심에 가묘家廟를 두고 그것을 의식하며 조상에게 누를 끼치지 않기 위해 노력하는 것과 상통한다.

한편, 이원영은 성경을 '생명의 양식'으로서 속사람, 즉 영혼의 활양분活養分이자 '사람의 죽은 행실을 다시 거듭나게 하는 생명책'으로 설

221

명했다. 또한 "육신이 음식의 맛을 잃게 됨에 따라 죽음의 염려가 있는
것과 같이 성경의 맛을 잃게 되면 영혼이 죽음에 이를 염려가 있으므
로 힘써 성경 공부를 함으로 우리의 영혼이 수양을 받게 되어 영이 죽
지 않도록 힘써야 한다"고 상술했다. 따라서 예배는 영혼의 생명을 유
지하는 성경의 가르침대로 죽은 행실을 생명의 행실로 거듭나게 하는
영적 수양이 된다. 여기서 영적 수양은 세속적 일상과 구분되는 종교
적 영역의 예배에만 국한되는 것이 아니라 삶 전체를 영적 수양의 예
배로 확장할 수 있는 가능성을 포함하며, 예배당과 성경은 영적 수양
의 중심이 된다.

맺음말 : 퇴계의 유교에서 이원영의 기독교로

지금까지 이원영 목사의 생애와 사상에서 기초가 되는 두 축으로서
퇴계의 유교와 한국 장로교가 상호 결합하여, 조선의 유교 전통을 기
독교적으로 재구성한 유교적 기독교의 면모를 문화적 에토스의 차원
에서 검토하였다. 이를 통해 안동 지역을 중심으로 하는 경북 지역 기
독교, 나아가 한국 교회의 중요한 전범으로서 근대 한국의 기독교와
유교의 만남이 한국적으로 이루어지는 양상과 특성에 대한 이해를 모
색해 보았다.

특히 『주일학교강습』과 『종교비교 지혜문 천문 종교교리연구』를 중
심으로 일제강점기를 배경으로 나타난 이원영 목사의 종교관의 특성
과 의의에 대해 탐색하는 한편, 조선 유교의 기독교적 재전유로서 성

경에 대한 철저한 수용과 경건한 영성 및 생활을 강조하는 성경 기독교와 선비 기독교의 양상을 이원영의 설교와 이황의 사상을 비교하였으며, 다음과 같은 결론에 도달했다.

첫째, 조선시대 영남 지역 유교의 강학회 전통은 기독교의 사경회로 재전유되어 성경기독교의 문화적 에토스를 구축하는 데 일조했다. 이원영은 비교종교학을 통해 보편적 종교성을 인정한 토대 위에서 유교와 기독교가 분명한 차이가 있음에도 불구하고 각각 인간관계의 도덕과 신인 관계의 종교로서 결합할 수 있다는 인식을 보여 주었다. 그는 다른 종교인들에 대해서 '덕 있는 사람[德人]'의 가능성을 인정했으나, '거룩한 사람[聖人]'은 예수교인만 가능하다고 주장하였으며, '덕德'과 '성聖'의 위계적 차별성에 근거해서 유교적 도덕에 대한 기독교적 신앙의 우위를 천명했다.

특히 세계 종교와 한국의 자생 신종교를 포괄하는 이원영의 비교종교론은 기독교적 유일신교 모델에 따라 신관, 종교관, 윤리관, 죄관, 후세 생의 심판 상벌론 등을 종교의 보편적 요소로 보아 종교 비교의 기준으로 삼았으며, 비교의 시각에서 기독교의 장점으로 남녀평등과 여권 존중을 들고 다른 종교에서는 남성우월주의와 여권 침해의 문제점이 있다고 비판했다. 또한 불교와 유교는 초월적 인격신이 없고 무신론적 경향이 있고, 회회교와 힌두교 등의 유신론 전통에서는 초월적 인격신에 대한 관념은 있으나 기독교적 신관처럼 옳게 설명하지 못하는 한계가 있다고 역설했다. 나아가 타 종교는 구세주의 구원과 초월적 인격신과 구원과 연관된 도덕적 관념의 한계가 있다고 설명했다.

또한 다른 종교에는 구원이 없다는 관점에서 기독교의 신관과 다른 종교의 차별점을 분명하게 부각시켰다. 회회교에 대해서는 기독교처럼 유일신관이긴 하지만 삼위일체론이 없다는 것을 지적했고, 힌두교에 대해서는 만유재신론 혹은 범신론적 문제점을 지적했으며, 불교에 대해서는 유일신관 부재를 비판했고, 유교에 대해서는 인륜의 특징이 있으나 인륜과 하나님의 상관성을 인정하지 않는 단점을 비평했다. 유교에 대한 이해와 비판은 인륜 도덕이 신인 관계의 종교의 토대 위에서 이루어진다는 종교관에 입각한 것이며, 유교를 포함한 다른 종교는 올바른 신관과 신인 관계론에 입각하지 못하여 온전한 구원관을 지니지 못했음을 강조했다.

둘째, 이원영의 설교는 경건성의 문화적 에토스를 기반으로 삼아 유교적 수양을 기독교적 영성 훈련으로 재구성하는 양상을 드러내었다. 그는 육적 욕망에서 영적 신앙으로, 마귀에서 하나님으로, 악과 불의에서 선과 의로, 세속적 생활에서 신령한 생활로 전환할 것을 강조하였으며, 영혼의 위생 관리를 위해 영적 청결인 '회개', 영적 운동인 '기도', 영적 수양인 '예배'를 역설했다. 이는 이황이 강조했던 개과천선과 경건성의 유교적 수신을 영적 차원으로 재전유한 기독교적 수양론으로 볼 수 있다. 육적 욕망과 영적 신앙을 분명하게 구분하는 이원영의 태도는 이理로부터 비롯되는 사단을 기氣와 연관된 칠정과 분명하게 구분했던 이황의 사단칠정론을 기독교적으로 일정하게 재전유한 것으로 보인다.

한편, 이원영이 육의 죄에서 생명의 영으로 부활하는 영성을 강조한 것은 결코 기氣에 물들거나 섞이지 않는 순수한 이理의 주재성을 강조하는 이황의 '이기불상잡'적 에토스와 상통한다. 또한 영적 수양을 강조하는 자세는 때를 만나 정치적 이상을 펼쳤던 이이처럼 사회적 구조를 적극 개혁하기 위해 나서는 '겸선천하兼善天下'의 치인治人보다는 악이 판치는 어두운 시대를 맞아 이황처럼 자기 수양과 후세 교육에 힘쓰는 '독선기신獨善其身'의 수기修己의 경향과 친연성이 높다. 이황이 치인보다 개인 수양에 집중했던 것은 불의不義한 권력이 의로운 선비들을 탄압하던 사화기士禍期였기 때문이다. 물론 이이도 수양과 교육에 힘썼고 이황도 관직 생활을 했지만, 뜻을 펼칠 수 있는 시대인가 아닌가의 차이에 따라 상대적으로 '겸선천하'가 가능한 시대인가, '독선기신'이 부각되는 시대인가의 차이가 있는데, 이원영의 시대는 타협의 여지가 거의 없는 '독선기신'의 시대였기 때문에 '이기불상잡'적 에토스가 시대적 상황에 잘 부합하여 오롯이 드러났다고 할 수 있다.

이원영이 살았던 시대 역시 마찬가지였다. 그의 인생 초반기가 유교적 구질서하에서 기독교가 종교로서 탄압받았던 시기였던 반면, 그 중반기는 종교적 박해와 더불어 일제의 민족적 억압이 극에 달했던 일제강점기였기 때문이다. 이원영은 일정하게 농촌사회운동을 하기는 했으나 중심은 어디까지나 종교적 신앙 활동과 종교교육을 중심으로 한 교육 활동이었으며, 유교적 구질서하의 종교 박해와 일제강점기의 정치적-종교적 탄압에 맞서서 적극적으로 물리적 충돌을 하기보다는 불의한 권력에 비타협적 자세를 견지하면서도 조용히 신앙적 수양과 미래를 위한 교육에만 몰두하였다. 그러므로 이황이 기와 섞이지 않는 이理를 수양을 통해 올곧게 간직하고 배양했던 것에 비해, 이원영은 부활의 영성과 신앙적 수양의 종교적 차원에서 확보하려고 매진했다고 평가할 수 있다.

이러한 자세는 사회적 실천 양상에도 반영되었다. 일제강점기의 기독교인들이 대부분 수동적으로 굴복하거나 적극적으로 부역한 반면, 이원영은 유교적 신념에 충실했던 소년기에는 유교적 선비의 절의 정신과 의병 정신의 연장선상에서 적극적인 저항으로 투옥되었으나, 기독교 신앙을 수용한 청년기 이후에는 주변의 외면과 멸시에도 불구하고 일제의 불의한 권력에 굴복하지 않는 비타협적 자세를 견지하면서도 조용히 신앙과 교육에만 몰두하는 자세를 유지했다. 나아가 해방 후에는 교회의 분열 속에서 일제강점기에 순수하게 신앙을 지키지 못하고 일제에 타협했던 기독교에 대한 반성을 하면서도 조급한 정죄 대신 넉넉한 포용을 하는 여유와 감화력을 발휘하면서 교회의 반성과 일치를 이끌었다. 이러한 양상 역시 점진적이고 온건한 수양을 강조했던 이황의 수양론과 상통한다.

이황으로부터 이원영에 이르기까지 지속적으로 계승되는 경건하고 포용적인 자세는 조선시대 유교로부터 현대의 기독교까지 아우르는 문화적 에토스로서, 열광적인 체험이나 급진적 변화 및 비타협적 비판 정신과는 분명하게 구분된다. 예컨대, 해방 후 출옥 성도를 중심으로 경상남도 부산권의 고신 측 인사들이 신사참배 등의 문제에 대해 비타협적 분리 노선을 천명한 것과는 달리, 경상북도 안동권의 이원영 목사는 신앙적으로 참회를 하되 일제에 타협했던 신앙인들을 정죄하지 않고 넉넉한 인품을 포용했다. 영남 지역 내에서도 경상북도와 경상남도 간에 일정한 기질적이고 문화적인 차이가 있었던 것이다.

이는 인仁과 경敬을 중심으로 근본을 배양하는 것을 중시하면서 넓은 포용력을 보였던 퇴계 이황과 경敬과 의義를 중심으로 철저하게 비타협적 비판 정신을 사회적으로 표출했던 남명南冥 조식曺植(1501~1572)이 지닌 문화적 차이가 근대 기독교의 역사에도 지역적으로 일정한 영향을 미친 것으로 보인다. 이에 대해서 이익李瀷(1681~1763)은 다음과 같이 설명하였다.

"중세中世 이후에는 퇴계退溪가 소백산 아래에서 태어났고 남명南冥이 두류산頭流山 동쪽에서 태어났다. 모두 영남嶺南 땅인데, 상도上道(경상북도)는 인仁을 높였고 하도下道(경상남도)는 의義를 앞세워 선비의 교화와 기개가 마치 바다가 넓고 산이 높은 듯하니, 이를 통해 문명文明이 절정에 달하였다."49

조식이 사회적으로는 불의와 타협하지 않는 대쪽 같은 기세가 있었지만 사상적으로는 주자학을 중심으로 하면서도 불교를 비롯한 다양한 학문적 흐름에 대해 일정하게 포용적인 자세를 보여 준 반면, 이황은 사상적 측면에서 불교는 물론 양명학까지 비판하면서 성리학의 유교적 이상을 순수하게 추구하면서도, 실제로 유교적 이념을 통해 사회적 풍습을 올바르게 변화시키는 '교속矯俗'의 실천만 한 것이 아니라 기존의 문화적 에토스와 사회적 풍속을 변화시키는 과정에서 충돌이나 반발이 일어나지 않도록 정도와 속도를 적절하게 조율하는 '해속駭俗'의 우려를 불식시키는 넉넉한 여유를 함께 갖추고 있었다. 이원영의 선비기독교는 이러한 문화적 에토스를 계승하고 재전유함으로써 기독교의 정통 교리를 순수하게 지키는 보수적 신앙과 더불어 경건한 영성으로 수양을 지속하는 선비기독교의 전형을 유감없이 구현했다.

이러한 양상은 결코 불의한 권력에 절대로 순응하지 않고 올바른 이상을 추구하면서도 급격한 개혁의 부작용을 고려하여 넉넉한 인품으로 점진적인 개선을 추구하고 개인의 수양과 미래 세대의 교육에 힘썼던 이황과 상통한다.

요컨대, 이원영은 현실적인 기氣의 현상에 매몰되지 않고 경건하게 순수한 이理의 이상을 추구하는 이황의 유교적 수양을 순전하게 교리를 지키는 보수적 신앙과 경건하게 영적 위생을 관리하는 기독교적 영성 훈련으로 재전유함으로써 성경 기독교와 선비 기독교의 전통을 새롭게 구축함으로써 한국 장로교를 중심으로 한국 기독교 주류의 문화적 에토스를 정초했다고 평가할 수 있다.

이러한 양상은 서양 기독교 신학에서 벗어나려는 진보적 사상인 한국 기독교 토착화 신학과는 달리, 한국에 수용된 보수적인 서구 신학에 상당히 충실하면서도 퇴계학을 근간으로 한 유교 전통의 사상적 특색과 문화적 관습을 일정하게 계승한 한국의 보수 기독교 사상과 문화의 특성에 이해하는 데 일조할 것으로 예상된다.

李瀷, 『星湖僿說』.

李滉, 『退溪集』.

이원영, 『사경회 교사강습(1930代)』, 한국국학진흥원 소장본.

_____, 『종교비교宗敎比較 지혜문智慧文 천문天文 종교교리연구宗敎敎理硏究』, 한국국
학진흥원 소장본.

_____, 『주일학교 강습』, 한국국학진흥원 소장본.

_____, 『주일학교교육 etc』, 한국국학진흥원 소장본.

崔炳憲, 『萬宗一臠』, 京城: 朝鮮耶蘇敎書會, 大正11(1922).

1923 Catalogue of the Presbyterian Theological Seminary of Korea, Pyeong yang.

1928 Catalogue of the Presbyterian Theological Seminary of Korea, Pyeong yang.

강정구, 「근대 기독교와 신문화의 요람, 목성산 자락」, 『안동학』 14, 한국국학진흥원,
2015.

권상우, 「안동 지역의 초기 개신교 특징」, 『민족문화논총』 70, 영남대학교 민족문화연구
소, 2018.

_____, 「안동 지역의 선비-기독교인 연구 ⑴-유교와 기독교의 상호문화철학적 접
근-」, 『철학 연구』 145, 대한철학회, 2018.

_____, 「안동 지역의 선비-기독교인 연구 ⑵-기독교적 유교와 유교적 기독교-」, 『민족
문화논 총』 68, 영남대학교 민족문화연구소, 2018.

_____, 「안동 지역에서 유학과 기독교의 만남-유림의 기독교 수용 과정을 중심으로-」,

『동서 인문학』 51, 계명대학교 인문과학연구소, 2016.

_____, 「영남 지역의 유학적 기독교 연구-다문화시대의 상생적 다원주의를 중심으로-」, 『철학논총』 99-1, 새한철학회, 2020.

김석수, 「조선예수교장로회신학교의 역사와 교과과정에 관한 연구(1901~1939)」, 장로회 신학대 학교 대학원 석사학위논문, 2008.

김성년·김충효·이정순·전경숙 엮음, 『영원한 스승, 이원영 목사』, 서울: 기독교문사, 2001.

金乙東 編, 『安東版獨立史』, 大田: 明文堂, 1985.

박걸순, 「일제강점기 안동인의 역사저술과 역사인식」, 『국학연구』 20, 한국국학진흥원, 2012.

박종천, 「모당일기에 나타난 17세기 초 대구 사림의 강학활동과 강회講會」, 『국학연구』 44, 한국국학진흥원, 2021.

_____, 「16-7세기 예문답을 통해 살펴본 퇴계와 퇴계학파 예학에 대한 재평가」, 『퇴계 학보』 125, 퇴계학연구원, 2009.

_____, 「조선시대 사족(士族) 일상생활의 유교적 의례화 양상」, 『대순사상논총』 39, 대 순사상 학술원, 2021.

_____, 「퇴계 예학과 근기 실학자의 예학-퇴계, 성호, 다산을 중심으로-」, 『국학연구』 21, 한국국학진흥원, 2012.

_____, 「조선 후기 영남 유학자들의 벽이단론(闢異端論)-온건한 포용주의에 대한 재평 가-」, 『철학연구』 138, 대한철학회, 2016.

_____, 「조선 후기 유교적 벽이단론의 스펙트럼」, 『종교연구』 76-3, 한국종교학회, 2016.

_____, 「풍류(風流)로 보는 한국종교의 에토스」, 『민족문화연구』 88, 고려대 민족문화연

구원, 2020.

방원일, 「찰스 클라크(Charles A. Clark, 곽안련) 선교사의 한국 불교 연구」, 『세계 역사와 문화 연구』 58, 한국세계문화사학회, 2021.

배홍직, 『봉경 이원영 목사』, 서울: 보이스사, 1976.

신현광, 「한국 교회 초기 사경회와 신앙교육」, 『신학과 실천』 36, 한국실천신학회, 2013.

신현수, 「봉경 이원영의 구원론 연구」, 『복음과 신학』 10, 평택대학교 피어선기념성경연구원, 2008.

안후상, 「일제강점기 보천교의 독립운동-온라인 국가기록원의 '독립운동관련판결문'을 중심으로」, 『원불교사상과 종교문화』 70, 원광대학교 원불교사상연구원, 2016.

이명실, 「1910년대 사경회의 교육사적 의미」, 『교육사학연구』 17-2, 교육사학회, 2007.

이진구, 「한국 개신교 신학의 종교학 이해와 비교의 정치학: 채필근과 박형룡을 중심으로」, 『종교문화비평』 7, 한국종교문화연구소, 2005.

_____, 「한국 근대 개신교에 나타난 자타인식의 구조:《만종일련》과《종교변론》을 중심으로」, 『종교문화비평』 11, 한국종교문화연구소, 2007.

임희국, 「'봉경 이원영'(鳳卿 李源永) 연구: 에큐메니즘에 입각한 지역 교회사 연구의 사례」, 『한국교회사학회지』 10, 한국교회사연구소, 2001.

_____, 『선비목사 이원영 : 유림儒林 선비에서 기독교 목회자로』, 파주: 조이웍스, 2014.

_____, 「19세기 말에서 20세기 초반 사대부 혹은 유생 출신 기독교인들의 신앙 범주에 관한 소고小考」, 『한국학논집』 60, 계명대학교 한국학연구원, 2015.

임희국 엮음, 『김수만 장로 절면서 열 교회를 세우다』, 한들문화사, 2004.

임희국 엮음, 『봉경 이원영 목사 유고설교』, 서울: 기독교문사, 2001.

조경현, 「韓國 初期 北長老敎宣敎師들과 平壤 長老會神學校」, 총신대학교 대학원 박사학위 논문, 2005.

蔡弼近, 『比較宗教論』, 서울: 대한기독교서회, 1960.

최익제, 「文化的 葛藤에 대한 初期 韓國 改新敎의 認識과 對應-安東地域 長老敎를 중심으로 -」, 『지방사와 지방문화』 8-2, 역사문화학회, 2005.

홍성수, 「한국 장로교 신학교 및 신학계 기독교대학교의 신학적 정체성과 기독교종교교육 유형에 관한 연구」, 고신대학교 대학원 박사학위논문, 2020.

황재범, 「성경적이며 실용주의적 개혁가 이원영 목사」, 『神學思想』 181, 2018 여름.

Charles Allen Clark, *Religions of Old Korea*, New York: Fleming H. Revell, 1932.

1 이원영 목사의 일생에 대한 연구로는 배홍직, 『봉경 이원영 목사』, 서울: 보이스사, 1976; 임희국, 『선비목사 이원영 : 유림儒林 선비에서 기독교 목회자로』, 파주: 조이웍스, 2014; 강정구, 「근대 기독교와 신문화의 요람, 목성산 자락」, 『안동학』 14, 한국국학진흥원, 2015; 그의 신학과 사상적 특성에 대해서는 황재범, 「성경적이며 실용주의적 개혁가 이원영 목사」, 『神學思想』 181, 2018 여름 참조.

2 권상우, 「안동 지역의 초기 개신교 특징」, 『민족문화논총』 70, 영남대학교 민족문화연구소, 2018; 권상우, 「안동 지역의 선비-기독교인 연구 (1)-유교와 기독교의 상호문화철학적 접근-」, 『철학연구』 145, 대한철학회, 2018; 권상우, 「안동 지역의 선비-기독교인 연구 (2)-기독교적 유교와 유교적 기독교-」, 『민족문화논총』 68, 영남대학교 민족문화연구소, 2018; 권상우, 「안동 지역에서 유학과 기독교의 만남-유림의 기독교 수용 과정을 중심으로-」, 『동서인문학』 51, 계명대학교 인문과학연구소, 2016; 권상우, 「영남 지역의 유학적 기독교 연구-다문화시대의 상생적 다원주의를 중심으로-」, 『철학논총』 99-1, 새한철학회, 2020; 최익제, 「文化的 葛藤에 대한 初期 韓國 改新敎의 認識과 對應-安東地域 長老敎를 중심으로-」, 『지방사와 지방문화』 8-2, 역사문화학회, 2005 참조.

3 李滉, 『退溪集』 卷14, 「答南時甫 彦經 ○丙辰」.

4 임희국, 위의 책; 임희국, 「'봉경 이원영'(鳳卿 李源永) 연구 : 에큐메니즘에 입각한 지역 교회사 연구의 사례」, 『한국교회사학회지』 10, 한국교회사연구소, 2001; 임희국, 「19세기 말에서 20세기 초반 사대부 혹은 유생 출신 기독교인들의 신앙범주에 관한 소고小考」, 『한국학논집』 60, 계명대학교 한국학연구원, 2015 참조.

5 최익제, 「文化的 葛藤에 대한 初期 韓國 改新敎의 認識과 對應-安東地域 長老敎를 중심으로-」, 『지방사와 지방문화』 8-2, 역사문화학회, 2005 참조.

6 신현광, 「한국 교회 초기 사경회와 신앙교육」, 『신학과 실천』 36, 한국실천신학회, 2013 참조.

7 이명실, 「1910년대 사경회의 교육사적 의미」, 『교육사학연구』 17-2, 교육사학회, 2007 참조.

8 박종천, 「모당일기에 나타난 17세기 초 대구 사림의 강학활동과 강회講會」, 『국학연구』 44, 한국국학진흥원, 2021; 박종천, 「조선시대 사족(士族) 일상생활의 유교적 의례화 양상」, 『대순사상논총』 39, 대순사상학원, 2021 참조.

9 임희국, 위의 책, 2장과 3장 참조.

10 이하 내용은 임희국, 위의 책, 85~107쪽을 요약하여 정리한 것이다.

11 이하 서술은 모두 한국국학진흥원에 기탁된 『주일학교강습』, 「종교비교 공부긔」 자료를 인용하고 분석한 것이다.

12 당시 평양장로회신학교의 신학과 교육에 대해서는 조경현, 「韓國 初期 北長老敎宣敎師들과 平壤 長老會神學校」, 총신대학교 대학원 박사학위논문, 2005; 김석수, 「조선예수교장로회신학교의 역사와 교과과정에 관한 연구(1901~1939)」, 장로회신학대학교 대학원 석사학위논문, 2008; 홍성수, 「한국 장로교 신학교 및 신학계 기독교대학교의 신학적 정체성과 기독교 종교교육 유형에 관한 연구」, 고신대학교 대학원 박사학위논문, 2020 참조.

13   *1923 Catalogue of the Presbyterian Theological Seminary of Korea*, Pyeong yang, pp. 27~29.

14   *1928 Catalogue of the Presbyterian Theological Seminary of Korea*, Pyeong yang, pp. 16~17.

15   이하 서술은 모두 한국국학진흥원에 기탁된『종교비교宗教比較 지혜문智慧文 천문天文 종교교리연구宗教教理研究』자료를 인용하고 분석한 것이다.

16   Charles Allen Clark, *Religions of Old Korea*, New York: Fleming H. Revell, 1932, p. 5; 방원일,「찰스 클라크(Charles A. Clark, 곽안련) 선교사의 한국 불교 연구」,『세계 역사와 문화 연구』58, 한국세계문화사학회, 2021, 53~54쪽 참조.

17   임희국은「종교비교 공부긔」와『강도기』(곽안련, 1925)를 평양장로회신학교의 강의록과 교재로 추정했다. 임희국, 앞의 책, 118~120쪽 참조.

18   곽안련의 한국 종교 연구는 1910년대부터 1920년대 사이에 이루어졌고, 강의는 1920년대부터 진행되었으나, 연구 결과는 1932년에『옛 한국의 종교(Religions of Old Korea)』를 출간했다. 방원일, 앞의 논문, 54~55쪽 참조.

19   한국 자생 신종교에 대한 곽안련의 설명은『옛 한국의 종교(Religions of Old Korea)』「제4장 기타 신앙」과「제5장 천도교」에 보인다.

20   다만 원불교는 1916년에 불법연구회로 창시되었으나 1924년에 창립총회를 하고 1947년에 원불교로 개칭했기 때문에 교세가 미미했던 당시에는 그 존재를 충분히 인식하지 못한 것으로 보인다.

21   조선총독부 학무국學務局 교육과教育課의『조선에서의 종교 및 향사 요람(朝鮮に於ける宗教及享祀要覽, 1940)』참조.

22   기사「태을교도대검거(太乙教徒大檢擧)」-『동아일보』1921년 4월 7일 참조.

23   안후상,「일제강점기 보천교의 독립운동-온라인 국가기록원의 '독립운동관련판결문'을 중심으로」,『원불교사상과 종교문화』70, 원광대학교 원불교사상연구원, 2016, 440~442쪽 참조.〈표 4〉'독립운동관련판결문'에 나타난 보천교의 독립운동(1921) 중 안동 관련 부분만 재구성했다.

24   金乙東 編,『安東版獨立史』, 大田: 明文堂, 1985, 194쪽.

25   이진구,「한국 개신교 신학의 종교학 이해와 비교의 정치학 : 채필근과 박형룡을 중심으로」,『종교문화비평』7, 한국종교문화연구소, 2005 참조.

26   이진구,「한국 근대 개신교에 나타난 자타인식의 구조 :《만종일련》과《종교변론》을 중심으로」,『종교문화비평』11, 한국종교문화연구소, 2007, 157쪽 참조.

27   蔡弼近,『比較宗教論』, 서울: 대한기독교서회, 1960 참조.

28   임희국, 앞의 책, 2장과 3장 참조.

29   임희국 엮음,『봉경 이원영 목사 유고설교』, 서울: 기독교문사, 2001, 135~136쪽 참조.

30   임희국 엮음, 위의 책, 375쪽 이하.

31   임희국 엮음, 위의 책, 434쪽, 주석 20 참조.

32   임희국 엮음, 위의 책, 434~436쪽 참조. 실제로 '영적 이전 등기'(골 1:13)에 대한 설교는 1931년, 1932년, 1952년에 걸쳐서 중앙교회, 안기교회, 서부교회 등에서 여러 번 반복할 만큼 중요한 주제였다.

33   임희국 엮음, 위의 책, 434쪽.

34   임희국 엮음, 위의 책, 435쪽.

35 임희국 엮음, 앞의 책, 435~436쪽.

36 임희국 엮음, 위의 책, 436쪽.

37 임희국 엮음, 위의 책, 434쪽.

38 임희국 엮음, 위의 책, 418쪽.

39 임희국 엮음, 위의 책, 420쪽.

40 임희국 엮음, 위의 책, 421쪽 참조.

41 임희국 엮음, 위의 책, 375쪽.

42 임희국 엮음, 위의 책, 376쪽.

43 임희국 엮음, 위의 책, 377쪽 참조.

44 이하 내용은 임희국 엮음, 위의 책, 399~402쪽 참조.

45 李滉, 『退溪集』 卷7, 「進聖學十圖箚 幷圖」, 〈第五白鹿洞規圖〉. "正其衣冠, 尊其瞻視, 潛心以居, 對越上帝. 足容必重, 手容必恭, 擇地而蹈, 折旋蟻封. 出門如賓, 承事如祭, 戰戰兢兢, 罔敢或易. 守口如瓶, 防意如城, 洞洞屬屬, 罔敢或輕. 不東以西, 不南以北, 當事而存, 靡他其適. 弗貳以二, 弗參以三, 惟心惟一, 萬變是監. 從事於斯, 是曰持敬, 動靜弗違, 表裏交正. 須臾有間, 私欲萬端, 不火而熱, 不氷而寒. 毫釐有差, 天壤易處, 三綱旣淪, 九法亦斁. 於乎小子, 念哉敬哉, 墨卿司戒, 敢告靈臺."

46 李滉, 『退溪集』 卷7, 「進聖學十圖箚 幷圖」, 〈第九敬齋箴圖〉.

47 박종천, 「퇴계 예학과 근기 실학자의 예학-퇴계, 성호, 다산을 중심으로-」, 『국학연구』 21, 한국국학진흥원, 201); 박종천, 「16-7세기 예문답을 통해 살펴본 퇴계와 퇴계학파 예학에 대한 재평가」, 『퇴계학보』 125, 퇴계학연구원, 2009 참조.

48 李滉, 『退溪集』 卷14, 「答南時甫 彦經 ○丙辰」. "心氣之患, 正緣察理未透而鑿空以强探, 操心昧方而揠苗以助長, 不覺勞心極力以至此. 此亦初學之通患. 雖晦翁先生, 初間亦不無此患. (…) 窮理須就日用平易明白處, 看破敎熟, 優游涵泳於其所已知. 惟非著意非不著意之間, 照管勿忘, 積之之久, 自然融會而有得, 尤不可執捉制縛, 以取其速驗也. 見喩涵養體察, 吾家宗旨, 天理人事, 本非二致, 善矣. 但悟之一字, 力主言之. 此則蔥嶺帶來頓超家法, 吾家宗旨未聞有此. 然則向所謂强探助長之患, 恐依舊未免也."

49 李瀷, 『星湖僿說』 卷1, 「天地門」, 〈東方人文〉, 32b-33a. "中世以後, 退溪生於小白之下; 南冥生於頭流之東, 皆嶺南之地, 上道尙仁; 下道主義. 儒化氣節, 如海濶山高, 於是乎, 文明之極矣."

235

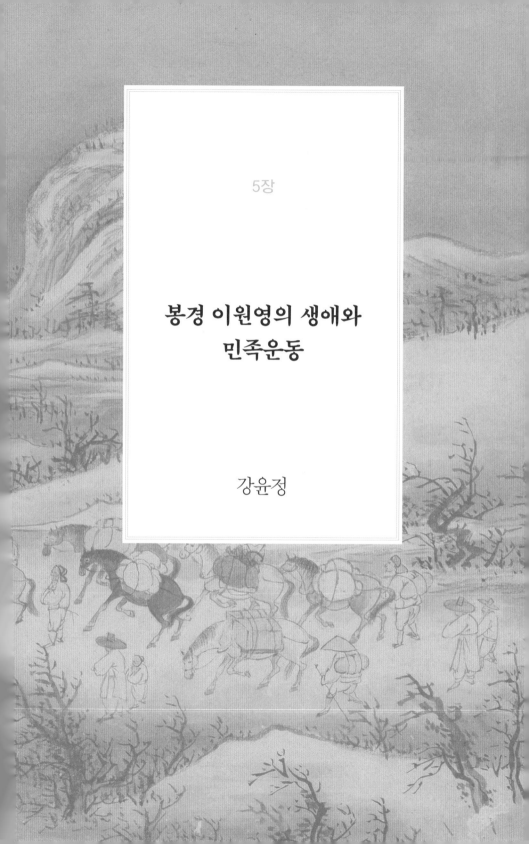

5장

봉경 이원영의 생애와
민족운동

강윤정

머리말

봉경鳳卿 이원영李源永은 1886년 7월 3일 경상북도 예안군禮安郡 의동면宜東面 원촌동遠村洞에서 태어났다. 그는 유년기에 한문사숙과 봉성측량강습소를 거쳐 보문의숙寶文義塾에 입학하였다. 이후 그는 3·1운동에 참여하였다가 체포되어 옥고를 치렀다. 이원영은 형무소에서 인생의 새로운 전환을 맞았다. 독립을 희망하며 민족 문제에 뛰어들었던 그는 기독교라는 새로운 서구 문화를 수용하게 된 것이다. 옥중에서 이원영에게 기독교를 전한 사람은 이상동이었다.

출옥 이후 그는 본격적인 기독교인의 길을 걸었다. 그러나 그의 삶은 구도에만 머문 것이 아니라 1930년대 초반 농촌계몽운동을 전개하였으며, 특히 중일전쟁 이후 일제의 민족말살정책에 강하게 저항하는 등 기독교인으로서 매우 독특한 길을 걸었다. 1942년 11월 장로회 총회는 "첫째, 비행기(愛國機) 1대와 기관총 7정을 헌납하기 위하여

153,103엔을 헌납한다. 둘째, 육군 환자용 자동차 3대와 돈을 헌납한다. 셋째, 놋그릇 1,540개 및 교회 종 헌납운동을 전개한다"는 내용을 결의하였다. 한국 기독교 교단 전체가 친일의 깃발을 선명하게 내건 것이다. 그렇기 때문에 이원영의 저항이 더욱 돋보인다. 이 글은 이에 주목하여 이원영의 생애와 기독 신앙의 특징 그리고 그의 민족 문제 인식과 행보 등에 대해 조명하고자 한다.

원촌에서 태어나다

봉경 이원영(1886~1958)은 1886년 7월 3일 경상북도 예안군 의동면 원촌동에서 태어났다. 지금의 안동시 도산면 원천리遠川里다. 1973년 안동댐 건설로 그 원형은 사라졌지만, 원촌마을은 퇴계 이황의 후손들이 18세기부터 약 300년 동안 역사를 쌓아온 곳이다. 이 때문에 흔히 진성 이씨 세거지로 알려져 있다. 마을 내 진성 이씨 비율이 높기도 하지만, 그만큼 영향력이 컸다는 의미다. 이들의 번창은 과환科宦과 사회적 관계망과 관련이 깊다. 원촌의 진성이문은 조선 후기 들어 문과에 6명, 생원과 진사에 5명이 입격하였다. 벼슬이나 품계를 받은 사람이 모두 16명, 증직을 받은 인물도 7~8명이나 된다.[1]

원촌마을 입향조는 이황의 5대손인 이구李榘(1681~1761)다.[2] 그는 입향 후 마계촌馬繫村이라 불리던 마을 이름을 원촌으로 고치고, '원대遠臺'를 호로 삼았다. 당쟁으로 얼룩진 어지러운 세속에서 벗어나 치욕恥辱을 멀리하겠다는 뜻을 담은 것이다. 이 때문에 향리의 선비들은 그를 원대처사遠臺處士라고 불렸다. 지금의 원촌마을에 남아 있는 원대구택遠臺舊宅이 그의 옛집이다. 원대구택의 뒤편 산자락에는 후손들이 그를 기리기 위해 세운 원대정遠臺亭이 자리 잡고 있다.[3]

원촌마을 진성이문은 이구의 독자 이수원李守元이 네 아들 이세익李世翊, 이세흡李世翕, 이세습李世習, 이세립李世立을 두면서 문호가 번창하기 시작했다. 이들 가운데 이원영의 가계는 이세익의 아들 사은仕隱 이귀운李龜雲(1744~1823)을 잇고 있다. 이귀운은 이원영의 6대조이며, 현재 원촌에 남아 있는 사은구장仕隱舊庄이 그의 옛집이다. 바로 이원영이 태어난 곳이다. 이원영의 5대조인 이귀운은 1786년(정조 10) 문과 갑과에 급제한 뒤, 수십 차례 관직에 임명되었다. 그러나 대부분 사양하여, 벼슬살이를 위해 서울에 머문 것은 1년이 되지 않았다. 이귀운의 아들 이정순은 숙부 이귀성의 문하에서 수학하였으며, 1814년 생원·진사시에 입격하였다. 그뒤 관직에 나아가 내외직을 두루 거쳤다. 이정순의 아들이자 이원영의 고조부인 이휘명은 통덕랑에 올랐다. 증조부인 이만기는 향리에서 진성이문의 자제들의 가학전승에 힘쓴 것으로 보인다. 이원영의 조부인 이중걸과 부친 이관호는 모두 통정랑에 올랐다.[4]

이원영은 사은구장에서 부친 이관호李觀鎬(1853~1904)와 어머니 김영金永(의성 김씨 억수億銖의 딸) 사이에서 4남 1녀 가운데 둘째로 태어났다. 형은 원국源國이며, 원세源世와 원식源植이 동생이다. 누이는 김보영金普榮(본관 함창)과 혼인하였다.[5]

이원영은 원촌마을 진성이문의 가학을 잇고 있는 근대기 인물이다. 그가 1954년 작성한 자필 이력서에 따르면, 만 4세인 1890년 3월 3일

이원영의 생가 사은구장(상), 목사진성이공원영지묘(하)

이원영 가계도

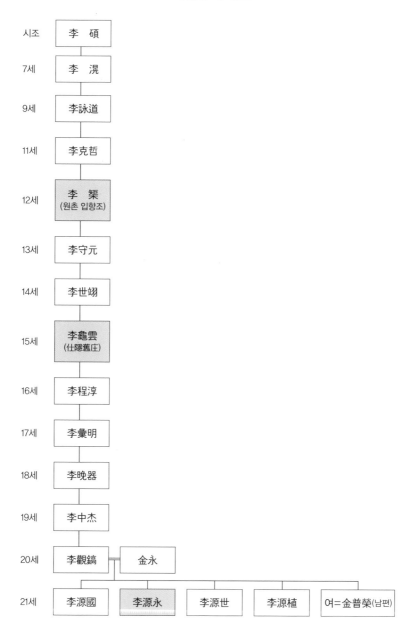

시조	李 碩
7세	李 滉
9세	李詠道
11세	李克哲
12세	李 桀 (원촌 입향조)
13세	李守元
14세	李世翊
15세	李龜雲 (仕隱舊庄)
16세	李程淳
17세	李彙明
18세	李晩器
19세	李中杰
20세	李觀鎬 — 金永
21세	李源國 · 李源永 · 李源世 · 李源植 · 여=金普榮(남편)

한문사숙에 들어갔다. 이곳에서 그는 약 16년 동안 수학하고, 1906년 7월 15일 수료하였다. 만 4~20세까지 수학을 담당한 인물은 현재로 서는 명확하지 않다. 후손들은 조부 이중걸이 이원영의 수학을 담당한 것으로 추정하고 있다.[6] 물론 이원영은 유년기 조부와 부친의 가르침 아래 성장했던 것은 분명해 보인다. 그러나 이원영이 '사숙私塾'이라 는 용어를 사용한 것으로 보아, 원촌마을 진성이문 자제들과 함께 공 부했을 가능성이 크다.

19세기 후반기 이원영 집안의 학문 전승과 관련하여 주목할 만한 인 물로는 이만인李晩寅(1834~1897)이 있다. 적지 않은 원촌 이문의 자제들 이 그의 문하에서 수학하였다. 이만호李晩好(1945~1906), 이중립李中立 (1846~1911), 이중직李中稙(1847~1916), 이관호李觀鎬(1853~1904), 이중수 李中洙(1863~1946), 이중정李中鼎(1884~1916) 등이다. 이중직은 이육사의 조부이며, 이관호는 이원영의 부친이다. 이만인은 "학자의 일은 독서 담론뿐만 아니라 안으로는 부모를 섬기고 형을 공경하며, 밖으로는 나 라에 충성하고 백성을 사랑해야 한다"고 가르쳤다.[7]

이만인의 문하에서 수학한 이중립은 유년기 이원영의 증조부 이만 기의 문하에서 수학하였다. 그는 자신의 아들 이규호李奎鎬(1893~1969) 를 이중수에게 맡겼다. 이중수를 통해 이만인의 가학 전통을 이어간 것이다. 그렇다면 이원영 또한 이중수 등의 문하에서 수학했을 가능성 이 있다. 이규호는 뒤에 이원영과 함께 보우계 계원으로 활동한 인물 이기도 하다. 이중수의 공부는 우선 효제를 중시하면서 주자서와『퇴 계집』으로 학문의 단계를 삼고, 육경과 사서로 기본을 삼았다. 평소 "우리 집이 효제로 전국에 알려졌으니, 너희들은 비록 어리석더라도 이 두 글자를 가슴에 새겨라. 학문이란 특별히 높고 원대한 일이 아니고 부모를 섬기고 형을 공경하는 것이 학문에 들어가는 최초의 문턱이다"라고 가르쳤다. 또한 그는 퇴계가 주장한 "사단四端은 이발기수理發氣隨이고 칠정七情은 기발리승氣發理乘이다"라는 이론은 한 글자도 보태거나 감할 수 없다고 보아 퇴계의 학설을 그대로 계승만 하면 된다고 생각하였다.[8] 이원영이 이중수의 문하에서 직접 수학하지 않았다 하더라도, 원촌마을 진성이문의 학문은 효제를 중시하고, 『퇴계집』과 육경 그리고 사서로 기본을 삼아, 학문을 닦았음을 짐작할 수 있다.

근대시기 이원영과 더불어 원촌을 대표하는 인물로는 단연 이육사 李陸史(1904~1944)를 손꼽을 수 있다. 이육사는 1938년 「계절季節의 오행五行」에서 자신이 태어나 자란 원촌마을을 "본래 내 동리란 곳은 겨우 한 100여 호나 되락마락한 곳 모두가 내 집안이 대대로 지켜온 이 땅에는 말도 아니고, 글도 아닌 무서운 규모가 우리들을 키워 주었습니다"라고 소개하였다. 원촌마을은 비단 이육사뿐만 아니라, 원촌 진성이문 자제들의 '무서운 규모', 즉 엄격한 규범을 만드는 그런 곳이었다.

본래 내 동리란 곳은 겨우 한 100여 호나 되락마락한 곳 모두가 내 집안이 대대로 지켜온 이 땅에는 말도 아니고, 글도 아닌 무서운 규모가 우리들을 키워 주었습니다. 지금 내가 생각해 보아도 우습기도 하나 그때쯤은 으레히 그런 것이라고 생각한 것은 내 동리 동편에 왕모성王母城이라고 고려 공민왕이 그 모후를 뫼시고 몽진하신 옛 성터로서 아직도 성지가 있지만은 대개 우리 동리洞里에 해가 뜰 때는 이 성 우에서 뜨는 것이었고, 해가 지는 곳은 쌍봉이라는 전혀 수정암으로 된 두 봉이 있어서 그 사이로 해가

원촌마을 옛 모습(이육사문학관 제공)

넘어가는 것이었는데, 그렇게 해가 지면 우리가 자랄 때는 집안 어른을 뵈우러 가도 떳떳이 '등롱'에 황촉 불을 켜서 용이나 분이들을 들리고 다닌 것입니다. (⋯) 해가 떠서 너머간 그 바로 밑에는 낙동강이 흘러가는 것이 었습니다. (⋯)[9]

신학문을 수용하다

1906년 7월 한문사숙을 수료한 이원영은 사립봉성측량강습소私立鳳城測量講習所에 입학하였다. 봉성측량강습소는 1908년 봉화군에 설립된 측량학교測量學校다.[10] 졸업장에 따르면 이원영이 이 학교를

졸업한 것은 1909년 4월 5일이다. 1년 넘게 측량학교에서 수학한 셈이다.[11]

봉성측량강습소를 졸업한 이원영은 보문의숙寶文義塾에 입학하였다. 보문의숙은 진성 이씨 문중의 이충호李忠鎬, 이중태李中泰, 이중한李中翰 등이 도산서원 소유 전답을 기본 자산으로 하여 설립한 문중 학교였다.[12] 여기에 이상호李尙鎬가 기부한 70여 칸의 가옥과 설립총회에서 모인 300여 원의 의연금이 그 재원이 되었다. 학교를 설립한 중심 인물은 교남교육회 회원이었다. 이선호, 이동식, 이중항, 이중원, 이중기 등이 바로 그들이다. 교사는『황성신문』(1910년 1월 12일자)의 기록에 따르면, 1909년 12월 도산서원에서 문을 열었고, 그뒤 이상호가 기부한 계남고택溪南故宅을 활용하였다.[13]

이원영의 보문의숙 입학 시기는 1910년 초 무렵이다. 1910년 7월 "본숙本塾 속성과 제1학년 제1학기에 수업한 성적이 우등이기에 특히 포증한다"라는 포증서褒証書를 보면 그의 입학 시기를 알 수 있다. 이원영은 그뒤에도 포증서를 여러 차례 받았다. 제1학년 제2학기(1910. 12), 고등과 제3학기(1911. 3. 31), 제3학년 제1학기(1911. 7. 15) 포증서가 바로 그것이다. 이와 더불어 제3학년 제3학기(1912. 3. 24) 졸업증서가 전하고 있다. 이 포증서와 졸업증서에서 이원영을 가르쳤던 10명의 강사를 확인할 수 있다.

강사 가운데 이원식李元植(이명 이동하李東廈·이동후李東厚·이철李轍, 1875~1959)은 보문의숙 설립과 초기 운영 과정에 결정적인 역할을 한 인물이다. 이원식은 백농白農 이동하라는 이름으로 알려진 인물로, 진성 이씨 초동파虎東派 종손 이규락李圭洛의 둘째 아들이다.[14] 1895년 아버지 이

<표 1> 이원영의 포증서 및 졸업증서

증서 구분	의숙장	강사명
속성과 제1학년 제1학기 (1910.7)	-	이원식李元植, 구자경具滋景, 이범영李範英, 박광희朴廣熙
속성과 제1학년 제2학기 (1910.12)	-	우선기禹善基, 박광희, 홍두식洪斗植
고등과 제3학기 (1911.3.31)	-	박광희, 홍두식, 우선기, 이지호李之鎬
고등과 제3학년 제1학기 (1911.7.15)	-	박광희, 홍두식, 이지호, 이재봉李在鳳
고등과 제3학년 제3학기 (1912.3.24)	이충호	이재봉, 홍두식, 안종순安鍾淳
졸업증서 (1912.3.24)	이충호	

규락을 따라 서울로 간 그는 1904년 보광학교普光學校 사범과에서 수학하였다. 1907년 졸업 뒤 서울의 계산학교桂山學校에서 1년간 근무하다가, 대구 협성학교協成學校로 옮겨 교감으로 재직하였다. 1909년 비밀결사단체인 대동청년단에 가입하여 활동하던 그는 고향으로 돌아와 퇴계 종손 이충호를 찾아가 신식학교 설립을 적극적으로 권유한 끝에 마침내 문중의 지원을 받아, 보문의숙을 설립한 것으로 알려져 있다.[15]

1910년 7월 포증서에 나란히 이름이 올라 있는 다른 강사들도 이동하와 관련이 있는 인물로 짐작된다. 우선 이범영(1890~1955)은 같은 보광학교 출신이자 대동청년단원이었다.[16] 구자경과 박광희(1882~1939)

는 보성학교普成學校 졸업생으로, 1910년 5월 당시 보중친목회원普中親睦會員으로 활동하였다. 구자경은 편집인으로 박광희는 교정원으로 활동하고 있음이 확인된다.[17] 보성학교는 당시 보광학교와 더불어 대표적인 근대 교육기관이었으며, 특히 교장 박중화朴重華는 대동청년단의 핵심 인물이었다.[18] 보문의숙의 성장에는 박광희의 역할이 컸던 것으로 보인다.[19] 경술국치를 당하여 단식을 시작한 이중언李中彦은 순국 직전에 박광희를 불러 "청년들을 교육하여 미래의 초석을 도모해 달라"는 간곡한 부탁을 남겼다. 이는 보문의숙의 성장에 큰 역할을 하였다고 동산 류인식은 기록하였다.[20] 박광희는 1920년 조선노동공제회에서 활동하였는데, 조선노동공제회 안동지회의 결성과 동산 류인식의 참여는 이러한 관계가 작용한 것으로 보인다. 1911년 교사로 활동했던 이지호는 교남교육회원이다.

이상을 종합하면 보문의숙은 교남교육회 인사들이 주도하고, 서울에서 신교육을 수학한 인사들이 대거 강사로 활약하였으며, 이 가운데 일부는 대동청년단에서 활약하였다. 즉, 이원영을 가르쳤던 교사들은 대한제국기 애국계몽운동을 적극적으로 이끌었거나 참여했던 인물임을 알 수 있다.[21]

포증서의 내용으로 보아 보문의숙은 속성과와 고등과를 두고 있음을 알 수 있다. 이원영은 속성과 만 2년 과정을 마치고, 1912년 3월 24일에 졸업하였다.[22] 이때 그의 나이 27세였다. 보문의숙에서 그가 배웠던 22종의 교재가 유품으로 전하고 있다. 자연과학(물리, 화학, 생물) 교과서 10종, 역사 교과서 4종, 교육학 교과서 2종, 사회과학(법학, 경제학) 교과서 3종, 상법부기학 교과서 2종, 일본어 교과서 1종이 바로 그

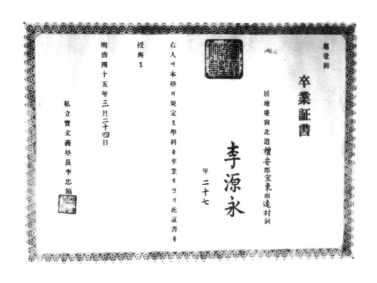

이원영 졸업증서

것이다.[23] 보문의숙에서의 수학이 이원영의 생애에 어떤 영향을 끼쳤는지는 명확하게 알 수 없다. 다만 위에서 언급했듯이 교사들은 교남교육회와 대동청년단과 관련된 인물이 많았으며, 학교 졸업생들이 1919년 예안 3·1운동을 주도하였고, 또 이육사와 같은 저항 문학가를 배출했다는 점에서 민족의식을 고취하는 교육이 이루어졌음을 짐작할 수 있다.

이원영의 이러한 수학 과정은 두 가지 측면에서 시사점이 있다. 첫째, 이원영은 일찍부터 근대교육에 관심이 많았다는 점이다. 1908년 측량학교 입학은 이를 보여 주는 단적인 사례다. 이러한 선택에 이원영의 의지가 강하게 작용한 것인지, 맏형 이원국의 역할이 컸던 것인지는 명확하게 알기 어렵다. 이는 당시 안동 지역에도 확산되고 있던

<표 2> 이원영 집안의 토지 현황(원촌동 소재 토지)[24]

소유자 구분	지목별 면적(평)			총계
	전	답	대지	
이원국	2,074	913	1,018	4,005

계몽적 시대 분위기의 영향도 있었으리라 짐작된다. 둘째, 이원영 집안의 경제 사정도 고려해 볼 만하다. 1912~1914년 작성된 이원영 집안의 토지 규모는 맏형 이원국의 소유로 등재된 약 4,000평의 토지만 확인된다. 그것도 대지 1,000여 평을 제외하면 전답은 3,000여 평이 되지 않는다. 이 또한 대부분 전田인데다가, 이원영과 그 밖의 형제들의 토지는 확인된 것이 없다. 이러한 일가의 경제 사정은 근대적 실용교육인 토지 측량과 같은 교육에 적극적인 요인으로 작용했을 것이다.

그러나 그가 1910년대 일제의 토지조사사업 측량과 관련된 흔적은 보이지 않는다. 이는 안동 풍산의 이준태 사례와는 사뭇 다른 행보이다. 이준태의 경우는 측량학교 졸업 후 다년간 임시토지조사국에서 일했다. 이후 이준태는 1919년 3·1운동을 경험하고 1920년대 사회주의 독립운동 노선을 걸었다. 그런데 이원영은 토지조사사업과 관련된 행보가 확인되지 않는다. 이는 보문의숙 수학 당시 교유한 인사들의 애국계몽사상에 영향을 받은 것으로 추정된다.

1910년대 중반 교유 관계

지금까지 1912년 보문의숙 졸업 후의 이원영의 행적은 1919년 3·1운동 때에 이르러서야 드러났다. 그사이 7여 년의 생애와 행적은 공백에 가깝다. 그런데 그의 후손들이 2018년 국학진흥원에 기증한 『보우계규칙寶友楔規則』에서 제한적이나마 그의 행적과 교유 관계를 엿볼 수 있다. 보우계는 입계 일자가 대부분 1915년 3월 15일로 기록된 것으로 보아, 1915년 3월 15일 조직되었다.

보우계는 그 목적을 "덕의상부德義相孚하야 환난상구患難相求하며 애경상조哀慶相助하기로 목적目的함"이라고 명시하였다. 즉 덕의德義로 서로 의지하며, 환난에 서로 돕고, 경조에 서로 돕는 것이 주된 목적이었다. 입계入楔 자격은 "품행이 단정하고 학력이 충분한 자로 연령은 20세 이상 40세 이하"로 규정하였다. 20~40세의 학식을 갖춘 반듯한 청년층을 대상으로 하고 있음을 알 수 있다. 특징적인 것은 회비 규정이 비교적 엄격하게 제시되어 있다는 점이다. 그리고 사무실은 안동부 내에 두었던 것으로 보인다. 다만, 유고 시에 다른 지역으로 옮길 수 있다는 조항도 보인다.

『보우계규칙』 부록에는 36명의 임계자 명단이 첨부되어 있다. 이를 지역별로 살펴보면 안동 22명, 봉화 10명, 의성 1명, 예천 1명, 청송 1명, 주소 불명 1명이다. 성씨별로는 진성 이씨가 18명으로 많은 수를 차지하고 있다. 그 밖에 진주 강씨 4명, 안동 권씨 3명, 전주 류씨 3명, 완산 이씨 2명, 인동 장씨 1명, 청송 심씨 1명, 의성 김씨 2명, 풍산 류씨 2명이다. 그런데 특기할 만한 사항은 이들은 대부분 유력 동성마을의

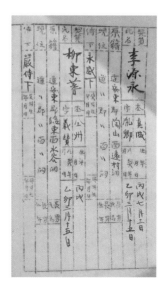

『보우계규칙』 표지 및 명부록(이원영 부분)

유력 성씨들로 구성되어 있다는 점이다.[25] 이들 가운데는 후일 민족운동에 참여한 인물이 적지 않다. 이를 정리하면 〈표 4〉와 같다.

　권명섭(1885~1960)은 봉화 유곡 닭실마을 출신이다. 그는 1919년 파리장서운동에 서명자로 참여하였다가 붙잡혀 1919년 7월 징역 6월 집행유예 2년형을 받았다.[26] 김홍기(1884~1954)는 봉화 해저리 출신으로 1919년 파리장서 서명자 모집 활동을 펼치다가 붙잡혀 고초를 겪었으며, 그뒤 1925년 8월 김창숙이 주도한 제2차 유림단의거에 참여하였다. 이 때문에 1926년 3월 붙잡혀 수개월 동안 미결감에 수감되었다가 풀려났다.[27]

　류동시(1886~1961)와 류동저(1892~1948)는 안동 수곡리 정재종가

<표 3> 보우계 등재 인물

지역	마을	본관	인원	성명
안동	禮安面 浮浦洞	진성 이씨	5	李中基, 李晩佐, 李源赫, 李東完, 李源浩
	陶山面 遠村洞	진성 이씨	4	李寅鎬, 李源永, 李均鎬, 李奎鎬
	陶山面 宜仁洞	진성 이씨	2	李祇鎬, 李永鎬
	陶山面 溫惠洞	진성 이씨	2	李炳轍, 李在敎
	陶山面 龍溪洞	진성 이씨	1	李源懿
	陶山面 溪南洞	진성 이씨	1	李曾鎬
	陶山面 下溪洞	진성 이씨	1	李棟欽
	臨東洞 水谷洞	전주 류씨	2	柳東蓍, 柳東著
	東後面 朴谷洞	전주 류씨	1	柳浚熙
	臨縣內 川前洞	의성 김씨	1	金文埴
	臨東洞 大谷洞	진성 이씨	1	李晩燮
	豊南面 河回洞	풍산 류씨	1	柳惠佑
봉화	法田面 尺谷洞	진주 강씨	4	姜應昌, 姜胄元, 姜聞昌, 姜暎元
	乃城面 酉谷洞	안동 권씨	3	權台燮, 權相英, 權命燮
	法田面 楓井洞	완산 이씨	2	李箕相, 李承圭
	乃城面 海底洞	의성 김씨	1	金鴻基
의성	點谷面 西邊洞	풍산 류씨	1	柳一佑
예천	–	인동 장씨	1	張基生
청송	巴川面 德川洞	청송 심씨	1	沈相元
주소 불명	–	진성 이씨	1	李淇燮
합계			36	

<표 4> 민족운동에 참여한 보우계 인물

성명	자	생몰연도	입계 나이	주소
권명섭權命燮	性厚	1885~1960	30	봉화 내성면 유곡동
김홍기金鴻基	順遇	1884~1954	31	봉화 내성면 해저동
류동시柳東蓍	義贊	1886~1961	29	안동 임동면 수곡동
류동저柳東著		1892~1948	23	안동 임동면 수곡동
류준희柳浚熙	孟明	1892~1925	23	안동 동후면 박곡동
이동흠李棟欽	仁吉	1881~1967	26	안동 도산면 하계동
이인호李寅鎬	義賓	1884~1945	31	안동 도산면 원촌동
이균호李均鎬	天可	1891~1955	24	안동 도산면 원촌동
이규호李奎鎬	聚五	1893~1969	22	안동 도산면 원촌동
이원호李源浩	養直	1890~	25	안동 예안면 부포동
이원혁李源赫	伯憲	1890~1967	25	안동 예안면 부포동
이증호李曾鎬	魯卿	-	-	안동 도산면 계남동
이중기李中基	德裕	1881~	34	안동 예안면 부포동
김문식金文埴			-	안동 임현내 천전동

定齋宗家의 인물이다. 이들의 조부인 류지호와 부친 류연박柳淵博은 1895~1896년 전개된 안동의병을 이끌었다. 이후 부친 류연박은 1912년에 종택을 협동학교 교사로 제공하는 등 교육구국운동으로 전환하는 모습을 보였다. 1919년에는 파리장서운동에 서명자로 참여하였다. 이러한 부친의 영향 아래 성장한 류동시는 1919년 3월 21일 임동면 3·1운동을 주도하였다. 임동면 3·1운동에는 유림들과 기독교인

의 활약도 컸지만 협동학교 학생들이 대거 참여하였다. 태극기와 독립선언서를 준비한 곳도 바로 협동학교다. 이는 류동시를 비롯한 정재종가의 역할이 컸음을 의미한다. 류동시의 아우 류동저는 1920년 5월 창립된 안동청년회에서 참여하여, 학술강습회에서 교사로 활동하였다. 1921년 7월에는 조선노동공제회 안동지회 제2회 총회에서 의사議로 선출되었다.[28]

류준희(1892~1925)는 독립운동가 동산東山 류인식柳寅植의 아들이다. 부친 류인식은 1907년 안동 천전리 내앞마을에 근대식 중등학교를 설립하여, 애국계몽운동을 이끌었다. 이후 만주로 망명하여 독립운동 기지 건설에 참여하였으며, 1912년 귀국 뒤 10여 년간 대동사大東史 집필에 몰두하였다. 1920년 들어서는 조선노동공제회 안동지회, 신간회 안동지회장 등 다양한 사회운동을 이끌었던 인물이다. 그의 아들 류준희는 부친이 설립한 협동학교 1회 졸업생이다. 졸업 후 1920년 5월부터 동아일보 안동지국 총무로 활약하였다. 그해 9월 창립된 조선노동공제회 안동지회에 참여하였으며, 1921년 7월 제2회 총회에서 간사로 선출되었다.[29]

이동흠(1881~1967, 호 이고二顧)은 향산 이만도의 손자이자 이중업의 장자다. 조부 이만도는 경술국치에 항거하여 1910년 10월 순국 자정하였다. 그의 뒤를 이어 손자 이동흠은 1915년 조직된 대한광복회 군자금 모집에 적극 호응하여, 1918년 4월 경북 봉화 일대에서 군자금 모집 활동을 전개하였다. 이 일이 드러나 1918년 11월 대구지방법원에서 징역 5월형을 선고받고 옥고를 치렀다. 이동흠이 옥고를 치르는 동안 부친 이중업은 1919년 파리장서운동에 참여하였으며, 모친 김우

락은 예안 3·1운동에 참여하였다가, 고문을 받고 실명하는 고초를 겪었다. 이후에도 이동흠은 투쟁을 이어갔다. 그는 아우 이종흠과 함께 1925년부터 김창숙이 주도한 제2차 유림단의거에 참여하여, 영양 일대에서 군자금 모집 활동을 전개하였다.

이인호(1884~1945, 이명 이인호李仁浩)는 이원형과 동향인 원촌마을 출신이다. 1919년 3월 17일 예안 3·1운동에 참여하였다가 체포되어, 1919년 3월 24일 징역 6월형을 선고받고 옥고를 치렀다.[30]

이규호(1893~1969)는 이원영과 같은 마을 원촌마을 출신이다. 1920년 창립된 예안청년회에 참여하였으며, 1920년 9월 창립된 조선노동공제회 안동지회에 참여하였다. 1921년 7월 조선노동공제회 제2회 총회에서 간사로 선출되었으며, 1925년 5월 9일에 열린 예안청년회 정기총회에서 집행위원장으로 선출되었다. 이후 1927년 신간회 안동지회가 설립되자 간부(간사, 선전부장)로 활약하였다.[31]

이균호(1891~1955)는 본관이 진성이며 호는 서산曙山이다. 1920년 7월에 열린 예안청년회 창립총회에서 부회장으로 선출되었고, 그해 8월 5일 예안청년회 주관으로 개최된 강연회에서 '자연계에 함양涵養한 오인吾人'이란 주제로 연설한 것이 확인된다.[32]

이원혁(1890~1967)은 이들 가운데 활동 내용이 비교적 소상히 밝혀진 인물이다. 그는 안동 예안 부포마을 출신으로 이원영과는 보문의숙 동기생이다. 자는 백헌伯瀗이며, 호는 혜전惠田이다. 독립운동가로 활동할 당시 백헌을 이름으로 쓰기도 했다. 이원혁은 17세 무렵인 1905년까지 고향 부포마을에서 한학을 수학하였다. 1906년부터 서울의 한성관립학교 영어부에 입학, 3년 수학 과정을 마치고, 1909년 3월

257

졸업하였다. 이후 고향으로 돌아와 사립 보문의숙에서 1912년 중등 과정을 마쳤다. 이후 1919년 대한민국 임시정부를 지원하는 군자금 모집 활동을 벌이다 붙잡혀 고초를 겪었다. 1922년 잠시 일본으로 유학을 떠났으나, 곧 귀국한 후 시대일보사를 경영하며 잡지『조선지광』 간행에 참여하였다. 이후 또 일본에서 발간된 책 가운데 사회 문제를 다룬 것을 중심으로 여러 번역서를 출판하였다. 1927년 2월 15일 사회주의와 민족주의 계열을 아우른 신간회 창립에 참여하여 간사로 활약하였다. 특히 그는 신간회 중앙 본부와 서울의 경성지회에서 활약한 인물이다. 1927년 12월 14일 제1회 간사회에서 그는 선전부 총무간사를 맡았으며, 1929년 6월에는 경성지회에서 복대표 후보로, 7월 23일에 열린 제1회 집행위원회에서는 서기장으로 선출되었다. 이후 신간회가 무너질 때까지 줄곧 중앙집행위원으로 활동하였다. 1929년 11월 광주학생운동이 일어나자, 그는 동료들과 함께 검거된 학생 전원 석방과 진상 규명을 요구하는 결의문을 작성하여 신간회 중앙 본부와 연합으로 각 언론신문사에 보낼 것을 결의하였다. 이어 그해 12월 13일 권동진權東鎭, 허헌許憲, 홍명희洪命熹 등 10명과 함께 광주학생운동에 대한 결의문을 발표하였다. 이 활동으로 붙잡혀 1931년 4월 24일 경성지방법원에서 징역 1년 4월형을 언도받고 옥고를 치르다가, 1932년 1월 22일 허헌, 조병옥, 홍명희 등과 함께 가출옥하였다.

이러한 이원혁의 활동 가운데 주목할 점은 보우계 구성원인 이증호, 이균호 등이 함께 연루된 3·1운동 직후의 움직임이다. 이 무렵 나라 안팎에서는 항일투쟁이 다양하게 전개되었다. 대표적인 흐름 가운데 하나가 대한민국 임시정부와 만주 지역 독립운동단체를 지원하기 위한 군자금 모집 활동이었다. 이들도 군자금 모집 활동에 관여한 것으로 보인다. 이원혁은 상주 출신의 문상직文相直이 주도한 자금 모집과 의열투쟁에 연루되었다. 문상직은 고령 출신으로 1914년 만주로 건너가 신흥무관학교新興武官學校에서 수학하였다. 졸업 후 1919년 8월 신흥학교 졸업생이 중심이 된 신흥학우단원과 함께 의열투쟁을 계획하였다. 폭탄을 들여와 일제 주요 기관을 파괴하고, 조선총독부의 주요 조선인 관리를 암살한다는 내용이었다. 처음에는 문상직이 대구에서 직접 폭탄을 제조할 계획이었으나, 만주에서 확보하기로 계획을 바꾸었다. 그러나 이를 추진하는 과정에서 서영균을 비롯한 관련자 7명이 일본 경찰에 체포되었다. 이때 이원혁도 함께 체포되어 수개월의 고초를 겪었다.

이 일과 관련하여 이원혁의 이름이 드러나는 자료는 ①『고등경찰요사』(조선총독부 경북경찰부, 1934)에 수록된 「암살음모사건」, ② 일제 정보 문건인 「재북경 조선인 독립청년단조직 계획자 검거의 건」(1920. 3. 26), ③ 「예심결정서」다. 이 자료 가운데 ③ 「예심결정서」는 위의 두 사건에 관련하여 문상직, 서영균, 송정득, 이기호, 김사익, 이원혁이 예심에 회부되어, 6월 4일 최종 예심 결정을 받은 자료다. 일제는 이들이 문상직이 주도한 의열투쟁에 가담하였고, 자금을 모집하여 중국에서 독립청년단을 조직하고, 상해·간도 등에 단원을 파견하고 조선독립을 위해 노력했다는 것이다. 문상직은 대구지방법원의 공판에 회부되었고, 이원혁을 비롯한 서영균, 송정득, 이기호, 김사익, 이원혁은 면소 처분이 내려졌다. 서영균, 송정득, 이기호, 김사익은 곧 방면 처분이 내려졌다. 이와 관련하여 흥미로운 것은 이기호가 자금 모집 과정에서

예안의 진성 이씨와 전주 류씨를 중심으로 자금을 모집하려고 한 정황
이 있다는 점이다.

> 이종희李宗熙·류진하柳鎭河 양씨를 방문하여 전달해 주겠습니다. 이 세 사
> 람 이외에 몇 사람 더 있습니다. 모두에게 세 사람이 또한 서로 통지할 것
> 입니다. 그러니 양지해 주시기 바랍니다. 안동군 도산면 의촌동 이균호李
> 均鎬, 도산면 토계동 이증호李曾鎬, 안동군 예안면 부포동 이원혁李源赫, 안
> 동군 읍내 백남상회白南商會 류주희柳周熙 4씨의 손에 모두 전달하겠습니
> 다. 앞의 세 사람에게 전달되면 뒤의 네 사람 및 기타의 여러 사람은 자연
> 판명判明됩니다.

류진하(1892~1964)는 안동 임동면 출신으로, 1907년 설립된 협동학
교를 졸업하고 교직원으로 활동하였으며, 1921년 동아일보 지국장을
맡았던 인물이다. 류주희(1892~1965)는 임동면 박곡 출신으로 1907년
설립된 협동학교 1회 졸업생으로 모교에서 교사로 활동하였다. 이후
그는 1920년 9월 23일에 창립된 조선노동공제회 안동지회에 참여하
여, 1921년 7월 제2회 총회에서 총간사로 선출된 인물이다.[33] 일제는
1919년 5월에 이가李家 일문에서 독립운동 자금 4만 6,000원을 모집
했다고 파악하였는데, 이와 관련된 명확한 증거가 없어 면소한 것으로
보인다. 이원혁은 2월 무렵 체포되어 6월 4일 면소 확정을 받은 것으
로 보아 적어도 3개월의 고초를 겪은 것으로 파악된다.[34]

이러한 일련의 사건과 이력을 종합하면 보우계 관련 인물들은 동산
류인식과 관련이 깊다.

1919년 예안 3·1운동 주도

이원영의 이름이 민족운동선상에서 드러나는 시점은 1919년 3월 17일 예안 3·1운동이다. 이때 그의 나이는 33세로 적지 않은 나이였다. 그가 보문의숙을 졸업한 지 6년 만에 예안 3·1운동의 주역으로 나선 것을 보면, 향내에서의 비중을 짐작할 수 있다.

예안면 독립만세운동은 1919년 3월 17일과 3월 22일 두 차례에 걸쳐 일어났다. 이곳의 독립만세운동은 광무황제의 인산因山에 참가했던 이동봉李東鳳, 이용호李用鎬, 김동택金東澤, 신응한申應漢 등이 서울의 만세시위를 직접 보고 돌아와 소식을 전하면서 준비되기 시작하였다. 예안시위는 계획 단계에서 세 갈래로 준비되었다. 하나는 조수인을 비롯한 예안 유림들에 의해서 논의되었고, 하나는 예안면장 신상면申相冕을 중심으로 면사무소 숙직실에서 논의되었다. 또 하나는 만촌교회 교인들에 의한 준비였다.

이 가운데 이원영은 조수인趙修仁(1881~1943) 등 유림들과 함께 만세 계획을 세웠다. 조수인은 3월 8일경 서울의 손병희로부터 서신을 받고 만세의거를 결심했다고 전한다. 그는 평소 눈여겨 둔 이원영, 김진휘金鎭暉, 조병건趙炳建, 조맹호趙孟鎬, 조방인趙邦仁 등과 의논하여 17일 독립만세운동을 펼치기로 하였다.

3월 17일 오후 3시 30분경 20~30명의 사람들이 면사무소 뒤편 선성산宣城山에 올라 일본이 세운 '어대전기념비御大典記念碑'를 쓰러뜨리고, 독립만세를 부르기 시작했다. 이는 예안 만세시위의 신호탄이었다. 이에 시장 주변에서 준비하고 있던 3개의 만세 행렬이 일제히 시장을 향해 나왔다. 일본 경찰이 수비대까지 동원하여 이를 막고 나섰다. 이동봉은 여기에 굴하지 않고, 만세를 부르며 사람들을 예안주재소로 이끌었다. 그러나 주도자를 비롯한 15명이 체포되자 만세를 부르던 군중도 흩어졌다.[35]

오후 6시경, 격분한 사람들이 다시 주재소에 모여, 구금자 석방을 요구하였다. 해산 명령에도 불구하고 오히려 그 수가 늘어가 1,500여 명에 이르렀다. 이들은 구금자를 석방시키기 위해 돌과 기왓장을 던지며 주재소로 들어갔다. 이에 일제 경찰은 다시 25명을 체포했다. 해산 군중 가운데 와룡면민·예안면민 약 600명은 산을 타고 안동 북문으로 들어가, 다음 날인 18일에 일어난 안동 만세시위에 합세하였다.

3월 22일 예안에서 다시 2차 독립만세운동이 일어났다. 이날 13명이 부상을 입었고, 3명이 체포되었다. 예안 독립만세운동에 참여했던 50여 명이 재판에 회부되어 실형을 받았다. 예안면에서 일어난 독립만세운동은 안동 지역에서 대규모 군중이 참여한 최초의 만세운동이었다. 특히 식민통치기관인 면사무소에서 만세운동이 계획되었다는 점에서 주목된다. 또한 예안 만세시위는 3월 18일에 벌어진 대규모의 안동 만세시위를 북돋우는 역할을 하였다.[36]

이원영은 3월 17일에 일어난 1차 예안 독립만세운동에서 사람들을 이끌고 독립만세를 고창하였고, 밤 10시경 조수인, 조사명, 이회림, 이맹호가 총검에 찔려 부상을 입자 안동병원으로 후송하는 일을 맡기도 했다. 만세운동을 주도하다 체포된 이원영은 징역 1년형을 선고받았다. 조수인 등과 함께 이에 불복하여 상고하였으나 기각되어 1919년 4월 17일 대구복심법원에서 징역 1년형을 선고받고, 서대문형무소에서 옥고를 치렀다.[37] 판결문에서 그의 3·1운동 참여와 인식을 들여다볼 수 있다.

피고 이원영의 상고 취의는 대정8년(1919) 3월 31일 대구지방법원 안동지청에서 보안법 위반으로 징역 1년의 판결을 불복하여 상고한다. 먼저 예를 든 것이 나는 내 부모의 자식이다. 부모가 만리타국으로 여행한 뒤 서신도 갑자기 끊어지고 존몰存沒도 알 수 없게 된 지 10여 년이 되었다. 그런데 어느 날 어떤 사람이 나에게 말하기를 너의 부모가 살아서 돌아온다고 하면 진짜인지 거짓인지를 생각할 새도 없이 기쁜 마음으로 아버지 어머니를 부르며 급히 놀라서 일어나는 것이 인정상 본래 그런 것이다. 인도의 정의와 세계 인류 중 인자인 사람이 나일 경우에 나와 같이 되지 않을 사람이 있을까. 그렇다면 세계 인류는 나를 위해 협찬 환영할 것이라고 생각한다. 이런 예화같이 본 피고인은 대한민족 2천만분의 1이고 대한을 위해 독립만세를 불러야 한다. 독립이라는 것은 자국의 천부적 권리를 주장하는 것, 만세하는 것은 자국의 영구한 평화를 바라는 것이다. 법률은 권리의 보호로써 평화의 목적이다. 그런즉 본 피고인은 법률의 보호에 의해 법률의 목적을 행하고 법률계에서 생활하는 인류는 나를 위해 협동 찬조하여야 하는 것이 아닌가, 우리 한국은 동양의 전 부분이고, 동양은 세계의 반 부분이라면 우리 한국의 평화는 곧 동양의 평화이고, 동양의 평화는 세계의 평화다. 세계를 위해 예비 축하하는 일은 어떤 악의가 아니다. 무슨 정치에 관한 불온한 언동을 한 것인지 보안법 7조에 위반하여 범죄행위가 됨은 본 피고인은 결국 불복하는 바라고 말하고 있으나 (…) 본 논지는 이유 없다.[38]

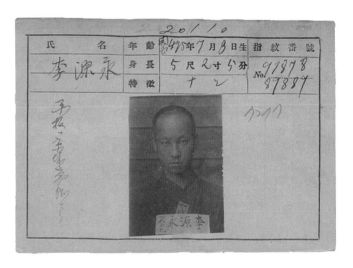

1920년 이원영의 신원 카드

　이를 통해 알 수 있는 것은 이원영은 나라를 부모에 견주고 있다. 만리타국으로 여행을 떠난 지 10년째 생사 여부를 확인할 길이 없었던 부모가 돌아온다면 기쁜 마음으로 일어나는 것이 인지상정이듯이, 자신의 행위는 인도의 정의를 위한 인仁의 발로라는 것이다. 그렇다면 세계 인류는 자신의 행동을 지지함이 마땅하다는 것이다. 그는 독립은 자국의 천부적 권리이며, 만세시위는 영구한 평화를 위한 것이니, 1/2,000인 자신이 독립을 위해 만세를 부르는 것은 인지상 당연한 것이며, 법률도 마땅히 자신을 보호해 주어야 한다고 항변하였다. 즉 이원영은 독립만세는 한국의 독립과 평화를 위한 마땅한 행위이며, 이는 나아가 동양 평화와 세계 평화를 위한 것이었다.

기독교 수용과 민족운동[39]

1. 기독교 수용과 섬촌교회 설립

이원영은 형무소에서 인생의 새로운 전환을 맞는다. 독립을 희망하며 민족 문제에 뛰어들었던 그는 기독교라는 새로운 문화를 수용하게 된 것이다. 옥중에서 이원영에게 기독교를 전한 사람은 이상동李相東 (1864~1951)이다.[40] 이상동은 대한민국 임시정부 국무령을 역임한 석주石洲 이상룡李相龍의 동생으로, 안동문화권에서 매우 이른 시기에 기독교를 수용한 유림이었다. 그는 1906년 마가복음서를 구입 통독한 뒤, 기독교를 수용하였다. 이어 1909년 2월 아들 백광白光 이운형李雲衡과 함께 경북 영양군 석보면·포산동으로 이주한 뒤 포교 활동을 전개하였다. 그는 이듬해 1910년 포산동교회를 세우는 한편 농업 개발 및 성서 연구에 매진하였다. 신자가 70여 명이나 되었고, 교인이 점차 증가하자 1919년 예배당을 신축하기에 이르렀다.[41] 한편 그는 1919년 3월 13일 안동면 장날에 단신으로 독립만세운동을 벌였다.

이상동의 독립만세운동은 안동 지역에서 일어난 첫 만세운동이었다. 그는 대한독립만세라고 쓴 종이를 들고, 공신상회(현 신한은행 앞 성결교회 입구쯤으로 추정) 앞 도로를 달리면서 대한독립만세를 외쳤다. 그는 붙잡혀 압송되는 차 위에서도 "상제上帝의 가호로 한국은 순일旬日(열흘)을 지나지 않아 독립할 것이고, 지금 감옥에 들어가지만 출옥할 날이 가깝다"고 하며, 만세를 멈추지 않았다. 이 일로 체포되어, 1919년 4월 12일에 대구복심법원에서 징역 1년 6월형을 선고받고 복역하였다.[42]

3·1운동에 참여했다가 함께 투옥된 이상동과의 만남은 이원영의

기독교 수용에 결정적 계기가 되었다. 당시 옥중에서 이중무李中斌, 이운호李雲鎬, 이맹호李孟鎬도 함께 기독교를 받아들였다. 이들의 관계는 출옥 후에도 계속되었다.『섬촌교회당설립일기剡村教會堂設立日記』에는 1921년 6월경 이상동이 원촌을 중심으로 한 달 동안 전도를 하였다고 기록하였다.

주후主後 1919년 3월경 우리 조선에 특별한 은혜 주실 때라 이중무, 이원영, 이운호, 이맹호가 옥중으로부터 1년 이상의 시일을 경과하는 중 하느님의 부르심을 입고 출옥 후 10여 리 되는 만촌교회晚村教會에 다니면서 복음의 진리를 도산 지방에 전파하기로 극력 중이더니 하느님께서 도산지방을 경영 중에 두시어, 1921년 6월경 이상동이 전도인으로 원촌遠村을 중심지로 1개월간 전도하였으나 종종 핍박만 보았고 마침내 좋은 결과를 얻지 못하였더라.

기독교인이 되기로 결심한 이원영은 출옥 후 매 주일 만촌교회에 다녔다. 만촌교회는 원촌마을과 4킬로미터나 되는 거리였다. 유림 이원형의 이러한 행보에 가족들과 문중의 비난이 쏟아졌다. 친지들은 "우리는 퇴계 선조의 후예로 예수를 믿는 것은 국가와 사회에 대한 수치요, 조상에게는 용납받지 못할 죄인이니, 문중에서 축출하고 족보에서 제명한다"고 위협하였다. 이원영은 이러한 거센 반대에도 불구하고 그는 기독교 수용에 대한 뜻을 굽히지 않았다. 그리고 1921년 1월 8일, 예안교회에서 권찬영權燦永 선교사에게 마침내 세례를 받았다.[43] 이원영은 기독교에 정식으로 입문하는 세례를 그에게 받으면서 일생의 동

역자이자 친구로 지냈다.[44]

　예안교회에서 세례를 받은 이원영은 이상동의 권유에 따라 원촌마을에 교회를 설립하기로 했다. 여기에는 옥중에서 함께 기독교를 수용했던 이중무, 이운호, 이맹호가 뜻을 같이하였다. 그러나 교회 설립 과정은 순탄치 않았다.『섬촌교회당설립일기』에는 1921년 10월부터 1922년 6월까지 섬촌에서 예배당을 건축하는 과정이 기록되어 있다.

　안동 지역 교회들의 후원을 받아 섬촌마을 서숙에 기도실을 마련하여 교회를 건축하기 위한 기도 장소로 사용하였으나 마을 사람들의 비난으로 사용할 수 없게 되자 이중무 집 한쪽에 공간을 만들어 기도실로 사용하였다. 이들은 원촌에 예배당을 건축하고자 하였으나 동네의 반대 여론에 의해 섬촌마을에 1922년 3월 교회를 세우기로 하였다. 그러나 여기에서도 문중의 반대는 계속되어 건축 과정에 많은 어려움이 있었다.

　이원형이 섬촌예배당 설립을 시작한 것은 1922년 3월 27일이다. 예배당 부지는 이맹호 소유였다. 3월 29일에 노동야학생과 힘을 모아 토지를 굳히고, 31일에 이르러 상량을 하였다. 그러나 문중에서 이를 두고 볼 리 없었다. 4월 4일에 이르러 이선구李善九를 중심으로 한 문중 인사 30여 명은 시사단試士壇에 모여 이원영을 비롯한 교인 이중무, 이운호, 이맹호를 소집하였다. 이들은 예수교는 서양의 그릇된 사학邪學이니 도선서원과 한 문 안에 있을 수 없으며, 섬촌은 원래 도산서원 소유이니 교회 설립을 허락할 수 없다는 것이 그 골자였다. 문중 인사들의 회합은 이후에도 여섯 차례나 개최되었다.

　힘든 과정을 거쳐 1922년 5월 중순에 있었던 문중회의에서 예배당 건축을 계속하도록 허락해 줌으로써 교회를 짓고 6월 4일에 첫 예배를 보았다. 그러나 교회 설립 이후에도 갈등의 불씨는 여전히 남아 있었다. 이런 상황에서 1922년 6월 14일 문중에서는 네 번째 대문회가 열렸다. 그런데 바로 이날 경안노회 정기노회가 만촌예배당에서 열렸다. 이 소식을 들은 문중 인사 60여 명이 만촌교회에 이르러, 교회 철거를 요구하며 건물을 부수기 시작했다. 이로 말미암아 교회와 문중의 갈등은 법적 분쟁으로 이어졌다. 약 1년 동안 재판이 이어졌고, 최종적으로 교회 건물을 원상 복구하라는 판결이 내려졌다.

원촌마을에 기독교를 뿌리내리는 과정은 간단치 않았다. 더구나 원촌마을은 영남 유학의 심장부에 가까운 지역이었다. 1921~1922년 이원영의 교회 설립은 그 심장부에 서양 종교가 새로 이식되는 단계였다. 섬촌교회 설립 당시인 1921년의 교인 명부인 「생명록生命錄」에는 11명의 이름이 기록되어 있다. 이원영은 교회 설립과 더불어 기독교학교 설립에도 노력한 것으로 보인다. 이와 관련하여 안동 오미마을 출신 김정섭의 『일록』에는 흥미로운 내용이 있다.

도산 시사단 위에 미국학교당을 건축한다고 들었는데 섬촌 이설호와 원촌의 붕향 자제들이 도에 들어간 지 이미 오래되었지만 미국 교사에게 청해 그렇게 하기로 했다. 도산서당은 이미 몇 차례 막은 것이 매우 심하나 끝내 고쳐 듣지 않았다. 이번 달 19일에 또 당회를 열었는데 원촌의 붕향 자제들 말이 대부분 서원을 침욕한다고 했기 때문에 서경瑞卿 형이 회원 40인을 데리고 교당의 창벽을 부수어 무너뜨렸다. 마침내 이름을 적었는데 하동霞洞 주재소에 자수하면 안동경찰서에 보내질 것이다. 서장이 서경 이하 일곱

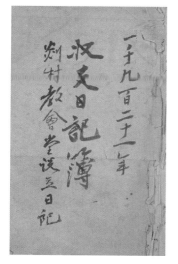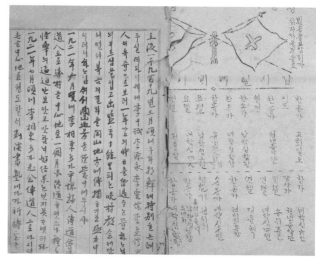

『섬촌교회당설립일기』 표지(좌), 내지(우)

사람을 불러내 미국 목사와 잘 교섭해 힘을 다해 조화롭게 하려고 했다. 그
러나 미국 사람의 약속이 해약을 바꾸려고 하면서 청구했으므로 뒤로 하지
않았다고 말했다. 그 당을 타파하니 사람으로 하여금 상쾌하게 했다. 아!
저 섬촌과 원촌 두 젊은이의 배포는 놀랍고 한탄스러움을 견딜 수 없다.[45]

　도산서원 시사단 위에 기독교학교 설립이 추진되었음을 알려 주는
대목이다. 시사단은 도산서원 앞에 자리 잡고 있어 상징적 의미가 매
우 큰 공간이다. 영남 유학의 중심부인 이곳에 섬촌의 이설호李雪鎬와
원촌의 두 젊은이가 미국인 목사와 함께 학교 설립을 추진한 것이다.
이 두 젊은이 중 하나는 이원영으로 보인다. 그러나 이들의 학교 설립
계획은 도산서원 및 보수 유림의 극심한 반대에 부딪쳤고, 물리적 충

돌까지 일어났다. 결국 기독교학교 설립은 뜻을 이루지 못했다. 이에 대해 김정섭은 "그 당을 타파하니 사람으로 하여금 쾌하게 했다. 아! 저 섬촌과 원촌 두 젊은이의 배포는 놀랍고 한탄스러움을 견딜 수 없다"며 소회를 밝히고 있다.

2. 1930년대 초반의 농촌계몽운동

1926년 3월 이원영은 평양장로회신학교에 입학하였다. 이곳에서 4년 만인 1930년 3월 12일에 졸업하였다. 평양장로회신학교를 졸업한 이원영은 그해 6월부터 영주 중앙교회와 이산 용상교회를 동시에 맡아 강도사로 일했다. 1932년 12월부터는 안동의 신세교회(현 동부교회)와 안기교회(현 서부교회)를 맡아 담임목사로 부임했다. 그뒤 1934년부터는 안기교회만 담임하였다. 목회자의 길을 준비하고 목회자의 길을 걷던 이 시기 그의 활동 가운데 빼놓을 수 없는 부분이 농촌운동이다.

기독교는 1928년 중반 이후에 기독교계의 실제화와 민중화라는 목표 아래 농촌운동과 절제운동을 펼쳤다. 기독교가 농촌계몽운동에 적극적으로 나선 것은 1928년이다. 1928년에 시작된 농촌계몽운동은 1932년을 고비로 서서히 쇠퇴하였지만 1930년대 중반까지 이어졌다. 기독교가 농촌계몽운동에 적극적으로 나선 것은 사회 문제를 바라보는 의식이 바뀐 데 따른 것이었다. 기존의 자선사업이나 구제사업과 같은 사회봉사 차원의 의식에서 벗어나 민중의 생활에 관심을 돌리게 되었다.[46]

한국교회가 사회운동에 관심을 가지게 된 직접적인 계기는 1928년 3월 24일부터 4월 8일까지 2주간에 걸쳐 개최된 예루살렘 국제선교협의회의 역할이다. 협의회는 종래의 방관자적 입장에서 벗어나 현존하는 인종 문제, 산업 문제, 농촌 문제 등에 대한 기독교의 사명과 입장을 정립하고 사회 문제를 해결하는 데 모든 교회가 연대 활동을 펼칠 것을 결의하였다. 협의회의 이러한 입장 표명은 "교회의 사회화는 필수적이다"라는 인식을 심어 주었고, 이는 곧 한국교회의 이정표가 되었다. 이 협의회에 참여한 인물은 김활란, 신흥우, 양주삼, 정인과, 노블, 마펫 6명이었다.

이러한 실제화와 민중화를 위한 기독교계의 실천은 당시 사회 문제에서 최대의 현안이었던 농촌 문제 해결에 집중되었다. 이들은 농촌 문제의 해결이야말로 민족 문제와 교회 문제를 동시에 해결할 수 있는 길이라고 인식하였다. 이러한 인식의 밑바닥에는 농촌 피폐에 따른 교회의 위기가 자리하고 있었다. 이는 인적·물적 위기를 의미했다. 여기에다 사회주의 운동가들의 반기독교운동은 교회의 또 다른 위기였다. 이로 말미암아 교회는 사회운동에 관심을 돌리지 않을 수 없었다.

1928년 12월에 열린 경안노회 제14회 정기노회는 농촌부연합회를 조직하기로 결의했다. 경안노회의 농촌부 조직은 독자적인 행보였다기보다는 예수장로회 총회의 의견을 따른 것으로 보인다. 경안노회 농촌운동은 안동 지역을 5개 구역으로 나누어 농사 개량과 농촌 경제 살리기에 주력하였으며 신앙 경건 훈련을 겸한 생활 개선도 함께 추진하였다.[47] 이 일에 이원영은 적극적으로 나섰다.

이원영은 1931년 농촌협회 위원으로 북편의 책임을 맡으면서 농촌 계몽과 농촌경제살리기운동에 적극 참여하였다. 이로 말미암아 일본의 감시가 늘 그를 따라다녔다고 전한다. 이 시기 안동의 교회들은 글을 읽지 못하는 교인들의 성경교육을 위해 사숙, 강습회, 야학 등의 학교를 세워 성경교육과 학교교육을 동시에 실시하였다. 1920년대에 들어와 사립 교육기관들이 일제의 공교육에 흡수되어 갔던 상황에서 이는 의미 있는 역할이었다.

그러나 기독교의 농촌계몽운동은 1932년 농촌진흥정책으로 위기를 맞게 되었다. 1932년 조선총독이 도지사 회의석상에서 농촌진흥운동의 취지와 방침을 밝히고 곧 각 도지사에게 「농어촌의 진흥에 관한 건」이라는 구체적인 지침을 시달하면서 이 운동은 시작되었다. 지침서는 농도본의農道本義, 도의정신道義精神의 진작이라는 기본 이념과 운동을 지도할 각급 '농촌진흥위원회' 조직과 자연마을을 단위로 운동을 실행할 '마을진흥회' 조직 촉구 등의 내용으로 이루어졌다. 농촌진흥운동을 추진하는 단체는 빠른 속도로 조직되었다. 일제는 생활개선이라는 이름 아래 색의보급, 관혼상제의 간소화, 단발 장려, 금주·금연, 도박 금지, 미신 타파 등에 중점을 두었다. 이러한 생활개선사업은 기독교의 농촌계몽운동에 대한 열기를 희석시켰다. 여기에다 세계공황의 여파로 국제선교위원회에서 지원하던 선교비도 점차 감소하여 재정난은 갈수록 심각해졌다. 따라서 기독교인들의 농촌계몽운동은 점차 쇠퇴하였다.[48]

3. 중일전쟁 이후 민족말살정책 거부와 저항

일제는 세계공황으로 일어난 일본 내의 모순을 해결하고 일본 민중들의 불만을 밖으로 돌리기 위해 1931년 만주침략, 1937년 중일전쟁을 일으켰으며, 마침내 1941년 제2차 세계대전에 뛰어들었다. 이에 조선총독부는 조선의 자원을 군수물자로, 조선인을 전쟁터나 군수공장으로 끌어들이기 위해 군사력과 경찰력을 증강하고 통제기구를 더욱 강화하였다. 1936년 12월에는 「조선사상범보호관찰령」을 공포하여 민족운동에 대한 감시와 탄압을 강화하였다. 또한 중일전쟁 후에는 「국가총동원법」(1938. 5)을 적용하여 전쟁에 필요한 인적·물적 자원을 마음대로 동원하려고 하였다.

이와 더불어 일제는 중국 대륙 침략이 본격화됨에 따라 군수산업을 육성하는 한편 철저한 민족말살정책을 실시했다. '황민화정책'이라는 이름 아래 한국인의 철저한 일본인화를 추구하였다. 1937년 일제는 신사참배를 강요하기 위해 '1면面 1신사神社 설치'를 추진하고 각종 '황국신민서사皇國臣民誓詞'를 제창하도록 강요하였다. 1938년에는 조선교육령을 개정하여 학교 명칭, 교육 내용 등을 일본화하고, 조선어 사용을 금지하였다. 그리고 1940년에는 창씨개명제도를 만들어 한국인의 성姓까지 일본식으로 바꾸었다.[49]

이원영은 여기에 맞섰다. 자료상 드러나는 그의 첫 저항은 「제3차 조선교육령」에 맞서는 것이었다. 1938년 3월 3일 일제는 「제3차 조선교육령」을 제정하였다. 이 법령은 4월 1일부터 본격적으로 시행되었다. 개정된 교육령은 초등교육 확충, 일본어 보급 확대와 일본어 상용화 등을 주요 골자로 하였다. 그리고 국체명징, 내선일체, 인고단련이라는 3대 강령이 교육계를 풍미했다. 이에 따라 신사참배와 동방요배, 국기게양이 강요되었다. 일제의 이러한 정책을 그대로 행하는 것은 종교적 양심과 민족적 양심에 모두 위배되는 것이었다. 이원영은 결국 자녀들을 학교에 보내지 않기로 했다. 보통학교 4학년 셋째 정신貞信

과 2학년 넷째 정길貞吉이 학교를 그만두었다. 정길은 "아버지가 일본어 강조, 신사참배, 동방요배, 국기게양 등을 강요하는 학교에 다니지 말라고 하셨다"고 기억하였다. 곧 학교를 들어가야 하는 다섯째 정순貞順과 정옥貞玉은 입학조차 하지 못했다. 이원영은 이 아이들을 직접 가르쳤다. 그가 가르친 과목은 성경(암송), 국문, 한문, 산수, 수신, 습자 등이었다고 전한다.

이 사실이 알려지면서 그는 또다시 고초를 겪었다. 6월 8월 수요일 저녁기도회 설교를 마지막으로 그는 시무하던 안기교회에서 쫓겨났다. 이어 1938년 12월 제33회 경안노회에서 시무사면이 결의되어 목사직까지 박탈당했다. 이원영은 사택을 떠나 부인과 여섯 딸을 데리고 오복사골(안동 태화동 안동방송국 근처)로 들어갔다. 경제적 어려움과 함께 '요시찰 인물의 집'이라는 꼬리표가 따라다녔다.[50]

김을동金乙東의 『안동판독립사安東版獨立史』에 따르면 이원영은 네 차례나 구속되었다. 그가 처음 체포된 것은 1939년 5월이다. 일제 경찰이 신사참배를 종용하였지만 거부했기 때문이다. 3개월 동안 안동 경찰서에서 고문을 당해 건성늑막염乾性肋膜炎에 걸리자 경찰은 그를 석방하였다. 건강을 회복할 무렵인 1940년 8월, 그는 두 번째로 체포되었다가 그해 12월에 풀려났다. 그러나 시련은 여기에서 끝나지 않았다. 1941년 7월 세 번째로 체포되었고, 1942년 3월에 이르러서야 병보석으로 풀려났다. 그리고 해방을 3개월 앞둔 1945년 5월, 이원영은 또다시 검거되었다. 네 번째 체포였다. 신사참배를 거부했던 그에게 내려진 시련이었다. 이를 끝으로 이원영은 감옥에서 해방을 맞았다.[51]

일제는 1936년 신사규칙을 개정하여 국폐사國幣社에 대한 직제, 신사에 대한 도부·읍·면으로부터의 신찬폐백료神饌幣帛料, 공진제도供進制度를 확립하고 신사 57개를 더 세웠다. 그리하여 '1면 1신사 설치'로 면에 이르기까지 신사를 세우고 참배를 강요하였다. 안동에는 아마테라스 오미카미[天照大神]를 제사 지내는 안동신사가 안동읍 신세동 영남산 기슭(현 원불교 교당 자리)에 세워졌다.

이러한 신사참배는 내선일체, 국체명징, 신위선양神威宣揚을 위한 중요한 수단이 되었다. 일제는 매월 하루 애국일을 정해 조선신궁을 비롯하여 각 신사에 애국반 단위로 신사참배, 국기게양, 황국신민서사 제창, 근로봉사 등의 월례행사를 강행했다. 기독교도에 대해서도 신사참배를 강요하고, 거부하는 사람은 투옥하였으며, 교회도 폐쇄했다. 한인의 각 가정에는 가미다나[神棚]를 설치할 것을 강요하고, 아마테라스 오미카미의 부적을 강제로 사게 했으며, 매일 아침 예배를 하도록 했다.

일제는 1937년 중일전쟁을 계기로 한인에 대한 황민화정책을 본격화하여 매월 6일을 애국일로 정하였다. 이날은 신사참배뿐만 아니라 국방헌금, 국기게양, 황거요배皇居遙拜(천황이 있는 동쪽을 향하여 큰절을 하는 의식) 등을 실시하도록 강요하였다. 이것은 기독교인에게도 마찬가지였다. 이에 따라 일제는 기독교인의 시국 인식을 철저하게 지도한다는 명목으로, 교회에 일장기를 달게 하였으며 국기에 대한 경례, 황거요배, 황국신민서사의 제창을 강요하였다. 이에 불응할 경우에는 체포, 투옥하였다.

이원영을 비롯한 일부 기독교인들이 신사참배를 거부하고 투쟁하였지만 1942년 11월 장로회 총회는 "첫째, 비행기(愛國機) 1대와 기관총

7정을 헌납하기 위하여 153,103엔을 헌납한다. 둘째, 육군 환자용 자동차 3대와 돈을 헌납한다. 셋째, 놋그릇 1,540개 및 교회 종 헌납운동을 전개한다"는 내용을 결의하였다. 한국 기독교 교단 전체가 친일의 깃발을 선명하게 내걸었다. 그렇기 때문에 이원영의 저항이 더욱 돋보이는 것이다.

이처럼 기독교 지도자들은 대부분 일제의 협박과 회유로 일제와 타협하거나 친일화되어 갔다. 그런데 이원영은 목숨을 걸고 끝까지 거부하였다. 안동에서는 그외에도 이원세李源世, 박충락朴忠洛, 전계원田桂元, 권수영權秀盈, 이수영李壽永, 이수원李壽元 형제 등이 신사참배를 거부했다.[52] 이원세는 이원영의 동생이다.

해방 후에도 계속된 종교적·민족적 양심

해방을 맞아 신사참배를 거부하여 감옥에서 옥고를 치른 기독교인들이 감옥을 나왔다. 민족적, 종교적 양심에 따라 끝까지 신사참배를 거부했던 이원영도 경북 경산경찰서 유치장에서 8·15광복을 맞이하였다. 그리고 '출옥성도'가 되어 안동으로 돌아왔다. 해방 이후 이원영의 활동은 교회를 복구하고 지도자 양성을 위한 교육사업과 사회복지사업으로 나눌 수 있다. 그에게 우선 중요한 당면 과제는 일제의 강압에 의해 통합되고 해산되었던 교회와 학교를 재건하는 일이었다. 그에게도 정치에 입문할 기회가 주어졌지만 그 길에 매달리지 않았다.

8·15광복 이후 치안 유지와 국가 건설을 준비하기 위해 여운영을

이원영의 형제들

위원장으로 하는 건국준비위원회가 발족되었다. 좌우익 통일전선체
였던 이 조직은 광복 직후 중앙정부 조직을 갖추어 해방 정국을 주도
하였다. 이 무렵 이원영에게도 여러 경로를 통해 안동 지역의 인민위
원장을 맡아 달라는 청원이 있었다고 전한다. 그러나 이원영은 이를
거절하고 일제에 의해 해산된 교회를 복구하는 일에 힘을 쏟았다. 그
뒤 이승만을 중심으로 독립촉성중앙협의회가 꾸려지자 그는 안동 지
역 위원장에 선출되었다. 그러나 이원영의 활동 초점은 교회 복구 쪽
에 있었다고 전한다.

그는 먼저 경안노회 복구에 나섰다. 장로교회와 여러 교파가 일본
기독교 조선단으로 통합된 지 한 달 뒤에 광복을 맞이하였기 때문에
조선기독교가 해산된 상태였다. 1945년 11월 20일 안동교회에서 '경

안노회 제39회 복구회(1945. 11. 20~22)'가 열렸다. 여기에서 이원영은 노회장으로 선임되었다. 일제의 탄압으로 무너진 교회들을 다시 일으켜 세우는 책임을 맡았다. 이원영은 1945년 9월 3일부터 이듬해 4월 19일까지 경상북도 북부 지역을 돌면서 24회의 사경회를 이끌었다. 그 결과 남시찰에서 대사, 박곡, 괴정 등의 교회가 다시 복구되었으며, 서시찰에서는 17개 교회 가운데 5개 교회를 제외한 9개 교회가 복구되었다. 그뒤 이원영은 제40회·41회·42회·50회·51회·54회·55회 경안노회에서 노회장으로 일하였다.

교회복구사업 외에 이원영이 관심을 쏟은 것은 교육사업이었다. 우선 그는 지역교회 지도자를 양성하기 위해 1946년 9월 4일 '경안고등성경학교'를 열었다. 그뒤 '경안고등학교'와 '계명대학교'의 이사가 되어 기독교 정신에 입각한 사회지도자를 양성하기 위해 노력하였다. 이와 더불어 사회복지사업에도 관심을 가졌다. 1950년 6·25 직후 전쟁 고아를 돌보는 '경안신육원' 설립과 전쟁 미망인을 돌보는 '기독자매원'이 그 대표적인 예다.

그뒤 이원영의 활동 가운데 주목할 만한 것은 1954년 '신사참배취소성명'을 이끌어 냈다는 점이다. 1954년 4월 26일 안동 중앙교회에서 제39회 대한예수교 장로회 총회가 열렸다. 여기에서 다룬 주요 안건은 '신사참배취소성명'에 관한 논의였다. 이날 총회에서 '신사참배결의'를 취소하고 성명서를 발표하기로 의견을 모았다. 성명서 작성을 위해 위원 3명이 선정되었는데 이원영이 총회장으로 선임되었다. 이 문제에 있어 이원영은 최상의 적임자였다.

이원영을 중심으로 한 위원회는 논의를 거쳐 총회에 보고서를 제출하였다. 보고서는 적극적인 친일파 인사들에게 참회와 권징을 시행한다는 내용이 들어 있었다. 위원회는 '① 취소성명서, ② 총회 중에 일정한 기간을 정하여 통회 자복할 것, ③ 위원 5인을 선택하여 주동자 약간 인을 심사한 후 해당 노회를 통하여 시벌하도록 할 것, ④ '신사참배'로 순교한 성도 유족 위문금을 위해 헌금하도록 할 것'이라는 4가지 안을 제시하였다. 그러나 세 번째 항이 문제가 되자 총회는 다시 위원회에게 '총 회원 다수가 인정할 수 있는 것'을 작성하여 다시 제출할 것을 요구하였다. 이에 위원회는 ③조항을 빼고 취소성명서와 3가지의 안만 발표하였다. 그리고 그 안을 통과시키고 성명서를 채택하게 되었다.

특별위원회 보고에 실려 있는 취소성명서는 다음과 같은 내용을 담고 있다.

대한예수장로회 제39회 총회는 1938년 9월 9일 평양 서문교회에서 회집한 제27회 총회 결의인 "신사는 종교가 아니요 기독교의 교리에 위반하지 않는 본의를 이해하고 신사참배가 애국적 국가의 의식임을 자각하며, 비상시국하에서 총후 황국신민으로 적성赤誠을 다하기로 기함"이라는 성명서에 대하여, 그 결의는 일제의 강압에 못 이긴 결정이었으나 이것이 하나님 앞에서 계명을 범한 것임을 자각하고 남부대회가 신사참배 회개운동을 결의 실행하였으되 남북통일 총회가 아니었던 고로 금반 남북이 통일된 본 총회는 이를 취소하고 전국교회에 성명함.[53]

'신사참배결의안'이 일제의 강압에 못 이겨 한 것이기는 하나, 이 결정이 신앙 앞에서는 잘못된 범죄임을 인정하고, 이에 '신사참배결의 안'의 취소를 성명한다는 내용이다. 이 성명서는 늦은 감이 있지만 일제강점기에 이루어진 '신사참배결의안'에 대한 공식적인 반성을 표명하는 것이었다. 이를 이끌어 낸 사람이 바로 이원영이다.

1955년 봄 이원영은 총회장과 노회장의 임기를 모두 마쳤다. 이 무렵부터 건강이 많이 쇠약해진 그는 1957년 11월에 서부교회 당회에 '시무사면' 청원을 하였다. 당회는 그 청원을 받아들이고 그를 원로목사로 추대하였다. 1년 뒤인 1958년 6월 이원영은 73세의 일기로 생을 마감하였다.

이원영의 인생 전반부는 전통 유학과 신교육이 교차하는 시간이었고, 그것은 3·1운동으로 귀결되었다. 그러나 옥중에서 이상동이 전해 준 기독교라는 새로운 문화는 이후 그의 인생 절반의 이정표가 되었다. 그러나 그의 가슴에 뿌리내린 유학적 대의大義는 기독교 신앙에도 그대로 드러난다. 일제가 만들어 낸 교육령과 신사참배는 분명 기독교리의 원칙과 민족적 양심에 위배되는 것이었다. 이원영은 그 신념의 길을 충실히 걸었던 인물이다. 그가 뿌리내리고자 했던 기독교 또한 대의大義에 어긋나지 않는 '바른 길'이어야 했다.

부록

『보우계규칙』

第一章 總則

第一條 本稧는 輔友稧라 稱홈

第二條 稧는 德義相孚하야 患難相求하며 哀慶相助하기로 目的함

第三條 本稧는 慶尙北道 安東郡 府內에 設置함. 但 便宜를 隨하야 傍近 諸郡에 移轉하거나 分立함을 得함

第四條 本稧員의 資格은 品行이 端正하고 學力이 充分한 者, 年齡 二十歲 以上 四十歲 以下로 定함

第五條 本稧의 存立 期間은 設立日부터 滿 十個年으로 定하되 總會의 決意에 依하여 此를 伸縮함을 得함

第二章 當資金 及 年捐金

第六條 當資金은 肆円으로 定하야 設立日에 此를 判納함

第七條 年捐金 正円으로 定함. 但 年捐金의 存續期間 三個年으로 定하되 每 一月 以內로 判納함

第三章 責任과 捐助

第八條 本 稧員이 或 他地方에서 中途 橫厄이 有하거나 疾病에 罹탈 時는 該地方 稧員이 各히 極力 保護할 事

281

第九條 本稧員이 哀慶이 有할 時에 金 參円式 捐助하고 任員 一人을 全 稧 代表로 選送하되

稧員間 各個人도 無痛 躬進할 事, 但 捐助金은 親屬尊卑 直界에 限함

第四章 稧의 構圖

第十條 本稧는 左의 任員을 置함

  一. 稧長 一人 二. 總務 一人 三. 幹事 二人 四. 會計 四人

  五. 評議長 一人, 六. 評議員 十八

第十一條 任員의 選擧 方法은 評議會에서 無記名 投票로 此를 推薦하여 總會에 通過함

第十二條 任員의 職務는 左와 如함

  一. 稧長은 本 稧를 代表하여 稧 中 一切 事務를 統轄함

  二. 總務는 稧長을 扶讚하여 一常의 事務를 處理하고 稧長이 欠席될 時 其 職務를 代判함

  三. 幹事는 全 稧 庶務에 從事함

  四. 會計는 稧長의 指揮를 承하여 本稧의 財務 及 文簿에 關한 事項을 掌理함

  五. 評議員은 本 稧 重要한 事項을 議決함

第十三條 任員의 任期는 一個年으로 定하되 滿期 再選함도 得함

第十四條 任員이 定期 內 缺員될 時는 臨時總會를 開하고 補缺員을 選擧하되 前任者의 期間

  을 繼續함

第五章 總會

第十五條 本 稧의 總會는 定時 及 臨時로 分함. 定期總會는 每年 四月 十五日로 定하고 臨時總

  會는 必要한 事가 有할 時에 評議會에 依하여 此를 開함

第十六條 總會의 召集은 每 總會 前 十日에 總會 決意할 事項을 示한 書面으로 稧員에게 通知

  함을 要함

第十七條 總會의 決意는 總稧員의 三分之一 以上 出席者 議決權의 過半數로 定하되 可否 同

數될 時는 總長이 判決함

第十八條 評議會는 每 總會 前 一日에 開하되 定期는 每 四月 十四日, 十月 十四日 二回로

定함

第十九條 評議會長은 稧長이 兼任치 못함

第二十條 稧長, 總務, 幹事, 評議員은 總히 名譽職으로 하고 會計는 每年 事業年度마다 0當 金

円으로 定함

第六章 業務

第二十一條 本稧의 事業年度 每年 四月 一日로 始하여 翌年 三月 三十一日로 終함

第二十二條 本稧는 貸付를 業하되 取利 方式은 正円에 對하여 月 貳錢 五厘로 定하고 五円

以上은 連帶保證으로, 貳十円 以上은 元金 貳倍에 相當한 擔保物을 要함

第七章 加入 及 脫退

第二十三條 本稧에 加入코저 할 時는 稧長, 總務의 紹介와 稧員 十人 以上의 同意를 得한 後

에 本稧의 臨時 事務所 內에 請願함을 要함

第二十四條 前條에 依하여 稧員으로 承諾할 時는 本稧의 成立日부터 資金에 對한 利息을 計

算 判納한 後 稧員名簿에 記載함을 得함

第二十五條 稧員이 或 死亡할 時는 其相續者도 繼入함. 但 年捐金은 第九條의 倍數로 함

第二十六條 本稧員은 左의 事項에 該當할 時는 總會의 決議에 依하여 此를 脫退함

一. 年捐金을 三個年 까지 判出치 못할 時

二. 本稧의 事業을 妨害케 하는 行爲가 有할 時

三. 本稧의 體面을 汚損하거나 稧員 中에 互相 信用을 失할 時 但 脫退할 時는 排當額은 元

金資에限함

附則

第二十七條 本 規約은 總會의 決議에 依하여 改式 添附함을 得함

第二十八條 本 規約은 設立日부터 施行함

참고문헌

경상북도경찰부,『고등경찰요사』, 1934.

김정섭,『일록』.

『대한매일신보』,『황성신문』,『동아일보』,『조선일보』

『보우계규칙』.

『왜정시대인물사료』.

강윤정 외,『혜전 이원혁의 삶과 항일투쟁』, 혜전 항일투쟁 간행위원회, 2017.

김성년 엮음,『사진 속의 이원영 목사』, 기독교문사.

金乙東,『安東版獨立史』, 明文社, 1985.

김희곤,『안동사람들의 항일투쟁』, 지식산업사, 2008.

독립운동사편찬위원회,『독립운동사』 3집·5집, 1971.

류시중·박병원·김희곤 역주,『국역 고등경찰요사』, 선인, 2009.

민경배,『한국기독교사회운동사』, 대한기독교출판사, 1987.

배홍직,『鳳卿 이원영 목사』, 보이스사, 1975.

신준영,「안동 보문의숙 연구」, 안동대학교 석사학위논문, 2015.

안미경,「1920년대 박원희의 여성해방운동과 여성해방사상」,『한국민족운동사연구』
    74, 한국민족운동사연구회, 2013.

윤정란,「기독교의 민족운동」,『한국독립운동의 역사 38 - 종교계의 민족운동』, 한국독립
    운동사편찬위원회, 2008.

이인숙·이덕화 엮음,『백광일기』, 한국장로교출판사, 2006.

이재열, 「대한예수교장로회의 '신사참배취소성명'(1954) 연구」, 안동대학교 석사학위논
　　문, 2008.

임희국, 『선비 목회자 봉경 이원영 연구』, 「경안노회 14회 회록」, 기독교문사, 2001.

『진성이씨안동파세보』 권지 2, 세보간행위원회, 2013.

한준호, 「백농 이동하, 그 생애와 기록」, 『백농 이동하』, 경상북도독립운동기념관.

1 안동대학교 안동문화연구소, 『안동 원촌마을, 선비들의 이상향』, 2011, 55쪽.

2 예안면 토계리에 거주하던 퇴계 이황의 후손들은 손자대에 이르러 다시 주위로 확산되어 나
   갔다. 첫째 이안도李安道의 후손들은 토계마을에 그대로 세거하였지만, 둘째 이순도李純道
   의 자손은 17세기 중엽에 이르러 의인宜仁마을에, 셋째 이영도李詠道의 자손은 하계下溪마
   을로 옮겨 새로운 세거지를 마련하였다.

3 정진영, 「원촌마을과 진성 이씨」, 『안동 원촌마을, 선비들의 이상향』, 안동대학교 안동문화연
   구소·예문서원, 2011, 40~60쪽; 강윤정, 「마을의 역사와 경관」, 『수몰을 거슬러 역사를 사
   랑하는 마을 원천』, 안동대학교민속학연구소·안동민속박물관, 2020, 25~31쪽 참조.

4 권오영, 「원촌마을 가학의 전승과 양상」, 『안동 원촌마을, 선비들의 이상향』, 안동대학교 안
   동문화연구소·예문서원, 2011, 40~60쪽.

5 『진성이씨원촌파세보』, 세보간행위원회, 2013, 7쪽, 9쪽, 34~35쪽, 217~237쪽.

6 이정순 편저, 『퇴계 후손 이원영 목사, 믿음의 유산』, 경북 P&P, 2021, 26쪽.

7 권오영, 「원촌마을 가학의 전승과 양상」, 『안동 원촌마을, 선비들의 이상향』, 안동대학교 안동
   문화연구소·예문서원, 2011, 102~104쪽.

8 권오영, 위의 책, 2011, 89~90쪽.

9 『조선일보』 1938년 12월 24~28일자; 김용직·손병희 편저, 『이육사전집』, 깊은샘, 2004,
   151~152쪽.

10 회고록은 이원영이 이 학교에 들어간 것이 1907년 1월 1일이었다고 전한다.

11 봉화군사편찬위원회, 『奉化郡史』, 봉화군, 2002, 396쪽; 봉성측량강습소는 1911년 봉양서
   숙으로 그 이름을 바꾸어 보통학교 과정을 교육하다가 봉양학술강습소鳳陽學術講習所로
   다시 개칭하였다. 그뒤 1929년 봉성공립보통학교鳳城公立普通學校가 설립되면서 폐교되었
   다.

12 『皇城新聞』 1909년 12월 7일자; 1910년 1월 7일자.

13 보문의숙과 관련해서는 신준영, 「안동 보문의숙 연구」, 안동대학교 석사학위논문, 2015 참
   조.

14 『진성이씨안동파세보』 권2, 세보간행위원회, 2013, 1646~1647쪽.

15 한준호, 「백농 이동하, 그 생애와 기록」, 『백농 이동하』, 경상북도독립운동기념관, 18~20쪽.

16 이범영은 경기도 포천군 가산면加山面 방축리防築里에서 태어났다. 1909년 남형우南亨祐,
   안희제安熙濟, 이원식李元植, 김동삼金東三, 윤세복尹世復, 이시열李時說, 박중화朴重華, 배
   천택裵天澤 등 80여 명의 동지와 함께 국권회복을 목적으로 한 신민회新民會 계열의 비밀
   청년단체인 대동청년당大東靑年黨을 창립하여 지하에서 독립운동을 전개하였다. 정부에서
   는 고인의 공훈을 기리어 1990년에 건국훈장 애족장(1963년 대통령표창)을 추서하였다. 이
   동하와 이범영의 인연은 해방 뒤에도 이어졌다. 이범영은 1951년 이동하, 김창숙과 함께 「이
   승만 대통령 하야경고문」 발표와 관련하여 함께 체포되었으며, 이동하와 함께 경북노인의용
   대 간부로 활동하였다.

17 『보중친목회보普中親睦會報』 제1호(1910. 6. 10). 보성학교는 1906년 이용익李容翊

(1854~1907)이 창립한 학교로, 이듬해 그가 세상을 떠나자 손자인 이종호李種浩가 인수했다. 이종호가 '105인 사건'을 전후로 중국으로 망명하자, 1910년 말 천도교회의 손병희가 경영권을 인수하였다.

18 『보중친목회보』제1호(1910. 6. 10); 김희곤, 『안동 사람들의 항일투쟁』, 지식산업사, 185쪽.

19 박광희는 충남 대전에서 부친 박래빈朴來彬과 어머니 충주 박씨 사이에서 태어났다. 열여섯 살 아래인 여동생 박원희는 근우회를 창립하고 활동한 인물이다. 안미경, 「1920년대 박원희의 여성해방운동과 여성해방사상」, 『한국민족운동사연구』74, 한국민족운동사연구회, 2013, 167~212쪽.

20 경상북도 독립운동기념관, 『국역 동산문고』, 2021, 167쪽.

21 신준영, 「안동 보문의숙 연구」, 안동대학교 석사학위논문, 2015, 8쪽, 29~36쪽; 강윤정 외, 『혜전 이원혁의 삶과 항일투쟁』, 혜전항일독립운동자료집간행추진위원회, 2017, 26~28쪽.

22 김성년 엮음, 『사진 속의 이원영 목사』, 기독교문사, 2001, 18쪽.

23 임희국 지음, 『선비목사 이원영』, 조이웍스, 2014, 43~45쪽.

24 조선총독부임시토지조사국, 『도산면 원촌리』, 1912~1914.

25 자세한 내용은 이 글의 말미에 첨부한 『보우계규칙寶友稧規則』참조.

26 봉화 봉화읍 유곡리 279번지 출신. 1995년 건국포장; 「판결문」(1919. 7. 29, 대구지방법원); 「수형인명부」; 『고등경찰요사』; 『벽옹김창숙일대기』; 『한국독립사』(김승학); 『독립운동사』8권.

27 봉화 봉화읍 해저리 495번지. 대통령표창(77); 『고등경찰요사』; 『벽옹김창숙일대기』; 『기려수필』; 『독립운동사자료집』12집.

28 김희곤, 『안동 사람들의 항일투쟁』, 지식산업사, 2007.

29 김희곤, 「定齋 柳致明 종가 3대의 독립운동」, 『한국독립운동사연구』제37집, 2010 참고.

30 「판결문」(1919. 4. 17, 대구복심법원); 「판결문」(1919. 5. 19, 고등법원); 일본 경찰에 검거된 그는 1919년 3월 24일 징역 6월형을 선고받고 항소하였으나 4월 17일 기각되었다.

31 김희곤, 『안동 독립운동 인물 사전』, 선인, 2011.

32 『동아일보』1920년 7월 19일자, 8월 15일자.

33 김희곤, 위의 책, 2010, 241쪽, 243쪽.

34 이상 이원혁과 관련된 부분은 강윤정 외, 앞의 책, 2017. 19~70쪽에서 정리.

35 김희곤, 『안동 사람들의 항일투쟁』, 지식산업사, 2008, 296297쪽; 강윤정, 「원촌마을 신문화 수용 : 이원영 목사의 기독교 활동」, 『안동 원촌마을 선비들의 이상향』, 안동대학교민속학연구소, 예문서원, 2011, 207~209쪽 참조.

36 김희곤, 위의 책, 2008, 296~297쪽.

37 독립운동사편찬위원회, 『독립운동사 3 3·1운동사 (하)』, 1983, 397쪽.

38 조수인의 경우는 "이 3천리 강토를 일본의 통치에 맡긴다는 것은 있을 수 없는 일이니 부득이 우리들은 폭력을 써서라도 독립을 하지 않으면 아니되겠으므로 이번 기회는 세계 평화를 위해서 각 약소국가가 독립을 한다 하므로 이러한 행동을 취하게 된 것이다. 수백만 대중이 모두 궐기해서 진력하므로 결국은 목적을 달성하리라고 믿으며, 그러므로 절대 독립사상은 버릴 수가 없다"고 공술하였다.

39 이하 내용은 강윤정, 「원촌의 신문화 수용 : 이원영 목사의 기독교활동」, 『안동원촌마을』(안동대학교 안동문화연구소·예문서원, 2011)에서 가져와 일부 수정한 것임을 밝혀둔다.

40 배흥직, 『鳳卿 이원영 목사』, 보이스사, 1975, 88쪽.

41 이인숙·이덕화 엮음, 『백광일기』, 한국장로교출판사, 2006, 29~30쪽.

42 조선총독부 경북경찰부, 『고등경찰요사』, 1934, 173~174쪽; 독립운동사편찬위원회, 『독립운동사 3 3·1운동사 (하)』, 1983.

43 김성년 엮음, 앞의 책, 50쪽.

44 임희국, 『선비 목회자 봉경 이원영 연구』, 기독교문사, 77쪽; 권찬영은 미국 북장로교회 소속 목사로 1909년 9월 해외 선교회의 파송을 받아 한국에 왔다. 그가 소텔(C. C. Sawtell) 목사의 후임으로 온 것은 1910년 1월이다. 프린스턴대학교 신학과를 졸업한 그는 한국말을 유창하게 구사하였고, 한문 해독은 물론 우리 문화에 대한 식견이 높은 인물이었다. 그는 1911년 소텔 부인의 여동생 권애라(Ella Me Clung)와 결혼하여 은퇴 시점인 1952년까지 평생 안동 지역에서 선교사로 일하면서, 기독교 전파에 힘썼다. 또한 인재 양성에도 힘써 초등교육 기관인 계명학교啓明學校를 설립하였으며, 인노절(R. E. Winn) 선교사와 함께 경안성서학원을 설립하였다.

45 김정섭, 『일록』, 1922년 5월 26일.

46 민경배, 『한국기독교사회운동사』, 대한기독교출판사, 1987, 228쪽.

47 임희국, 「경안노회 14회 회록」, 『선비 목회자 봉경 이원영 연구』, 기독교문사, 2001.

48 이상 농촌계몽운동은 윤정란, 「기독교의 민족운동」, 『한국독립운동의 역사 38-종교계의 민족운동』, 한국독립운동사편찬위원회, 2008, 59~60쪽 참조.

49 김희곤, 앞의 책, 2008, 484~489쪽.

50 임희국, 위의 책, 2001.

51 金乙東, 『安東版獨立史』, 明文社, 1985, 307~308쪽.

52 金乙東, 위의 책, 191~195쪽, 307~308쪽.

53 『기독공보』 1954년 5월 3일자.

봉경 이원영

1판 1쇄 발행 2022년 11월 30일

지은이 · 임희국 배요한 강정구 박종천 강윤정
펴낸이 · 주연선

(주)은행나무

04035 서울특별시 마포구 양화로11길 54
전화 · 02)3143-0651~3 | 팩스 · 02)3143-0654
신고번호 · 제1997-000168호(1997. 12. 12)
www.ehbook.co.kr
ehbook@ehbook.co.kr

ISBN 979-11-6737-258-1 (93910)